番号を創る権力
日本における番号制度の成立と展開

NUMBERS AND POWER

羅芝賢
Jihyun NA

東京大学出版会

NUMBERS AND POWER
The Political Origins of Japan's Personal Identification System
Jihyun NA
University of Tokyo Press, 2019
ISBN978-4-13-036271-9

目　次

序　論 —————————————————————————1
　1．プライバシー意識論の限界（4）
　2．近代国家と番号制度（7）
　3．本書の課題（12）
　4．本書の構成（18）

第1章　日本の戸籍制度と番号制度 ————————————21
第1節　住民管理の始動　22
　1．近代国家の勃興と変貌（22）
　2．日本の近代国家建設と戸籍制度（23）
　3．制度間の矛盾の克服（26）
第2節　住民管理行政の漸進的発展　29
　1．制度転用と制度併設（29）
　2．戸籍事務のコンピュータ化（32）
　3．番号制度の統一化（35）
第3節　番号制度の形成過程　37
　1．医療保険制度（37）
　2．公的年金制度（45）
　3．運転免許制度（49）
小　括　55

第2章　プライバシーの政治的利用 ————————————57
第1節　言説と実態　58
　1．日本人とプライバシー（58）
　2．プライバシー保護と本人確認制度（62）
第2節　国民総背番号制の浮上と挫折　65
　1．冷戦とコンピュータ（65）
　2．行政改革と国民総背番号制（71）

3. 労働組合の反合理化闘争（73）
   4. 革新自治体の隆盛（77）
  第3節　反対世論の形成　80
   1. 政治エリートと世論（80）
   2. 派閥抗争とグリーンカード（81）
   3. 地方分権と住基ネット（86）
  小　括　93

第3章　情報化政策の逆説 ───────── 95
  第1節　行政組織と情報技術　96
   1. 情報技術への期待（96）
   2. 情報化の帰結（99）
  第2節　コンピュータ産業政策をめぐる政治　103
   1. 産業政策の「成功」（103）
   2. 市場としての行政機関（106）
  第3節　産業政策の意図せざる結果　112
   1.「電子計算組織のあらまし」（112）
   2. 分割された政府調達市場の維持（120）
  小　括　125

第4章　韓国における国民番号制度の成立 ───────── 127
  第1節　植民地時代の住民管理　128
   1. 近代的な戸籍制度の成立（128）
   2. 内地と外地の差異（130）
  第2節　住民管理の新たな展開　136
   1. 制度の置き換え（136）
   2.「洞籍」と「登録票」の出現（138）
   3. 冷戦と身分証明書（140）
  第3節　住民登録番号の誕生　147
   1. 誕生の経緯（147）
   2. 国民番号制度と行政機能の拡大（152）
  小　括　159

第5章　多様な番号制度への道 ─── 161

第1節　福祉国家と番号制度　163

1. 番号制度の中途半端な統一化：アメリカとイギリスの事例（163）
2. 冷戦と国民IDカード：ドイツの事例（171）
3. 国民番号制度と普遍主義型の福祉国家：スウェーデンの事例（174）

第2節　帝国主義の陰に生まれた国民番号制度　177

1. 台湾の統一番号（177）
2. エストニアの個人識別コード（181）
3. 電子政府の目的（183）

小　括　187

結　論 ─── 189

1. 国家権力の両義性（191）
2. マイナンバーと日本の福祉国家（193）

参考文献　197
あとがき　215
索　引　221

序　論

　「国民総背番号制」という言葉の意味を考える時，21世紀の日本に生きる人々は，マイナンバー制度のことを最初に思い浮かべるかもしれない．しかし，この言葉を使い始めた人々が，今日のマイナンバー制度の中身を知れば，その違いに驚くだろう．元来，国民総背番号制とは，日本には存在しない外国の制度を表現する言葉だった．例えば，1970年6月6日の『朝日新聞』には，次のような書き出しで始まる記事が掲載されている．

　「日本で手がけていないコンピューター利用法を，ヨーロッパでさがし出すのはむずかしい．一つはっきりしているのは，国民総背番号制度だ．生れたときに，固有の番号が付く．結婚，改名，転居すべてかかわりなく，死ぬまでついてまわる．コンピューターに記憶され，保険や税金，年金，免許といった行政事務が，これでいっさい処理される．北欧4カ国が実施ずみだ」．

　ここに登場する「国民総背番号制度」という言葉は，あらゆる行政事務の処理に利用されるスカンジナヴィア諸国の統一的な番号制度を意味している．この記述の直後には，フランスと西ドイツが同様の番号制度を2年以内に実施する予定であること，イギリスでもそれを導入することが検討されていること，そして，日本では5年後の「完全実施」に向けて行政管理庁を中心に準備が進んでいることが，淡々と述べられている．
　この記事が書かれる数カ月前，日本の行政管理庁は，スウェーデン，デンマーク，ノルウェーなどに職員を派遣し，それら諸国の番号制度がどのように運用されているかに焦点を当てて調査を行った．当時の行政管理庁の認識からすれば，スカンジナヴィア諸国の番号制度は，情報技術を用いて様々な分野の行政事務の連携を可能にする効率的な制度であった．この記事は，そうした行政管理庁の動向を踏まえて，スウェーデンとデンマークの行政機関を実際に取材

して書かれたものである．

その記事の内容は，今日から見て興味深いところがある．取材に応じたスウェーデンの行政職員は，自国の番号制度について，「ごく初歩的な運用法です．他の国の参考にはなりません」と語る．この受け答えも正直だが，それに対する記者の感想も印象的である．記者は，「コンピューターあっての背番号制度である．それは間違いない．ただし，だから北欧のコンピューター化はめざましい，といえるのかどうか」と問いかけた上で，「たとえば，コンピューターを使って診断する病院は，日本では珍しくもなんともない」と冷めた見方を示す．その言葉には，スウェーデンの制度を参考にするべく奮闘していた行政管理庁の姿勢とは対照的な態度が感じられる．

記者の言う通り，当時の日本は，世界的に見てもコンピュータの利用が進んだ国であった．1970年代のコンピュータ保有台数でいえば，世界一を誇るアメリカに次ぐコンピュータ大国は，スカンジナヴィア諸国ではなく，西ドイツである．その後を，日本，イギリス，フランスが僅差で追いかけていた（日本情報開発協会編 1974, 150）．経済規模を考慮したとしても，スカンジナヴィア諸国でコンピュータ技術が特に発達していたことを示す証拠は存在しない．ところが，日本を含むコンピュータ産業の先発国は，この記事が書かれてから半世紀が経過した今日においても，スカンジナヴィア諸国のように統一的な国民番号を国民IDカードやパスポート，運転免許証などにもれなく記載する仕組みを設けていない．

日本の場合，1970年から「統一個人コード」の検討が始まったものの，それが「国民総背番号制」と名付けられると直ちに批判の的となったため，計画からわずか3年が経過した段階で導入を断念することとなった．その後も，制度の中身や名称を少しずつ変えながら，グリーンカード，住民票コード，そしてマイナンバーが順番に浮上したが，導入に成功した住民票コードとマイナンバーは，元来の国民総背番号制の姿とは大きくかけ離れたものになっている．

むしろ，今日において，統一的な国民番号制度の上に効率的な行政の仕組みを築き上げた国として注目を浴びているのは，韓国やエストニアといった情報通信産業の後発国である．興味深いことに，韓国が「住民登録番号」を国民番号として制度化したのは，コンピュータ産業とは無縁であった1968年に遡る．

韓国政府がその1年前の1967年3月に作成した「電子計算機導入効率化方策」によれば，韓国内に存在する電子計算機は駐韓米軍保有の2台がそのすべてであった（経済・科学審議会議 1967）．

このように，技術の発展は，必ずしも番号制度の発展をもたらすわけではない．本書は，この反直感的な発見に基づいて，日本の番号制度を他国と比較し，その発展過程を説明することを目的とする．結論を先取りすれば，統一的な国民番号制度は，相対的に遅い時期に近代国家建設を行った国々において，行政活動を急激に拡大させる圧力が働いた場合に限って成立した．

国民番号制度の利便性を重視する考え方は，今も昔も広く見受けられる．だが，その制度が既に別の形で住民管理の仕組みを発達させた日本のような国々へと普及した事例を発見するのは難しい．日本政府は，2016年1月に本格的な運用を開始したマイナンバー制度を構想する段階から，スカンジナヴィア諸国のみならず，韓国やシンガポールの国民番号制度まで様々な事例を広く参考にしてきた[1]．しかし，マイナンバーを導入した後も，依然として年金・社会保険などの行政手続は既存の戸籍制度に依るところが大きく，戸籍とマイナンバーとの紐付けが不可避である点において，マイナンバー制度の運用形態は日本独自のものとなっている．日本政府は半世紀前からスカンジナヴィア型の番号制度を移植しようと試みては挫折を繰り返したのに対して，その制度を参考にすることなく成立した韓国の住民登録番号制度は，日本の番号制度よりも多くの点でスカンジナヴィア諸国のそれと類似している[2]．韓国の住民登録番号は，国民IDカード，パスポート，運転免許証などに記載され，あらゆる行政事務の処理に欠かさず用いられている統一化された国民番号制度なのである．

このような本書の主張は，番号制度をめぐる従来の議論とは異なる見解に基づいている．以下では，従来の議論の持つ限界を示すことで，本書の議論の特

---

1) 統一的な国民番号制度以外にも，アメリカとイギリスの社会保障番号やドイツとイタリアの税務番号などが検討の対象に含まれていた．内閣官房国家戦略室「社会保障・税に関わる番号制度に関する検討会」の配布資料を参照．http://www.kantei.go.jp/jp/singi/kokkasenryaku/kaigi/syakaihosyou.html（2018年12月3日アクセス）
2) 住民登録番号制度の導入過程で韓国政府が参考にしたのは，ビルマ，南ヴェトナム，西ドイツ，アルゼンチンといった冷戦下の西側陣営に含まれる国々であった（内務部編 1972, 128）．

徴を明らかにしたい．

1．プライバシー意識論の限界

　2015年の秋，筆者は江戸川区役所の経営企画部広報課を訪ねていた．本書の執筆に必要な資料を入手するのが訪問の目的であった．その際，ある中年男性が隣の窓口で職員と交わしていた会話にしばらく気を取られてしまった．二人の会話は，マイナンバー制度が必要な理由について追及する男性の質問から始まり，既存の住民基本台帳カード（住基カード）の廃止と回収に関する話へと続いていた．応対していた広報課の職員は，30分ほどの時間をかけてマイナンバー制度の利点や制度開始後の対応などを一通り説明したものの，二人の会話は終わる気配を見せなかった．そこで筆者が最も興味深く感じた部分は，日本の人口の5％に満たない住基カード所持者の一人であるその男性ですら[3]，マイナンバー制度の開始に強い警戒を示していたことであった．

　日本の一般市民にとってマイナンバーが特別な意味を持つのは，それが「国民総背番号制」という言葉を連想させるためであろう．このことを意識してきた政府は，マイナンバーの導入を検討する際に，ある工夫を行った．それまで使われていた「共通番号制度」という言葉の代わりとなる，新たな名称を一般公募したのである．2011年6月，政府が807件の提案から「マイナンバー」を選択したのは[4]，「カタカナで親しみやすい」ことが主な理由であった[5]．それにもかかわらず，マイナンバー制度は，「一人ひとりに番号を振り，様々な行政分野で国民を管理するという点では，かつての国民総背番号制と同じ発想」であるという批判的な評価を免れなかった（清水・桐山 2012, 2）．マスメディアの報道も，マイナンバーのイメージを国民総背番号制のイメージと合致させることに貢献した．図0-1のように，『週刊ダイヤモンド』や『週刊東洋経済』といった日本で広く読まれている週刊誌の表紙には，人々に番号が付けら

---

[3] 総務省「住民基本台帳カードの交付状況」http://www.soumu.go.jp/main_content/000200394.pdf （2018年12月3日アクセス）

[4] 番号制度創設推進本部「社会保障・税に関わる番号制度における「番号」の名称の決定について」http://www.cas.go.jp/jp/houdou/pdf/110630bangoseido.pdf （2018年12月3日アクセス）

[5] 『朝日新聞』2012年5月1日．

図 0-1 『週刊ダイヤモンド』(2015 年 7 月 18 日) と『週刊東洋経済』(2015 年 10 月 3 日)

れているイラストと一緒に,マイナンバー制度の開始を知らせる記事が掲載されていたのである.

　このように,「国民総背番号制」という言葉を,一方では隠そうとし,他方では暴こうとする動きが生じるのは,マイナンバー制度に対して正反対の立場を取る論者が,どちらも日本人のプライバシー意識を重視しているためである.マイナンバー制度に賛成する側は,プライバシー侵害を想起させる言葉をなるべく出さずに,社会福祉と医療サービスの改善といったマイナンバー制度に期待できる効果を強調し(近藤 2015, 174-175),この制度の導入が,むしろ個人情報保護制度を見直す良い機会を提供すると主張する(牟田 2012, 110).逆にマイナンバー制度に反対する側は,あらゆる個人情報が保管されている「金庫」を一気に開ける「鍵」となる共通番号の存在が,犯罪による個人情報の悪用を容易にすることを懸念し,政府によるプライバシー侵害の可能性を指摘する(清水・桐山 2012, 50-61).さらには,共通番号制度を採用している国で起きた個人情報の大量流出事件などを取り上げて警鐘を鳴らす者もいる(小笠原・白石 2012, 144-152).

こうした論争の契機を提供した日本政府も，日本人のプライバシー意識の高さを強調してきた．共通番号制度の導入を試みる従来の構想が度々失敗してきた理由を説明する必要があったからである．2013 年 4 月の国会でマイナンバー法案の趣旨説明を行った甘利明内閣府特命担当大臣は[6]，過去における番号制度の挫折をどう考えるのかという自由民主党の田所嘉徳衆議院議員の質問に対して，「かなり広範に」広がった「プライバシー保護などの反対運動」が，番号制度を廃止に追い込んできたと答弁した[7]．さらに時代を遡り，1970 年代に「統一個人コード」の導入を断念した日本政府の行動に注目してみよう．国民番号に対する未練を捨て切れなかった日本政府は，欧州諸国の番号制度を調査した上で[8]，それらの国が新たな番号制度の導入を機に，プライバシー保護体制を強化したことを強調し，番号制度によるプライバシー侵害への懸念を払拭しようとした（行政管理庁行政監理委員会 1975; 行政管理庁史編集委員会編 1984, 389）．

　しかし，日本人のプライバシー意識に注目するだけでは，日本政府が統一的な国民番号制度の導入を実現できなかった理由を説明することはできない．統一的な国民番号制度の仕組みを持つ国の人々が，日本人に比べてプライバシーを大切にしていないとは言い切れないからである．例えば，2014 年に行われた国際的な世論調査によれば，「便宜のためにプライバシーを犠牲にしますか」という質問に対して，「はい」と答えていた日本人の比率は 33% であり，調査対象となった 15 カ国・地域のうち，それより高い比率を示した国はロシアとインド，メキシコの 3 カ国に過ぎなかった[9]．こうした例に鑑みれば，日本人

---

[6] マイナンバー法案の正式な名称は，「行政手続における特定の個人を識別するための番号の利用等に関する法律案」である．当時，甘利は社会保障・税一体改革を担当していた．

[7] 衆議院内閣委員会総務委員会財務金融委員会厚生労働委員会連合審査会会議録，2013 年 4 月 11 日．

[8] 1970 年 3 月に結成された各省庁統一個人コード連絡研究会議は，デンマークとスウェーデン，ノルウェー，フランス，西ドイツに関係各省庁の職員を派遣し，個人コード付与の手法の参照を試みた（行政管理庁史編集委員会編 1984, 389）．

[9] この調査の対象となった国・地域は，日本，ドイツ，フランス，カナダ，オーストラリア・ニュージーランド（合同），アメリカ，イギリス，オランダ，ブラジル，中東，中国・香港（合同），イタリア，ロシア，インド，メキシコの 15 カ国・地域である．EMC Corporation. 2014. "The EMC Privacy Index: Global & In-Depth Country Results." http://

のプライバシー意識が番号制度の変化を制約してきた主要な原因であるとは考えにくい[10]．むしろ，誰もがプライバシーを守りたがる傾向があるという前提の下で，国民番号制度を受け入れた人々がプライバシー侵害を恐れながらもそのような選択をした理由を考えてこそ，日本政府の失敗を説明する道が開かれるのではなかろうか．

2. 近代国家と番号制度

プライバシー保護を望む市民が，それにもかかわらず国家による監視を可能にする統一的な国民番号制度を受容するのはなぜなのか．その理由を考える上では，まず国民番号制度を運用する主体としての近代国家の特徴について考えてみる必要があろう．領域内のすべての住民を直接的に管理する仕組みを作り出し，その管理を可能にする監視の技術を発展させた点で，近代国家は前近代の国家と大きな違いを持つ．歴史社会学の分野を中心とする従来の議論が示す通り，近代国家は様々な監視の技術を用いて住民を管理することに成功してきたのである．

本書の検討の手がかりとなるのは，そうした成功のメカニズムを描いてきた近代国家の諸理論である．国民番号制度の導入に失敗してきた日本の事例を議論の中心に据える本書において，その失敗の理由を考察するには，最初に，住民管理の技術を発展させてきた近代国家の成功を理解しておかなければならない．その成功の過程に見られる各国の違いが，番号制度のあり方にも影響を及ぼしたからである．近代国家がその成長過程において住民管理の技術を利用できるようになった普遍的な理由を説明することに社会学の貢献があったとすれば，本書では，その管理を常態化する制度が国によって多様な形で発展した理由を明らかにする．すなわち，監視の技術を用いて社会を把握する国家の能力と，把握した情報を管理する国家の能力を区別し，後者に焦点を当てるのである．こうした本書の問題関心は，これまで制度の歴史的な発展過程を説明する

---

www.emc.com/collateral/brochure/privacy-index-global-in-depth-results.pdf（2018 年 12 月 3 日アクセス）

[10] プライバシーをめぐる議論が日本でどのように展開されたのかに関しては，第 2 章で詳しく検討する．

ことを主な仕事にしてきた行政学の関心を引き継いでいると言えよう（辻 1966, 15; 西尾 2001, i）.

以下では，国家の歴史社会学における近代国家論の展開を概観し，そこから導かれた本書の課題を詳しく述べる．

1980年代以後の近代国家論の隆盛は，時代背景を踏まえずには説明できない．ブレトン・ウッズ体制の崩壊と石油危機の後，欧米諸国における政治経済体制は大きく動揺した．その一方で，ラテンアメリカやアジアでは権威主義的支配が続いていた．近代化がもたらす楽観的な未来を提示してきたあらゆる収斂理論が色あせていくその時代において[11]，国家が，資本主義の発展や法秩序の維持といった普遍的な機能を持つという考え方に疑問を呈する見方が有力になっていった[12]．

その先駆けとなったのは，シーダ・スコッチポルによるアメリカのニューディール政策の研究である．世界大恐慌に対応するために行われた様々な政策が，アメリカの資本主義の構造を変化させるに至らなかった原因を探る中でスコッチポルが出した答えは，従来のマルクス主義者や多元主義者による機能主義的な説明を大きく覆すものであった．ニューディール政策が形成される過程で，経営者を始めとする有力な社会集団の抵抗があったことを認めながらも，その政策の実施を中途半端に終わらせたのは，中央政府の内部に潜む問題に他ならなかったことを明らかにしたのである．スコッチポルは，革新主義時代の連邦政府において，分散型の組織形態が発達し，それぞれの部局が社会集団との間で人的なネットワークを個々に形成したことに注目した[13]．その組織形態が大恐慌の時代まで維持されたがゆえに，ニューディール政策に対する連邦政府全体での合意が形成されにくかったのである．この事例を発見したスコッチポルは，国家の機能は多様であり，かつ変化し得るという主張を展開するようになった（Skocpol 1980）．

---

11) こうした理論の代表的なものとして，経済発展が民主主義を実現すると主張する Lipset（1959）の近代化論，社会の複雑化に伴い権力が分立していくと主張する Easton（1953）の政治システム論がある．
12) 1980年代の国家論の隆盛については Skocpol（1985）に詳しい解説がある．
13) 革新主義時代に分散型の組織形態が形成された理由については，Carpenter（2001）にその詳しい説明がある．

こうしたスコッチポルの議論は，国家が固有の機能を持つとする考え方を拒む点において，マックス・ウェーバーが提示した国家の概念を踏まえている．ウェーバーは，国家をその目的ではなく手段によって定義する．「食料の供給から芸術の保護に至るまで，政治団体が追求しなかった目的はないし，また，人身保護から判決に至るまで，すべての政治団体が追求した目的というものもない」からである（ヴェーバー 1972, 89）．このように，何のために支配するのかではなく，どのように支配するのかに関心を置くウェーバーの説明によれば，近代国家は，法の正統性に対する信念に基づく「依法的支配」を行うという形式的特徴を持つと同時に，行政手段の集中によって，暴力的支配の合理的かつ永続的な独占を実現するという本質的特徴を持つ（ヴェーバー 1972, 90-92; ウェーバー 1974, 55-65; 2012, 237-282）．

　ウェーバーの見立てでは，政治から行政を分離する動きと共に，近代国家の発展を支える装置としての近代官僚制の発達が生じる．それゆえに，ウェーバーの提示する近代官僚制の純粋型には，法的規則に基づく職位と権限の設定，官職階層制および審級制の原則，文書主義，専門的能力に基づく任用といった特徴が含まれる．このような特徴を持つ近代官僚制が発展を続ければ，官僚の忠誠は，特定の人物ではなく，「没主観的」な目的に向けられ，最終的には政治から行政が完全に隔離されることとなる（ウェーバー 2012, 221-236）．

　しかし，近代官僚制の特徴がもたらす帰結に関してウェーバーが提示した見方は，マイケル・マンの議論によってその見直しが試みられた．マンの指摘によれば，国家権力を社会に「浸透」させる役割を果たすものとして官僚制組織を捉えたウェーバーの見方は妥当であるものの，権力の浸透が，社会から自立した国家権力の強化につながると見るのは適切ではない．国家権力が社会に浸透する過程では，社会の同意の上に成り立つ行政サービスの拡大が伴うからである．そこでマンは，近代国家の権力が維持される理由を明らかにすべく，軍事力に還元できない政治権力が存在することに注目した（Mann 1993, 54-59）．軍事力のように市民に対して一方的に行使される「専制的権力」は，国家の自律的な意思決定を支えるのに対して，国家と市民の相互作用を通じて国家の意思を実行する能力を生み出す「基盤的権力」は，国家の維持という目的を国家と市民に共有させるのに有効な働きをすると考えたためである（Mann 1986, 6;

1993, 58-63). 例えば，郵便，電信，鉄道といった国家の基盤構造は階級利害を越える支持の上に成立したものであり，そうした基盤構造が実現した「国民経済」という概念が領土内の人々を国家に帰属させた (Mann 1993, 467-472).

このような基盤的権力の形成には，ナショナリズムの出現に伴う国民意識の強化だけでなく，行政活動の発展を通じて市民が享受できるようになった実際の利益が関わっている．それを端的に示す例としてマンが注目したのは，1760年から1910年にかけて大きな変化を見せた西欧諸国の政府支出における軍事費と行政サービス費用の割合である．マンが提示したデータによれば，初めは軍事費が政府支出の殆どを占めていたのに対して，その割合は徐々に減少し，1910年の段階では，行政サービス費用が軍事費を上回る国の方が多くなっていた (Mann 1993, 373)．こうした行政サービスの拡大を通じて，市民は近代国家の事業に賛同し，そのことが国家の基盤的権力を強化したのである．その過程で，国家の自律性の減少と，基盤的権力の増大が同時に生じたとマンは主張する (Mann 1993, 479-509)[14]．

近代国家における監視体制の強化は，こうした行政サービスの拡大に基づく基盤的権力の強化と表裏一体の関係にある．このことに注目したのが，マンと同時期に行われたアンソニー・ギデンズの研究である．ギデンズの議論に従えば，近代国家の行政組織が領域全体にその活動の範囲を広げることができたのは，それを可能にする技術が登場したためである．例えば，運送手段が機械化されるだけでは，交通システムを広範囲において管理できない．輸送よりも速

---

14) もちろん，これはマンが一人で築き上げた視点ではない．ベネディクト・アンダーソンはナショナリズムが出現する過程を説明する上で国家のために命を惜しまない人々が存在する理由を明らかにし (Anderson 1991)，アンソニー・ギデンズは通信技術や印刷技術がどのようにして行政管理の拡大を実現したかを説明した (Giddens 1985)．また，国家権力に関わる革命の帰結について，シーダ・スコッチポルはフランスとロシア，中国の諸革命が行政の中央集権化と合理化を進めたことを (Skocpol 1979)，チャールズ・ティリーはフランス革命がフランスにおける国家の統治形態を間接的なものから直接的なものへと変化させると共に周辺国にもそのような変化を押し付けたことを示した (Tilly 1992)．革命と近代国家建設との関係について，マンはより慎重な立場を取っており，革命が近代官僚制を進展させる働きをしたのは，それが政党民主政へと向かう動きをしている局面に限られていたことを強調する．マンによれば，国家の基盤的権力が大いに発展するのは，やはり19世紀末を待たねばならない (Mann 1993, 457-467)．

いコミュニケーションを可能にする技術がなければ，システム全体を統制できないためである．そこでギデンズが注目したのが，電信の発明と印刷技術の発達である．行政組織による直接的かつ日常的な監視を可能にするこれらの技術が登場したことで，行政活動の範囲は領域全体に拡大した．ギデンズは，領域内の人々の活動を直接的に統制できるようになった国家が，国勢調査や経済統計などの書類を蓄積して自らの活動を監視・記録するようになり，そこから国家の自律性が生み出されるという主張を展開することで，史的唯物論に対する批判的な検討を試みた（Giddens 1985, 7-17, 172-197）．

ただ，史的唯物論批判に集中するあまり，ギデンズの議論には近代国家の監視技術に注目する動機が明確な形で提示されておらず，市民が国家による監視を受け入れるメカニズムも特に示されていない．この問題は，近代国家論における最近の議論において重要な論点となった．

中でも，パスポートの歴史を描いたジョン・トーピーは，社会を「包摂」する国家の姿を見出し，ギデンズの議論に見られる欠陥を補った．トーピーが提示する「包摂」という概念は，かつてジェームズ・スコットが見出したことで知られる近代国家の活動，すなわち，土地測量基準の標準化，永久的な父系姓の発明，標準語の設定などといった，国家が上から社会を「読み取り可能な」形にするための様々な取り組みの一側面を表現するものである（Scott 1998）[15]．読み取り可能な社会を作るために用いられる国家の道具の中でも，特に移動を規制するために使われる身分証明書類に注目したトーピーは，国家が，包摂される人々と排除すべき人々を区別し，その片方だけに身分証明書類を渡すことで，教会や私的な経済主体から「正統」な移動の手段を奪い，それを独占するようになったと主張する．この主張に従えば，近代国家が社会における財の場所を確認し請求できるようになったのは，移動の規制を通じて国家の役に立つ形で国民の境界を決定したためである（Torpey 2000, 4-20）．

国民の境界を決める道具としての身分証明書類は，時には包摂される側に，また時には排除すべき側に手渡された．例えば，革命期のフランスでは1791年に立法議会が発布した法令に基づき，年金を始めとする公金の支払を受ける

---

[15] トーピーは，スコットと自身の研究を「同じ目的地に向かう別々の列車」に喩えている（Torpey 2000, 169）．

すべての者に対して居住証明書の提出が義務化された．過去 6 カ月間の継続的な居住を証明するこの書類は，明らかに革命が勃発した時に亡命していた「反革命勢力」を排除するためのものであった（Torpey 2000, 29-36）．その一方で，19 世紀後半のアメリカでは排除すべき人々に書類が渡されていた．アメリカ西部に太平天国の乱を逃れてきた中国人移民が増加し，反中国人暴動が頻発するようになると，アメリカ政府は 1882 年の移民法の採択に踏み切った．歴史上初めて特定の人種・国民集団の入国を禁止する措置をとったアメリカは，合法的に入国した中国人移民を管理するために「帰還証明書」を導入したのである．それにより，合法的にアメリカに居住している中国人は，アメリカを一時的に離れる場合に必ず帰還証明書を取得することを強いられた（Torpey 2000, 96-103）．

　このように，身分証明書類は，人々を国家による管理に役に立つ形で分類する．その帰結に注目したデイヴィッド・ライアンは，国家に限らず，様々な主体による身元確認とそれを利用する管理の仕組みが，人々の生活を便利にする一方で，社会全体の不平等と不公正を蔓延らせると主張する（Lyon 2009, 1-8, 19-27）．写真，指紋，DNA 判定などを用いる身元確認の技術が発展を遂げるきっかけを提供するのは，殆どが植民地化や犯罪の取り締まり，戦争といった差別と暴力を伴う出来事にほかならないからである（Lyon 2009, 27-38）．こうしたライアンの研究は，様々な事例から抽象的な概念を抽出して，監視社会の到来に対する警鐘を鳴らしている点で，トーピーの研究と共通する目的を持つ．近年の日本においても，こうした問題意識を共有する形で，近代社会において写真や指紋，知能テストなど人々を識別し分類し管理するための技術がどのように発明され，使われてきたかを明らかにするための研究がしばしば行われてきた（山下 2012; 高野 2016）．

3．本書の課題

　これまで検討した社会学者の議論とは異なる本書の特徴は，技術の普及を妨げる制度の働きに注目するところにある．

　従来の研究においても，社会を「読み取り可能な」形にしようとする近代国家の活動がしばしば抵抗に直面してきたことに関して，一定の検討が行われて

きたことは確かである．例えば，スコットは，市民社会が弱体化しているほど国家の活動が容易になることを強調し，法律家の影響力が強かったイギリスに比べて，ナポレオン統治下のフランスや人口の少ない移住植民地であった北アメリカ，オーストラリアにおいて，土地測量基準の標準化および土地所有権の確定がより迅速に進んだことを指摘している（Scott 1998, 47-52）．トーピーは，中央集権化の勢いが強かった革命期のフランスにおいても，個人の自由を重視する思想の勃興がパスポート管理体制の確立を遅らせたことに注目した（Torpey 2000, 21-56）．

しかし，歴史は必ずしも人々が意図した方向には進まない．特に，多様かつ無数の主体が関わりを持つ制度の発展過程はなおさらそうである．そこで本書は，「制度の置き換え」を困難にする様々な要因と，例外的にそれを可能にする歴史的な出来事に注目する．制度の置き換えとは，既存の制度が完全に消滅し，その代わりに新しい制度が登場する急進的な制度変化を説明する概念である（Mahoney and Thelen 2010, 16）．カール・マルクスの理論が，生産力の増大に伴う生産関係の変化によって旧制度の一掃と新制度の創設が引き起こされる過程に焦点を置くのに対して，その理論を批判的に発展させてきた様々な議論は，制度運営の自己目的化の側面を見出し（ウェーバー 2012, 282-286），あるいは制度から便益を受ける社会集団の出現に注目することで，制度の置き換えが起きる事例は極めて限られていると主張する（Pierson 2004, 17-53）[16]．すなわち，制度の置き換えが引き起こされる場面においては，戦争や恐慌など，強力で，かつ外生的な力の作用が先行する．

急進的な制度変化のもたらす帰結に関しては，カール・ポランニーがその最も悲劇的な結末を示している．人類学の知見を用いて歴史を長いスパンで捉え

---

[16] こうした立場を取る歴史的制度論は，制度から便益を受ける社会集団が出現すると同時に，それらの権力資源が増大する「正のフィードバック」を重視する．この正のフィードバックによって，制度の経路依存性が生まれると考えるからである（Pierson 2004, 17-53）．この議論に従えば，制度の発展過程は，必ずしも階級など有力な社会集団の力関係に規定されない．だからこそ，資本主義の下でも各国の制度は一つの型に収斂しないのである．そこで，歴史的制度論者は，異なる制度が選択される時点を「決定的分岐点（critical juncture）」と定義した上で，そこから制度の多様性が生み出される過程を示すことに注力してきた（Thelen 1999, 388-392）．

るポランニーの議論において，重商主義を支える諸制度の廃止や中央銀行の設立などを伴う自由市場の創設過程は，人間の行動動機の変化までを伴う「大転換」の過程として描かれている．社会的存在としての人間の不変性こそが人間社会の存続のための前提条件であるというウェーバーの主張に賛同するポランニーは，自由市場の出現が，国家の管理的機能の増大に支えられてきたこと，それゆえに自然な流れでは実現できない変化であったことを強調する．その大転換の帰結と見るべき第一次世界大戦，世界大恐慌，ファシズムの台頭において，人間は朽ち果て，自然は破壊され，企業は整理されてしまった（Polanyi 1944, 35-80）．

　人間社会の普遍的な特徴としての変化の緩慢さは，行政組織の内部で生じる変化にも鮮明に表れている．人間によって構成される行政組織は，その外部から制度を維持する圧力を受けるだけではなく，内部においても制度変化を制約する要因を数多く含んでいる．とりわけ組織内部の複雑性を高める行政事務の量的増大が生じれば，制度変化に対する制約も強化され制度の発展過程は大きな影響を受けるであろう．そのメカニズムを明らかにすることは，行政組織における制度の働きを扱う学問としての行政学が解明すべき重要な課題であるにもかかわらず，これまでの行政学においては必ずしも十分な取り組みが行われてこなかった．

　特に，日本の行政学は，国民番号制度の失敗を認識しながらも，その失敗の原因に関して立ち入った検討を行っていない．今でも，行政学の教科書では，国民総背番号制の導入を失敗に追い込んだ原因に関して，プライバシーを重視する市民の抵抗に焦点を当てた説明が行われているのである（西尾 2000, 65; 森田 2017, 139-140）．国民番号制度をめぐる議論がこれ以上に深まらなかったのは，恐らく，行政の情報活動に対する行政学の関心が，政府と市民の間における情報のやり取りに偏っていたからであろう．そのため，議論の対象は情報公開または個人情報の保護に限定されることが多く，情報活動の量的増大にはそれほど焦点が当てられてこなかった．情報活動を分類する際にも，政府が市民から情報を得るために用いる手段に焦点が当てられ，情報活動が受動的であるか否か，あるいは制度化されているか否かが分類の基準として用いられてきた（今里 1995, 192-196; 城山 1998, 270-273; 原田 2016, 105）．

これに対して本書は，行政活動の拡大に伴う情報活動の量的増大が生じたタイミングに注目する．その際に参考になるのが，先発工業国と後発工業国の間における制度選択の違いを説明したアレクサンダー・ガーシェンクロンの研究である．ガーシェンクロンは，後発工業国の発展の条件として安価な労働力を強調する従来の考え方を棄却し[17]，後発国が工業化を達成するためには，まず工業化を妨げる制度的障害を取り除いた上で，市場に対する国家の介入を容易にする制度を整備する必要があると主張する．実際，後発国であるロシアの工業化は，農奴制の廃止と共に始まり，政府主導による金融の再編成，企業間合併，カルテル形成などを通じて，軽工業の発展を経ずに基礎工業素材や機械の生産を集中的に行う重化学工業化へと進んだ．このような発展経路は，イギリスのように工業化初期の生産構造および組織構造を一掃することなく，漸進的な工業発展を遂げてきた先発工業国には見られないものである（Gerschenkron 1962, 5-30）．

　本書の関心からすれば，後発国で採られる後発発展戦略の目的は，工業化に限られない．工業化の他にも，公衆衛生，教育，社会保障など様々な分野において，各国は異なる時期に行政活動を開始したからである．西尾勝によれば，近代国家が福祉国家になっていく過程において，行政執行の対象とする人々の数が増大し，その対象と行政職員との直接接触の頻度が増えたことは，必然的に国の出先機関あるいは地方政府の拡大・膨張をもたらした．そこで普遍的に見られる現象として，行政機能の専門分化と分立の過程が生じたものの，その分立の動きに対しては後に統合を求める要請が浮上した．つまり，行政機能の拡大に応じて組織の分立が生じると，その反動として，中央政府の介入を容易にするような，統合への動きが後から現れるのである（西尾 1990, 428-438）．

　ガーシェンクロンの用いた論理を応用すれば，後発の福祉国家は，先発国の事例を参考にしながら，福祉国家建設の初期段階から行政機能の統合を図ることができる．さらに，後発国で採用される統合の形式は，先発国で見られる統合の手段に比べて，中央政府の介入を一段と容易にするものと考えられる．逆に，先発国においては，行政機能が分立する過程で生まれた制度を一掃するこ

17）　農業労働力を工業労働力に転換するには大きな困難が伴うからである（Gerschenkron 1962, 8-9）．

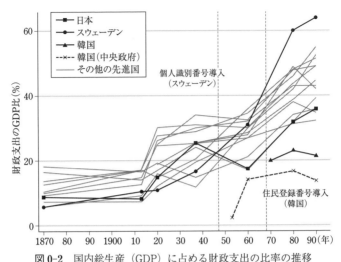

図 0-2 国内総生産（GDP）に占める財政支出の比率の推移

出典：韓国を除く 14 カ国のデータは Tanzi and Schuknecht (2000, 6) を参照．韓国のデータは OECD Data, General Government Spending，韓国（中央政府）のデータは，1953 年から 1980 年までに関しては韓國財政 40 年史編纂委員會編（1991, 19-20），1990 年に関しては國會豫算政策處（2017, 17）を参照．

とが困難であるため，後に行政機能の統合が進められてもそれが順調に進むとは限らない．本論で述べるように，統一的な国民番号制度を導入している国々は，例外なく後発的に福祉国家建設に乗り出した国々である．そうした国々では，行政機能の膨張が生じる前の段階で国民番号制度が導入されていた．図 0-2 には，日本とスウェーデン，韓国を含む 15 カ国を対象に，1870 年から 1990 年の間の国内総生産（GDP）に占める財政支出の比率の推移を示している[18]．この図によれば，統一的な国民番号制度を持つスウェーデンと韓国は，

---

18) その他の先進国には，オーストラリア，オーストリア，カナダ，フランス，ドイツ，アイルランド，イタリア，ニュージーランド，ノルウェー，スイス，イギリス，アメリカが含まれている．韓国は 1945 年まで植民地支配下に置かれており，米軍政期を経て 1948 年に南朝鮮における単独政府が樹立されたものの，2 年後に朝鮮戦争が勃発し，行政機能を拡大する状況になかったため，朝鮮戦争の休戦協定が結ばれた 1953 年から 1990 年までのデータを用いる．韓国の地方政府の一般会計に関しては 1967 年以前のデータが存在しないため，1953 年から 1990 年までの間における国民総生産（GNP）に占める中央政府の財政支出の比率と，1970 年から 1990 年までの間における中央政府と地方政府の財政支出の合計の GDP 比を別々に示した．

番号制度を導入する前の段階で財政支出を大きく拡大するような経験をしていなかった．先発の福祉国家が，19世紀後半から20世紀前半にかけて戦争を繰り返しながら徴税と徴兵のシステムを整えたのに対して，そうした長期のプロセスにおいて行政機能を拡大する機会を得られなかった国々は，住民管理の仕組みを短期間で整備しなければならない状況下で，国民番号制度を用いるようになったのである．

　ただし，後発国の間に類似した国民番号制度が見られるとしても，その成立過程には大きく異なるメカニズムが働いたことに注意しなければならない．

　まず注目したいのは，日本との比較が容易な韓国の事例である．日本は，朝鮮半島の植民地化を開始した段階から，戸籍に基づく住民管理を展開したものの，戸籍制度の運用の状況は内地と外地で大きく異なっていた．内地では明治期から所得税と徴兵制が実施されていたのに対して，外地である朝鮮半島では，戦時体制下に入るまで個人の所得に対する課税と徴兵制が実施されなかった．戦時体制に突入すると，戦時動員のために戸籍の整備が図られたものの，日本の敗戦と共に戸籍制度の運営体制は機能不全に陥った．その状態で冷戦が始まると，冷戦の前哨であった韓国ではイデオロギー対立が国民の再定義を促した[19]．時には暴力を伴うその過程において，韓国の政府が積極的に用いたのが身分証明書である．すなわち，韓国では，反共イデオロギーの下で国民の敵とされた人々を取り締まるため，すなわち治安維持の面で急増する行政機能に対応するために身分証明書の所持が義務化され，それに基づく住民管理の仕組みが，後に発達した様々な行政サービスの運用を支えるようになった．韓国のように日本の植民地統治後に冷戦の強い影響下に置かれた台湾の他，旧ソ連体制下で国内パスポートを運用していた国々は，概ね似たような経路を辿って今日の統一的な国民番号制度を築いてきた．

　これに対して，日本政府が長らく参考にしてきたスウェーデンは，韓国とは異なる経路を辿って国民番号制度を成立させた．第二次世界大戦が終焉した直後に普遍主義型の福祉国家建設に乗り出し，その過程で国民番号制度を導入したスウェーデンの事例は，他の欧米諸国の歴史との対比の中で理解する必要が

---

[19] 冷戦の中心・前哨・周辺という区別は，藤原（1992）の定義に基づく．

ある．アメリカやイギリスなどの欧米列強が第一次世界大戦を契機に軍事支出と社会保障支出の両面で財政支出を増やしていったのに対して，第一次・第二次世界大戦で中立を維持したスウェーデンの福祉国家が本格的な拡大を遂げたのは第二次世界大戦後である．1940年代後半に普遍主義型の福祉国家を掲げて社会保障の対象を大幅に広げたスウェーデンは，それに伴う行政機能の急増への対応を迫られた．そこで導入されたのが，統一的な国民番号制度としての「個人識別番号」制度である．スウェーデンに続いて普遍主義型の福祉国家を導入した他のスカンジナヴィア諸国にも，同様の番号制度が確立している．

こうした事例と比較した場合，日本は，韓国やスウェーデンのような道を歩むことなく，戸籍制度と共に漸進的な行政の近代化を実現してきた点に特徴がある．明治期以後の戸籍制度は，戸籍を登録している場所を意味する「本籍」の概念を導入し，現実の生活集団よりも戸主を中心とした血縁集団の把握を重視する「本籍主義」の性格を次第に強化していった点において，個人の把握を求める近代国家の徴税・徴兵システムに最適な制度であるとは言えない．だが，父系血統主義に基づく日本国民の境界の画定に欠かせないものであった戸籍制度は，徴税・徴兵システムとの関係においても，制度間の矛盾を解消するよりは克服する形で相互依存的な関係を築いた．その戸籍制度の下で漸進的な発展を遂げた保険，年金，免許といった行政機能は，それぞれ独自の番号制度を確立させていった．このように導かれた日本の番号制度の発展経路上では，戦後の高度成長期におけるコンピュータ技術の発展も，分野横断的な仕組みの実現を導けなかった．日本政府は，1970年代の段階で国民番号制度の導入に挫折して以来，幾多の失敗を繰り返し，2016年からマイナンバーの利用を開始したものの，既存の戸籍制度と分野別の番号制度が新たな制度に切り替わったわけではない．

4. 本書の構成

本論においては，統一的な国民番号制度を成立させた国々が辿ってきた発展経路に照らして，番号制度の漸進的な発展が見られる日本の事例を先に検討する．第1章では，日本の番号制度が，近代国家建設の過程で整備された戸籍制度を大きく変化させることなく，漸進的な発展を遂げたことを明らかにする．

医療保険制度，公的年金制度，運転免許制度の発展は，分野ごとに分立した形で日本の番号制度を形成してきた．第2章では，分立した番号制度の統合を阻止してきた多様な政治主体の出現に触れる．それらの主張は常にプライバシー保護の論理に支えられていたものの，その背後にはそれぞれ異なる経済的・政治的利害が絡んでいた．第3章では，一般的には情報管理の効率化に役立つと考えられている情報技術の発展が，番号制度の変化を制約する要因としても働いたことを明らかにする．1960年代に展開された国産コンピュータの育成政策は，短期的には大きな成果を上げたように見えたものの，長期的には行政組織に対する情報技術産業の影響力を増大させ，情報管理体制の統合を妨げる働きをした．

以上の三つの章において日本の番号制度の変化を制約してきた三つの要因を検討した上で，第4章では，日本の比較対象として韓国の事例を取り上げる．日本の統治下で導入された戸籍制度を国民番号制度へと急進的に変化させる経験をした韓国は，日本との比較に最適な事例である．ただし，このような事例選択の方法は，従来の多くの日韓比較研究とは異なる特徴を持つ．従来の日韓比較は，経済の発展水準に焦点を置き，日韓に共通して存在する制度が経済発展に貢献したことを確かめるために行われることが多かった（Evans 1995, 12-54; Kohli 2004, 16-18）．それに対して，本書は，日本では生じなかった戸籍制度の急進的な変化を説明の対象とするため，従来とは異なる角度から日本の植民地支配とそれが残した制度を眺める[20]．すなわち，番号制度の異なる発展経路を導いた因果メカニズムの究明に取り組む本書において，日韓比較の目的は，同様の性格を持つ制度であっても，それが一度分岐すれば，その後は異なる経路を辿ることになるのを示すことにある[21]．

---

20) Evans (1995) と Kohli (2004) に見られるように，アメリカで行われてきた日韓比較研究は，開発国家としての日本と韓国の特徴を説明してきた（Song 2014; Arrington 2016）．それとは対照的に，日本と韓国で行われてきた日韓比較は，本書と同様，今日の日本と韓国で運用されている制度を対象に，それらの制度の形成過程を説明することが多い（大西・建林 1998; 中野・廉 1998; 福井・李 1998; 曽根・崔編 2004; 武川・李編 2006; 小林他 2014）．しかし，これらの研究は，韓国における民主化と経済発展が日本との比較可能性を拡大させたという認識に基づいて両国を比較している点において，本書とは異なる事例選択の動機を持つ．

日韓比較を行った後，第5章では，さらに多くの国を比較対象に加え，本書の主張の妥当性を確認する．前半では，福祉国家の拡大と共に番号制度を発展させてきたアメリカとイギリス，ドイツ，スウェーデンの事例を取り上げる．これらの国の中でも近代国家建設の後発国であるスウェーデンでは，特に急進的な制度変化が起きたため，日本とは対照的な番号制度の発展が見られる．後半では，韓国と同様，様々な行政機能の拡大が生じる前に身分証明書を義務化する局面を迎えた，台湾とエストニアの事例を検討する．

　結論では，本書全体の議論を整理すると共に，本書が提起した議論の意義を示したい．

---

21) このような事例の選択は，ジョン・ゲーリングの言う「最も類似した事例 (most similar case)」の選択と混同される可能性があるため，以下に本書の事例選択がそれとは異なる理由を簡単に述べておく．ゲーリングによれば，最も類似した二つの事例を選択して比較を行うのは，それらの事例において異なる結果が生じた場合，その結果をもたらした独立変数の効果を推定しやすいためである．独立変数以外の要因が二つの事例においてすべて共通する場合，その独立変数が存在しなければ両事例は同様の展開を見せると考えるのである（Gerring 2007, 131-134）．このことを念頭において，国民番号制度を除く韓国の多くの制度が日本のそれと類似していることを想起すれば，韓国は日本の「最も類似した事例」であるかのように思えるかもしれない．しかし，高度成長期の日韓の政治体制の違いには目をつぶるとしても，そもそもの問題として，本書における比較研究の目的は，独立変数の効果の測定に用いる仮説を立ててそれを検証することではない．「最も類似した事例」を選択することの利点は，独立変数以外の変数をコントロールできることであるが，仮説検証ではなく未知の因果メカニズムの究明を目指す本書は，独立変数を予め設定する研究方法を取らないため，ゲーリングとは異なる事例選択の動機を持つ．

第1章　日本の戸籍制度と番号制度

　日本には様々な番号制度が存在する．運転免許証番号，基礎年金番号，住民票コードなど，行政サービスの提供を支える番号が，その目的に合わせて個別に作られたためである．免許や年金のように対象とする人口が多く，なおかつ対象と行政職員の直接的な接触が必要となる行政サービスが展開される時，行政機能の専門分化が生じるのは自然な流れである．そうして形成された行政機能の分立状態が業務の非効率性を生み出すという指摘が浮上すれば，行政事務の統合を目指す動きが発生することもある．2016年に本格的な運用が始まったマイナンバー制度は，分立状態の番号制度を統合に導くための努力の一環であると言えよう．

　しかし，マイナンバーを利用して番号制度の効率的な仕組みを実現できるかについては疑問が残る．2018年3月に世を騒がせた日本年金機構の海外企業再委託事件は，その疑問をさらに膨らませるものであった．この事件において，主に問題視されたのは，年金機構から所得税の控除に必要な扶養控除申告書のデータ入力を委託された企業が情報を誤って入力したこと，また，その企業が委託された業務を契約に違反して中国の企業に再委託したことであった．それが大きな問題であるのは，おそらく間違いない．だが，本書の観点からすれば，関心を寄せるべきは，委託の流れよりも，委託された内容である．年金機構が委託したデータ入力作業の対象となった情報には，マイナンバーと基礎年金番号が両方とも含まれていた．このことは，マイナンバーの導入によって，処理しなければならない情報がむしろ増えてしまったことを意味する．政府は，マイナンバーを使って年金機構と自治体の情報連携を実現し，年金の受給開始の申請手続などを簡素化する予定だったが，年金機構の事件を受けて連携の時期を無期限延期した[1]．マイナンバー制度が，既存の番号制度の体系を劇的には

---

[1]　『日本経済新聞』2018年3月21日．

変化させられないように感じるのは，筆者だけではなかろう．

実は，こうしたマイナンバー制度のあり方は，日本の番号制度の発展の歴史から見れば，それほど不自然ではない．本章では，日本に存在する様々な番号制度の成立過程が，いずれも既存の住民管理の仕組みを刷新するものではなかったことを明らかにする．それらの過程では，新たな番号制度が既存の仕組みの上に積み重なる形で発展してきたのである．第1節では，戸籍制度の成立と共に実現した日本の住民管理の仕組みが，近代国家建設の過程でいかなる役割を果たし，また，いかなる矛盾を乗り越えなければならなかったかを確認する．第2節では，戦後改革や戸籍事務のコンピュータ化が進められる中でも，戸籍制度の変化は制約されてきたことを明らかにする．第3節では，医療保険制度，公的年金制度，そして運転免許制度における番号制度の成立の歴史を辿る．その歴史は，細かく分立していた番号制度が，各々の行政領域の中で漸進的に統合を実現していく過程であった．

第1節　住民管理の始動

1．近代国家の勃興と変貌

国家の近代化は，国家の組織的規模の増大，所掌範囲の拡大，近代官僚制の出現，政治的代表制の実現といったプロセスを通じて進行すると考えられている．これらのプロセスは，常に一定の速度で進行するわけではなく，最も早い段階で近代国家建設に乗り出した欧米諸国の間でも多様な展開が見られた．そうした多様なプロセスの中から普遍的な方向性が現れたのは，19世紀から20世紀前半にかけてである．そこには，二つの変化が生じていた．第一に，地方の名望家によって占められていた公職が，国家の雇用による官僚制へと変化し，国家の管掌範囲が著しく拡大した．第二に，経済に対する国家介入の強化および社会福祉行政の開始に伴い，非軍事的政府支出が軍事費を上回る水準にまで増大した．このことは，18世紀に戦争による近代化を推し進めていた巨大な「軍事優先国家」としての欧米列強が，19世紀に入ってからは領域内の各地に大勢の行政職員を取り込む「半軍事的・半民政的国家」へと変貌を遂げたこと

を意味する（Mann 1993, 358-395）．

　日本の国家がこうした変貌を遂げたのも，19世紀後半から20世紀前半にかけてであった．周知の通り，江戸幕藩体制の瓦解と明治新政府の成立は，商業資本の発達よりも欧米列強からの国際的な圧力を直接的契機としていた．そのため，民族独立を至上命題としていた新政府は，「自己保存」のために軍事と経済の近代化を図る政策を展開した（岡1962, 113-153）．日本における政府支出の推移を見ると，朝鮮半島で起きた壬午軍乱を契機に海軍を拡張した1882年から日清戦争が勃発した1894年まで，軍事費が増大したのはもちろんのこと，それに劣らないほど殖産興業にも膨大な財政支出が投入された．さらに，不況の影響で軍縮が行われた第一次世界大戦後から満州事変までの時期においては，軍事費が政府支出全体の約20％に抑えられた一方で，民政支出の範囲は拡大した．具体的には，文部省関係経費として農村地域の財政窮乏救済を目的とする教育費が増大し，第一次世界大戦中に蓄積された資本の捌け口を求めて港湾，治水，道路などの土木事業が展開され，内務省関係経費の膨張が生じた（土方1940, 209-216）．そして，満州事変に始まる十五年戦争の時代には，健兵健民政策による社会保険制度の整備が行われた（鐘1998, 32）．

　こうした民政支出の拡大は，国家が社会における人と財産の所在を把握できるようになって初めて可能になる．欧米列強においては，18世紀に軍事優先国家が台頭すると共に税の査定人・徴収人や徴兵担当将校といった第一線公務員のネットワーク群が整い，それがそのまま存続して19世紀の半軍事的・半民政的国家への変貌を助けた（Mann 1993, 371-378）．日本でその役割を担ったのは，戸籍を編製した末端の行政機関である．以下では，戸籍制度に焦点を当て，日本の半軍事的・半民政的国家の出現を支えた住民管理の仕組みが，いかなる特徴を持って形成されたかを明らかにしたい．

2．日本の近代国家建設と戸籍制度

　1868年に成立した明治新政府は，戊辰戦争で勝利を収めたとはいえ，軍事力と経済力の両面において極めて脆弱かつ不安定な状態にあった．そこで新政府が真っ先に取り組んだのは，薩長両藩の一層積極的な支持を取り付け，自己の兵力を強化することであった．それまで公議世論の尊重を唱えていた新政府

は，薩長土三藩から合計1万人の藩兵を提供されると，途端に世論尊重の方針を転換し，廃藩置県による軍事的権力の集中と，地租改正を通じた財政的基盤の強化に踏み切った（岡 1962, 90-153）．その両方の活動に欠かせなかったのが，戸籍に基づく住民管理である．新政府による戸籍編製事業は，1871年4月における「戸籍法」の制定と共に開始された．それ以来，戸籍担当の部局は明治政府の内政機関の中枢を担い，戸籍法の実施過程で形成された区の制度は，一般地方行政事務を処理する区画としても用いられるようになった（山中 1974, 252-253）．

初期の戸籍制度の持つ特徴は，多くの反政府的な下層武士や農民が「脱籍無産・浮浪の徒」になっていた明治初期の状況を反映するものであった（山主 1959, 173-175）．地租改正や国軍の創設など新政を施す手段であるべき戸籍制度が，明治初期には脱籍者を取り締まる役目を中心的に果たしていたため，その多目的性のゆえに「過渡的な特質」を帯びていたのである（福島 1967, 20-23）．本書の関心は，この過渡期における戸籍制度の運用体制が，いかにして安定性を獲得したかという点にある．安定期を迎えた際の戸籍制度のあり方が，現在の戸籍制度および番号制度のあり方を大きく規定していると考えるからである．

法改正の頻度に基づいて制度の安定を判断した場合，一つの区切りとなるのは，1886年における戸籍制度の改革である．それ以後も，旧民法の公布（1890年）と新憲法の公布（1946年）などに伴う戸籍制度の変化が見られるものの，「過渡的法」としての戸籍法は1886年以前の「壬申戸籍」に限られるのである[2]．壬申戸籍が成立した1871年から1886年までの間には，正規の改正手続を伴わない実質的改正が何度も繰り返された．戸籍法の本来の趣旨は，全国における人口調査を伴う戸籍編製にあったにもかかわらず[3]，制定当初の戸籍法は，鑑札制度のような治安維持的な取り締まり規定の性質がより強調されていたためである．こうした過渡期の戸籍は，内務省令第19号出生死去出入

---

[2] 戸籍の形態変化に焦点を置く場合は，壬申戸籍と明治19年式，明治31年式，大正4年式各戸籍，そして戦後の戸籍とを区別する（福島 1967, 38-39）．

[3] 戸籍編製とは，古い宗門人別帳などから脱皮し，新たな原理に従う戸籍の改製を行うことを意味するもの，すなわち，村役人や寺による土地緊縛を基本原理とする人民支配を，国家による戸籍緊縛へと移行する手段であった（福島 1967, 113-124）．

寄留者届方，同第 22 号戸籍取扱手続，訓令第 20 号戸籍登記書式の三法令を発布した 1886 年の改革を通じて「明治 19 年式戸籍」へと変化し，そこから戸籍制度の安定期が始まったと考えるのが一つの見方である（福島 1967, 24-41, 107-126）．

　明治 19 年式戸籍の運用は，府県庁の厳格な監督の下で事務手続の統一を図る点において，それ以前の運用形態を大きく変革するものであった．こうした変革に際して，政府は，当時の基準からすれば，かなりの労力と資金を費やして戸籍制度の運用に取り掛かることとなった．その運用において最も重視されていたのは，「家」を正しく表示し，身分関係の厳密な記載を保障することであった（福島 1967, 32-33）．

　ここで，「家」という言葉が何を指していたかに注目すれば，新政府が戸籍制度を用いた最大の目的を理解できる．幕藩体制下の住民管理に用いられた宗門人別帳が，村落共同体の認める生活単位あるいは経営体を家として捉えていたとすれば，明治期以後の戸籍は，戸主を中心とした血縁集団としての家を把握するようになった点に特徴がある．このような明治期以後の特徴は，1898 年に本格的に導入された「本籍主義」と結び付き，戸籍が把握する家と現実の世帯のズレを次第に拡大させていった．戸籍を登録している場所を意味する「本籍」という概念が導入され，現実の生活集団よりも血縁集団の把握を重視する傾向が強まったのである（森 2014, 236-241）．西南戦争後の松方デフレを契機に農村から都市に流入する人口が増加する中で，90 日以上本籍外に居所を有する者に関しては届出または職権によってそれを把握することを定めた寄留法が 1914 年に制定されたものの，この寄留制度は住民全体を把握するものではないという点で戸籍制度を補完する仕組みに過ぎなかった（福島 1967, 33; 利谷 1975, 61-62）．

　新政府が戸籍制度を使って本籍地を共有する血縁集団としての家を把握することに注力したことの背景には，それを通じて日本人の境界を画定する必要性に迫られていたという事情がある．1880 年代から 1890 年代にかけて，条約改正問題に際して展開された「内地雑居論争」の中で，その必要性は次第に切実なものとなっていった．アメリカのように移民を基盤とする国家は，出生地主義による国籍取得の原理を採用する場合が多いのに対して，欧米列強によって

強制的に開国させられた日本は，条約国人の居住や営業などの活動を居留地に限定していた状態から内地雑居を認める状態へと移行する過程で，血統主義による国籍取得の原則を固めたのである．1899年3月に公布された国籍法は，父系血統主義を日本国籍の得喪の原則として定めた．国籍の変更は戸籍の入除籍の効果として発生するものとされ，戸籍と国籍は不可分の関係となった（遠藤 2010, 34-44）．

このように，日本人の境界を画定する動きが戸籍に基づく家制度を尊重する形で進められたのは，内地雑居論争の中で浮上したナショナリズムに対応するためであった．この問題に触れている塩出浩之は，雑居賛成論者と雑居尚早論者のどちらもが，欧米の資本に対する「民族の独立」を重視する立場を取っていたことを認める一方で，そこで顕著になったナショナリズムが国外へ移民・植民した人々の民族意識にも影響したことを見逃してはならないと主張する（塩出 2015, 66-111）．このことは，戸籍に基づいて国籍を付与する日本の制度が，それから本格化する植民政策とも密接に結びついていたことを意味する．それを端的に示す例として，国籍を同じくする日本人の間でも，日本の戸籍法を適用される内地人と朝鮮籍・台湾籍に登録される外地人は，こうした戸籍上の区別によって，参政権や兵役義務など国家との権利義務関係においても異なった扱いを受けるようになった．樺太原住のアイヌに対しては，1932年の樺太施行法律特例改正に基づいて日本の戸籍法が適用されるようになったものの，そこから排除されたアイヌ以外の先住民は，1943年に樺太が内地に編入されるまで，戸籍を持たずに「土人名簿」に登録され，兵役を免除されるばかりでなく，日本の刑法および民法の適用も受けない状態に置かれていた（モーリス＝鈴木 2000, 134-156; 遠藤 2010, 129-133）．

3．制度間の矛盾の克服

以上のように，「家」を単位として人を把握する戸籍制度は，日本国民の境界を定める作業と親和的であった．それに対して，個人とその財産の所在を把握することを求める近代国家の徴税・徴兵制度にとって，戸籍制度は必ずしも最適な住民管理の仕組みではなかった．だが，戸籍制度と徴税・徴兵制度は，一方が他方を淘汰することなく，むしろ相互依存的な関係を築き，また，制度

間の矛盾を解消するよりは，克服する形で互いの発展を支えた．ここでは，徴兵制と税制の発展過程の中で，そうした関係性を確認する．

　廃藩置県に踏み切った明治新政府が藩兵を解散して軍事的権力を自己の手中に収めると，次に行ったのは当然ながら兵力を動員することであった．1872年に徴兵の詔勅が発せられ，翌年には徴兵令が公布された．とはいえ，それまで兵農分離によって兵役義務を免れていた農民の間には，徴兵を嫌う気運が強く，「血税反対」を旗印とする農民運動も広がりを見せつつあった．そこで新政府は，戸主免除制の導入を通じて徴兵制を家制度と調和させる道を選んだ（福島1967, 261）．徴兵制に免役条項を設けること自体は，フランスの兵制を参考にした結果であるが，フランスに戸主と非戸主の区別が存在しないのに対して，戸主とそのあとを継ぐ嗣子などを免役の対象とする日本の徴兵制は，明らかに日本特有の家制度を反映するものであった（加藤1996, 52）．免役の特権を与えられた戸主は，その代わりに届出義務を課せられ，徴兵に関わる行政事務において事実上の末端の国家機関としての役割を果たした．こうした措置が免役制度の乱用をもたらすとしても，当時の国家は徴兵事務の遂行において戸主に依存する以外の方法を持たなかった（利谷1959, 391-394）．

　このように徴兵制と戸籍制度が密接に関わっていたため，徴兵令の改正は多くの場合において戸籍制度の運用を強化する働きをした．例えば，前述の「明治19年式戸籍」が成立する際に，府県庁の厳格な監督下で事務手続の統一が目指された背景には，徴兵令の改正に合わせて戸籍法の改正を求める陸軍からの圧力があった．徴兵令だけを改正し続けても徴兵忌避の弊害を完全に是正できないと判断した陸軍卿大山巌は，1881年に提出した「徴兵ノ儀ニ付建議」の中で，戸籍法の改正を強く主張した．その主な内容は，現行法によって府県庁の管掌が解除され，民選による戸長だけに戸籍の加除が許されている仕組みを是正することであった（加藤1996, 100）．実際，戸籍法改正に先立つ1883年の徴兵令改正では，免役の基準を厳格化し，60歳以下の者の嗣子に対しては猶予を許さない規定が設けられたものの，「60歳以上の者方への養子に遣す算段を為す者多き為め，又郡区役所の戸籍掛は殊の外繁劇」であったことを当時の新聞が伝えている（松下1981, 499）．やはり戸籍制度の運用を強化しない限り，徴兵忌避の問題は解決に向かわなかったのである．

戸籍制度と税制との間でも，このような相互依存的な関係が形成されていった．まず，明治期の租税の中で最も重要な役割を果たした地租に関していえば，1873年に始まる地租改正は，二つの点で幕藩体制下の貢租の性格を変化させるものであった．第一は，村構成員全体の連帯負担を，個人の負担に変えた点である．これにより，個々人は村や家という媒介者を経ず，納税者として国家と直接に関係を結ぶこととなった（福島 1967, 263）．第二に，旧領主ごとにまちまちの現物納を課していた状態から，地価に対する一定の率の金納を全国一律で課すようになった．これを実施するために，1873年から1881年にかけて地価を決定する大規模な事業が展開された．この事業は，旧来の年貢負担者を地租の納税義務者として設定し，その者に地券を与えて近代的意味での土地所有権を認めた（岡 1962, 132）．

このように整理すれば，地租改正によって村と家の意味が同時に消滅していくようにも見える．確かに，村と家の関係でいえば，村の租税連帯性が消滅していくにつれて，両者の関係も解消されていった．松沢裕作によれば，1878年に「三新法」と称される三つの法令，すなわち，郡区町村編制法，府県会規則，地方税規則が公布された時には，地租改正がほぼ終了し，町村は租税の負担単位としての性格を失ったため，都合に応じてそれらを合併することが可能な状態となっていた．郡区町村編制法6条には戸長を複数町村で一員置くことを可能にする規定が設けられ，多くの地域で町村の連合が形成されたため，1880年には戸長の数が町村の数の半分以下まで減少した．1884年には，それまで行政区画ではなく「個別利害の領域＝市民社会」に属していた戸長が，個別利害の領域から完全に切り離されることとなった．戸長の任命方式は選挙から県庁の任命による官選に変更され，複数の町村で一人の戸長を置く，連合戸長役場制が採用されたのである（松沢 2013, 112-133）．

しかし，地租改正は国家と家の関係を解消するまでには至らなかった．従来の農地所有の家産としての性格は地租改正によって急に変化し得るものではなく，戸主たる個人に地券を発行する法的な手続も所有の実態を変えるようなものではなかったのである（福島 1967, 264）．

むしろ，1887年における所得税の新設によって，国家と家の結びつきはより強固なものとなっていった．所得税が多くの欧米諸国よりも早い時期に導入

されたのは，当時の日本が関税自主権を持たないがゆえに地租を最も大きな収入源にしていたことと関係がある[4]．所得税が採用された理由としては，1882年の朝鮮半島における壬午軍乱を契機に軍事費が増大したことなども考えられるが，最大の理由は政府の経費の大部分を地主に負担させ，商工業者はその負担を免れている状況を是正する必要性が浮上したことであった．こうした背景から成立した所得税は，まだ税務署の全国的なネットワークを持たない段階で実施に移されたため，その運用を戸籍制度に依存せざるを得なかった（大蔵省主税局編 1988, 4-11）．家が納税の単位として設定され，戸主は一家の納税責任者であるだけでなく，納税名義人として納税に伴う権利を与えられた．そうして，所得税制に限っては，公選議会の参政権も基本的には戸主に帰するものとなった．1899年の改正によって戸主の税法上の特権的地位は消滅したものの，その段階で既に戸籍制度は安定的な地位を確立していたといえよう（福島 1967, 265-267）．

次節では，戦後日本における戸籍制度の変化について述べる．安定的な運用の基盤を整えた戸籍制度は，戦後改革の圧力の中でも，その変化の範囲を最小限に抑えながら漸進的に発展していった．それを基盤とする住民管理の仕組みの上に，今日の日本に存在する様々な番号制度が成立するのである．

第2節　住民管理行政の漸進的発展

1．制度転用と制度併設

日本における戦争の経験は，戸籍制度に関しては，それほど劇的な変化をも

---

[4] 日本における所得税の導入は，フランス，ドイツ，オランダ，デンマーク，スウェーデン，ノルウェー，オーストラリア，ニュージーランド，カナダよりも早かった．イギリスとアメリカはそれぞれナポレオン戦争と南北戦争を契機に，税率が収入の10%にも達する所得税の導入に踏み切ったものの，平時にもその制度を維持するのは困難であった．第一次世界大戦を通じて欧米諸国の間では所得税の普及が進んだものの，その後の1920年代においても，例えば，フランスとドイツにおける税収入の約70%，スウェーデンにおける税収入の約90%が，砂糖，タバコなどの物品税や関税といった間接税によって構成されていた（Webber and Wildavsky 1986, 332-349, 448-452）．

たらすものではなかった．戦争や恐慌といった政治的・経済的変化は，現状を変えようとする主体を出現させるものの，それら主体の選択は既存の制度の経路依存性に制約される．こうした制約の中で行動する主体は，既存の制度を急激に変化させることはできず，新たな法解釈などを通じた漸進的変化，すなわち制度転用（conversion）を試みる（Thelen and Mahoney 2015, 23-24）．変化を試みる主体が十分な支持を得る一方で，既存の制度の変化に対する抵抗も強い場合は，制度併設（layering）が生じることもある．制度転用が既存の制度そのものを変化させる動きであるとすれば，制度併設は既存の制度を変更せずに維持したまま，それに影響を与え得る新たな制度を設けることである．例えば，既存の社会保険制度が定める給付金の支給基準に一層厳しい制限を設けるような変化は制度転用であり，既存の制度とは別に，企業年金への税制優遇措置のような新たな制度を設けるのは制度併設である（Hacker 2005, 45-49）．

　ここで制度併設や制度転用という概念に注目するのは，これらの概念が戸籍制度の漸進的発展を説明するのに有効であると考えるためである．制度に関わる利害関係者の範囲の広さと，制度が運用されてきた年月の長さは，共にその制度の経路依存性を強める．19世紀末から日本国籍を付与する根拠となった戸籍制度は，一連の非軍事化と民主化が進められた戦後改革の時代においても根本的な変革を迫られることなく，その時代の変化を凌ぎ，現在に至っている．

　戦後改革の中で戸籍制度に最も大きな影響を与えた動きは，戦後の新憲法および民法における「家」制度の廃止である．しかし，その動きが戸籍の全廃や個人を単位とする西欧式の身分登録制度の導入を促したわけではない．従来型の制度の維持をもくろむ司法省の働きによって，1947年に公布された新戸籍法による戸籍制度の変化は，制度転用と呼ぶべき三つの構造変化に留まったのである．第一に，家を基本単位としていた戸籍編製が，夫婦およびこれと氏を同じくする子とを基本単位とするように変わった．第二に，子の婚姻を以て新戸籍を編製するようになった．第三に，戸籍上の特別な地位を持っていた戸主が戸籍筆頭者に変わり，その特別な地位が消滅した．これにより，近代的な小家族を単位とする新たな住民管理の仕組みが出来上がったものの，一戸一用紙，夫婦同姓制，在日外国人の排除といった，「家」意識の維持・復活に寄与するような要素が多く残されたままであった（福島1967, 40-41; 歴史学研究会編1990,

203).戸籍の全面的改正が 1958 年まで 10 年間猶予されたのも,家制度の解体を漸進的なものに留める働きをした(利谷 1975, 106-107).

その一方で,戸籍制度のあり方に影響を与える新たな制度も導入された.1937 年に始まる戦時体制下で住民管理が強化されたことの長期的な結果として,「住民登録法」の制定という制度併設が行われたのである.戦時体制下の国家総動員法に基づく物的資源の統制は,家庭の消費物資の配給制度を生み出し,これへの対応を迫られた市町村は,全住民の世帯別把握を実現するべく 1940 年ごろから世帯台帳を作成し始めた.このように配給制度を支えるものとして出現した世帯台帳は,次第に選挙,教育,公衆衛生,徴税,各種証明などの基礎資料としても利用されるようになった(利谷 1975, 68).戦後の配給においても大きな役割を果たした世帯台帳に対して,市町村の実務家からは,それに法的な根拠を与えて整備すべきという声と共に,行政事務の煩雑化を警戒した戸籍不要論が浮上したものの,その意見をそのままでは受け入れなかった法務庁は,戸籍制度と連動していた寄留制度の事実上の改定という形で 1951 年に住民登録法を制定することにした.そのため,住民登録法には戸籍と住民票の連携を保たせるために「戸籍の附票」が定められ,身分登録・把握を目的とする戸籍と,世帯把握を目的とする住民票が「一体化」する結果となった(歴史学研究会編 1990, 204).

ここで注目すべきは,戸籍と住民票の連携がもたらした帰結である.第一の帰結として,戸籍を持たない「外国人」が住民登録から除外されることとなった.そこには,内地籍を持たないがゆえに外国人として位置付けられた在日朝鮮人および台湾人も含まれていた(歴史学研究会編 1990, 205-208).第二の帰結としては,住民票の正確性を保つという新たな機能が戸籍制度に付与された.住民登録法施行法案の逐条説明が行われた 1952 年 4 月 15 日の参議院法務委員会における自由党の鍛冶良作衆議院議員の説明によれば,住民登録法施行法 5 条の市町村相互の通知の規定を定めたのは,「住民票の記載の正確を図るため」であった[5].この規定によれば,住所地の市町村は,住民票を作製した際に本籍地の市町村に通知を行い,その通知を受けた本籍地の市町村はそれに基づい

---

5) 参議院法務委員会会議録,1952 年 4 月 15 日.

て戸籍の附票を作製しなければならない．戸籍の附票に関するこの規定は，住民登録法に代わるものとして1967年に住民基本台帳法が制定された際にも，「戸籍との結びつき」を保ち，「住民票の記載を正確ならしめるために」受け継がれることとなった[6]．それ以後，戸籍制度は住民管理の正確性を担保するという役割をより固めていき，その経路依存性を強化していくこととなった．

2．戸籍事務のコンピュータ化

こうした戸籍制度の性格をより強固にするきっかけとなったのは，逆説的ではあるが，1990年代に本格化した「戸籍事務のコンピュータ化」である．一般的に，行政における情報技術の利用は，制度の複雑性と認知コストを減らすことを通じて，統合を助ける働きをすると考えられてきた（Dunleavy et al. 2006, 224-242）．ところが，以下で見るように，戸籍事務のコンピュータ化は，むしろ戸籍と市区町村とのつながりを一層強めることで，戸籍制度の分権的な性格を固定化した．

もちろん，政府がそのような結果を意図してコンピュータ化を進めたわけではない．戸籍事務のコンピュータ化を開始する以前から情報化を積極的に進めてきた政府は，戸籍事務の基本的な目的が「国民の親族的な身分関係を登録・公証すること」であることに鑑み，コンピュータ化を機に事務処理方式を全国的に統一すべきであると考えた．そこで，各市区町村が独自のシステム開発を行った住民基本台帳システムの前例を繰り返さず，戸籍の場合は全国で同一のコンピュータシステムが導入されるように，そのコンピュータ化の開始時期を他の情報化事業よりも遅らせるなどの配慮が行われた（柏原 1996, 5）[7]．

---

6) 1967年6月23日に行われた衆議院地方行政委員会でこのような発言があった．全国連合戸籍事務協議会の機関誌である『戸籍』においては，「戸籍の附票は住民票と戸籍とを相互に連絡して両者の記載の公正を保持する機能を営む」という説明がある（福岡市総務局市民課 1966, 20）．

7) 戸籍事務と異なる住民基本台帳事務の特徴は，住民基本台帳法の制定当初の目的が全国規模で事務処理の統一化を目指すようなものではなかったことに表れる．1967年6月23日の衆議院地方行政委員会で説明された住民基本台帳法の制定の主旨は，市町村単位で住民基本台帳を整備し，公職選挙や国民健康保険，国民年金などの事務をその台帳に基づいて一本化することである．

それにもかかわらず，1994年の改正で新設された戸籍法117条の2は，戸籍事務に用いるコンピュータシステムを導入する際に，法務省令が定める基準さえ満たせば，市町村長の裁量に従って導入を進めることを許容した．戸籍事務のコンピュータ化に先立って，既に一部の市区町村が諸事務のコンピュータ化を完成していたためである．しかも，それらの市区町村は，それぞれ異なるコンピュータシステムを導入していたため，その状況を無視して国が標準的なシステムを指定するのは困難であった[8]．このような事情から，1994年の改正に先立って戸籍事務のコンピュータ化に伴う法整備を諮問された民事行政審議会は，法務省の定める基準に適合していれば，市区町村長が各々のコンピュータシステムを各自導入できるようにする基本構想を答申した（民事行政審議会 1994, 146-147）．この答申が出て5カ月後に国会を通過した「戸籍法及び住民基本台帳法の一部を改正する法律案」によって新設された条文が，段落の冒頭で取り上げた戸籍法117条の2である．同法は，法務省が作成した基準書の対象となっている事務範囲以外においては，市区町村が独自のシステムを構築できるようにしたため，コンピュータ化が進んでいくにつれて，戸籍事務を市区町村の所掌事務として認識する従来の考え方は一層強化された（伊藤 1996, 7）．

　法務省の基準に基づく戸籍情報システムの導入形態は，大きく四つの種類に分けることができる．第一は，既に多くの市区町村が導入済みであった住民情報システムと同様，当該市区町村のホストコンピュータを中心にしたオンラインシステムを導入する形式である．第二は，既存のホストコンピュータをサーバーとして用い，そこに戸籍データベースなどの主要ファイルを置いて，ソフトウェアは戸籍部門の端末に置く形式である．第三は，通常はオンラインシステムの形態を取った戸籍情報システムを使用し，このシステムの運用を開始する前に発生した除籍および改製原戸籍に限っては専用のサーバーで管理する形式である．第四は，戸籍情報システムのために全く新しい専用のコンピュータを導入し，市区町村の情報管理部門とは関わりなく戸籍部門がシステムを独自に運用する形式である（伊藤 1996, 7-14）．

　これらの方法のうち，最も多くの市区町村が好んでいたのは，第四の戸籍専

---

[8]　市区町村が導入したコンピュータの機種が多様であった理由に関しては，第3章で詳しく述べる．

用のコンピュータを導入する形式であった．だが，多数派とはいえ，市区全体の26％，町村全体の40％がそれに関心を示したに過ぎなかった[9]．この問題に関する調査を行った自治日報社の「全市区町村戸籍情報システム取り組み状況実態調査」は，調査が行われた1996年5月の時点でまだ戸籍情報システムを導入していない市区町村も対象にしたため，実際の導入では同調査の回答とは異なる形式が取られた可能性があるものの，少なくともシステム導入に対する合意が形成されていなかったことは，この調査結果から十分に見て取れる（自治日報社企画編集部 1996, 183-187）．当時の市区町村においては，戸籍専用のコンピュータを利用する方法以外にも，ホストコンピュータを活用したオンラインシステムを導入する方法，ホストコンピュータを部分的に活用する方法などが，どれも一定の割合で検討されていたのである．

　さらに，戸籍事務のコンピュータ化は，住民管理の正確性を確保するものとしての戸籍の役割を一層強化した．それを示すものとして最初に注目する必要があるのは，民事行政審議会の答申における基本構想の内容である．この基本構想は，戸籍事務のコンピュータ化を進める際，そこで導入されるシステムが市区町村における他の事務に必要な戸籍情報を提供できるようにする一方で，逆に他の事務を処理するコンピュータシステムからは，当該システムにアクセスできないようにすることを要請している．次に注目すべきは，同答申の最後に書かれた戸籍の附票に関する考え方である．そこには，戸籍事務のコンピュータ化は戸籍の附票のコンピュータ化をも伴うものであると同時に，「市区町村における事務処理全体の合理化」を図るものでもあるという考え方が示されている．すなわち，民事行政審議会の答申は，一方で事務処理の合理化を掲げながらも，他方では戸籍事務が国民の親族的身分関係というプライバシーに関わる事務であるという観点から，戸籍とその他の行政事務とのやり取りを，戸籍からの一方的なものに限定している（民事行政審議会 1994, 146-149）．

　このように，一般的な行政理論に従えば集権化を促すはずの戸籍事務のコンピュータ化は，戸籍制度の分権的な性格をより強固なものにしただけでなく，

---

9) ここで市区全体，町村全体とは，自治日報社が1996年5月に実施した「全市区町村戸籍情報システム取り組み状況実態調査」に回答した484市，18区，567町村を意味する（自治日報社企画編集部 1996, 183）．

分権的な住民管理の仕組みをますます常態化させるのに寄与したと言えよう．

3．番号制度の統一化

　日本の近代国家は，戸籍制度を基盤とする住民管理の仕組みの上に，新たな行政機能を追加し，拡大していった．そうした中，それぞれの行政領域ごとに番号制度が分立し，それを再び統合に向わせる動きが生じた．その漸進的な変化の過程は，過去に一層分立していた番号制度を統合する過程ではあっても，領域を越えて統一的な住民管理の仕組みを整える過程ではなかった．このことは，各々の番号制度による管理体制が，その根底にある戸籍制度によって支えられていることを意味する．

　現在運用されている番号制度の多くは，それ以前に存在していた複数の番号制度の統合を経て生まれたものである．例えば，年金の支給に欠かせない基礎年金番号は，国民年金，厚生年金保険，共済組合がそれぞれ設けていた番号制度を統一したものである．基礎年金番号に関しては，その成立の時期が1996年と比較的新しいため，統一化の事情も広く知られているであろう．それに比べて，医療保険制度が用いる被保険者証記号番号および保険者番号，あるいは運転免許証番号に関して，今日の番号制度が成立するまでの経緯を知る人はそれほど多くはないはずである[10]．

　こうした経緯は，従来の研究において殆ど触れられてこなかった．その大きな理由は，番号制度の統一化の過程が，日本の社会保険制度における断片的な仕組みの陰に隠れて注目を浴びにくかったことにあると考えられる．換言すれば，これまでの研究は，社会保険制度の断片性を強調するあまり，それが部分的に統合されてきた側面を見落としてきたのである．そのことを端的に示す例として，イエスタ・エスピン＝アンデルセンは『福祉資本主義の三つの世界』の日本語版への序文において，「地位によって分立した」日本の社会保険制度

---

10) 特に，被保険者証記号番号に関しては，医療保険事務に携わっている職員であっても，今日の番号体系が成立した経緯を知っているとは限らない．被保険者証記号番号の形式が東京都内で統一された経緯について問い合わせを行った際，東京都福祉保健局，文京区国保年金課，千代田区保険年金課，東京都国民健康保険団体連合会の職員たちは口を揃えて「記録が残ってないので分からない」と答えていた．

の特徴が，保守主義的な福祉国家レジームに類似していると述べている（エスピン゠アンデルセン 2001, vi）．エスピン゠アンデルセンによれば，ドイツを典型的事例とする保守主義的な福祉国家レジームは，封建的な福祉システムが残存した結果として成立したため，社会民主主義的な福祉国家レジームとは異なり，社会集団別に断片化した制度に基づいている（Esping-Andersen 1990, 58-61）．日本の社会保険制度は，保守主義的な特徴を強く持つドイツの年金保険および医療保険制度を借用したがゆえに，年金，医療といった各々の分野において，船員，教職員，農業従事者，政府被用者といった対象ごとに個別の制度を設けるようになったというのがエスピン゠アンデルセンの解釈である（エスピン゠アンデルセン 2001, vii）[11]．

確かに，日本の社会保険制度は，設立当初に築かれた断片的な仕組みを明らかに維持してきた．例えば，医療保険制度は，国民健康保険，協会けんぽ，健康保険組合，共済組合，後期高齢者医療制度という多様な種類の保険によって構成されている．さらに，医療保険事業を実際に運営する保険者の数は，3,000団体を超えている[12]．この断片化された仕組みに注目する議論の中には，中選挙区制の導入を通じて深化した自由民主党内の派閥争いが，制度の断片化をさらに強化したという見方も存在する（Estévez-Abe 2008, 82-90）．社会保険の領域に限らず，日本の行政におけるセクショナリズムが明治維新から今日まで連続的に維持されてきたというのも支配的な見方であろう（辻 1969; 田口 1981; 赤木 1991; 今村 2006）．

こうした議論は，日本の福祉国家が，その断片的な仕組みを維持しつつも，部分的には統合を実現してきたことを見逃している．それには二つの理由が考えられる．第一は，番号制度の統一化が常に中途半端に終わったことである．ある領域における行政活動が膨張すれば，多くの場合，その領域内では番号制

---

11) エスピン゠アンデルセンは日本の社会保険制度の持つ断片的な仕組みだけに焦点を当てたわけではない．エスピン゠アンデルセンの分類に従えば，日本の福祉システムは，「自由主義―残余主義モデル」と「保守主義―コーポラティズムモデル」の両方の特徴を持っている（エスピン゠アンデルセン 2001, xiii）．
12) 保険者数は厚生労働省が発表した2013年のデータに基づく．http://www.mhlw.go.jp/stf/seisakunitsuite/bunya/kenkou_iryou/iryouhoken/iryouhoken01/index.html（2018年12月3日アクセス）

度の統一化が促されても，領域を越えての統合までには至らない．情報処理を助ける技術の発展が生じる場合も同様である．第二は，番号制度の統一化がもたらす変化が，目に見えにくい形で現れることである．番号制度の統一化は，例えば，医療費の負担割合を変更する時のように利益集団を巻き込んだ騒がしい論争を経て実現するものではなく，行政事務の増大，あるいは情報化を含む事務処理体制の変化という陰に隠れやすい現象によって促される変化なのである．

しかし，番号制度の統一化が生じるメカニズムを検討することなく，本書の議論を進めるのは難しい．そのメカニズムこそが，既存の制度を新たな制度に置き換えることなく，漸進的に変化してきた日本の住民管理の仕組みを何よりも明確に示しているからである．次節では，医療保険制度，公的年金制度，運転免許制度の順に，それぞれの制度の用いる番号制度の成立の過程を描く[13]．

第3節　番号制度の形成過程

1．医療保険制度

健康保険被保険者証は，その発行元によって様式が様々である．それらの様式に共通点があるとすれば，法律の定めにより，記号，番号，そして保険者番号を記載する欄を必ず設けている点である[14]．この三つの記載事項のうち，保険者番号だけは，その設定方式が医療保険制度全体で統一されている[15]．市町

---

13) 住民票コードとマイナンバーの導入過程は，番号制度の統一化の過程としては捉えにくいため，ここでは検討の対象としない．二つの番号制度は，既存の番号制度を吸収・統合したものではないという点で，新たに誕生した番号制度であると考えるべきであり，その誕生の動機も統一化を経て成立した他の番号制度とは大きく異なる．

14) 健康保険法施行規則47条，国民健康保険法施行規則6条，船員保険法施行規則35条に基づく．後期高齢者医療被保険者証のみ，例外的に，高齢者の医療の確保に関する法律施行規則17条の定めによって，記号，番号の代わりに被保険者番号を記載する欄が設けられている．

15) 保険者番号は個人を識別するためのものではなく，医療保険事業を運営する事業者を特定する番号である．他の番号制度とは性格を異にする保険者番号を説明の対象に含めるのは，行政の合理化の一環として促された保険者番号の成立が，日本における番号制度の統

村や共済組合など保険者の識別に用いられる保険者番号に関しては,「保険者番号等の設定について」という厚生省の 1976 年の通知がその設定要領を定めているためである．この通知は,船員保険や共済組合といった医療保険制度上の区分を示す法別番号 2 桁に,都道府県番号 2 桁,保険者（市町村）別番号 3 桁,検証番号 1 桁を組み合わせた計 8 桁の算用数字を保険者番号として採用している[16]．一方で,保険に加入している世帯員の識別に用いられる被保険者証記号番号に関しては,国レベルでの設定要領が存在せず,市町村を含む各々の保険者がその番号形体を決めている．北山俊哉が指摘するように,日本の福祉国家は,医療保険サービスの提供を可能にするインフラ構造の構築を,地方政府を始めとする分立した主体に担わせてきたのである（北山 2011, 28）．

　本書が注目するのは,このように分立した条件下で提供されている医療保険サービスが,一定の水準まで統一化を実現した番号制度を用いているということである．医療保険制度を導入した当初には,被保険者証記号番号も保険者番号も,全国で統一された設定方式を持たなかった．そこでまず行われたのが,厚生省による保険者番号の設定要領の統一であった．被保険者証記号番号に関しては,未だ国レベルで統一された設定方式が存在しないものの,東京都内ではその形式を統一しているというような例がある．すなわち,導入当初に比べれば,今日の番号制度は分立の程度が遥かに低いのである．

　保険者番号の統一化のメカニズムを明らかにするためには,まず 1976 年の段階で厚生省通知「保険者番号等の設定について」が発出された理由を,日本の福祉国家の歴史の中で探る必要がある．この通知が出された直接的な原因は,当時における法令の沿革を辿れば確認できるものの,重要なのは,この通知が出される遥か以前から日本には社会保険制度が存在していたということである．統一化のより根本的な理由を特定しようとするならば,それ以前の分立した仕組みがどのように形成され,維持されてきたかを確認しなければならない．

　日本における近代的な社会保険の形成は,胎動期を含めれば明治初期にその起源を求めることができよう．1881 年頃から,ドイツの労働保険の事情が新

　　一化のメカニズムを示す典型的な事例であると判断したためである．
16) 　国民健康保険の場合は,法別番号 2 桁を除く計 6 桁の算用数字を組み合わせたものを保険者番号として用いる．

聞報道や研究者の調査などを通じて日本国内に知られるようになり，日清戦争と日露戦争の後に生じたインフレは社会主義運動を活発化させた．これらの出来事は，社会保険制度に対する社会的な需要を高めることになった（全国国民健康保険団体中央会編 1958, 89-93）．

注目すべきは，このような社会主義運動への対応として，当初は，福祉国家を拡大するよりも，弾圧を強化することを選択した政府の姿勢である．1911年の工場法の制定に伴い工場主の扶助義務が発生した後も，政府の労働政策は，依然として社会主義運動の取り締まりに重点を置いていた．そのため，労働者の疾病や災害への対応は，その殆どが工場主の運営する扶助施設や経営者の支配下にある共済施設などに任されていたのである．この時期に民間の共済組合として設立されたのが鐘紡共済組合および三菱造船所救護基金であり，官業においては国有鉄道共済組合，専売局共済組合，内閣印刷局共済組合などが設立された．1920年代から1930年代にかけて，内務省の下で医療保険制度が実施されるようになってからは[17]，この時期に設立された民間の共済組合の殆どが廃止され，国営企業部門の共済組合もその給付内容を大幅に改革したため，これらの共済組合から今日の医療保険が生成されたとは言いがたい（全国国民健康保険団体中央会編 1958, 93-94）．ただ，1910年代に形成された断片的な仕組みが後の医療保険制度にまで引き継がれたのを否定することも難しいであろう．

医療保険制度の成立当初に生まれた断片的な仕組みは，厚生省が成立した後も廃止されることはなかった．1938年に内務省から分離される形で厚生省が設置されてから，保険業務は厚生省が統括して行うようになったものの，制度

---

17) 健康保険法が制定されたのは1922年であるが，最初はその適用範囲が狭く，関東大震災による保険財政の不調がその実施を困難にしたため，日本における社会保険制度が飛躍的に発展したのは，満州事変が勃発し，被保険者数が伸び始めた1931年から，第二次世界大戦が終結した1945年までの15年間であると見るのが通説的な考え方であろう（全国国民健康保険団体中央会編 1958, 96-97）．この時期に，厚生省が新設され（1938年），厚生省の発案により，国民健康保険法（1938年），職員健康保険法（1939年），船員保険法（1939年），労働者年金保険法（1941年）が制定されるようになった．鐘家新は，社会保障制度の形成を促す戦争の役割を認めつつも，資本家階級の役割をより重視した大河内一男，風早八十二，孝橋正一，そして竹中勝男の研究を「理論が先行して歴史的事実を理論に合わせる」ものであると批判し，十五年戦争の時代に健兵健民政策の一環として日本の社会保険制度が成立したことを明らかにした（鐘 1998, 32）．

の断片性を解消するような動きは生じなかったのである．設置直後に国民健康保険法の制定に取り組んだ厚生省は，その翌年の 1939 年に職員健康保険法および船員保険法を個別に成立させた．この二つの法律は，どちらも厚生省が設立される前に内務省社会局が作成した法案を基に作成されたものである．それらの法案を作成した内務省が二つの制度を別建てにしたのは，船員保険法が元々は内務省ではなく逓信省の下で検討されていたからである（全国国民健康保険団体中央会編 1958, 103-105）．このことは，内務省と逓信省によって異なる経緯で取り上げられた制度が，厚生省によって統合されることなく分立したままの状態で成立したことを意味する．

　この時期に初めて成立した国民健康保険は，医療保険制度の断片性をむしろ強化した側面がある．1938 年に国民健康保険法が制定された背景には，中国との戦争を念頭においた健民健兵政策があった．そのため，制度の主な対象となったのは農民である．これは，ロシア革命の後，社会主義革命の阻止を目的として 1922 年に制定された健康保健法が，都市部の労働者を対象としていたのとは対照的に，農村部の大規模な軍事動員を目的として作られた制度であった．制度運営の面からすれば，農民を対象にすることは，対象者の数と範囲の両面において行政機能の増大を伴う．それゆえに，当初の国民健康保険の運用は，市町村に設置された互助組織としての組合に任せられ，組合の設置と住民の加入が任意であるだけでなく，給付の範囲や負担の割合も各組合の裁量によって設定された．今日，市町村によって保険料を賦課する方式が異なるのは，当初の制度の仕組みを踏襲しているためである（池上 2017, 29-31）．

　しかし，医療保険制度の断片的な仕組みが，現在まで統合の機会を全く迎えられなかったわけではない．第二次世界大戦の終結後，保険の休廃止の続出と医薬品価格の高騰により，保険制度は全面的な崩壊の危機に直面した．この時期，厚生大臣の諮問機関として設置された社会保険制度調査会は，1946 年 3 月に「健康保険制度と国民健康保険制度とは，これを統合し運営すべき」という旨の答申を行ったものの，当時は両制度の麻痺状態を解消することが優先され，統合は先送りとなった．さらに，同調査会の小委員会は，「国民年金，家族手当及び社会保障制度の創設並びに制度の統合」に関する内容を含む「社会保険制度要綱案」を 1947 年 10 月に答申したが，その前の 1946 年 12 月に答申

第3節　番号制度の形成過程

した「失業保険制度要綱」における失業保険制度だけが実現し，社会保険の統合は再び見送られた（全国国民健康保険団体中央会編 1958, 109-118）．

　このように，医療保険制度を統合できる機会を逃し続けていた政府が，1976年の段階で保険者番号の形式の統一を図ったのはなぜか．1961年における国民皆保険の達成が時期的に遠すぎるとすれば，次に思い浮かぶのは，1973年に「福祉元年」が宣言されたことである．この宣言が行われた経緯に関しては，新川敏光が詳しく説明している．1970年代前半の日本における社会保障政策の急成長は，ヨーロッパの社会民主主義国とは異なり，労働者の組織力の強化がもたらした結果ではなかった．その時期には，労働組合の組織率と資本の組織化の状態に大した変化が生じたわけではなく，保守支配体制が依然として維持されていたためである．問題は，権力関係の変化ではなく，公害と賃金格差といった高度成長の副作用として現れた社会問題や高齢者問題の深刻化であった．こうした問題に対する責任を問われた自民党政権は，保守支配体制の危機を凌ぐために，自ら社会保障政策の拡充を図ったというのが新川の主張である．その具体的な政策としては，老人医療の無料化，被用者保険の扶養家族および国民健康保険加入者の自己負担率の引き下げ，そして高額療養費の自己負担限度の設定が挙げられる（新川 1993, 85-112）．

　政府支出の増大を伴うこれらの政策は，高齢者の受診率を大幅に引き上げる一方で，診療報酬の審査・支払に関わる事務の量を格段に増大させた．診療報酬とは，医師・医療機関が医療サービスを提供する際の料金と保険に請求する際の要件を定める国の規定である．各サービスの料金は点数で提示されており，請求の要件としては病院の人員，面積，機材などの施設要件や患者の要件などを設けている．診療報酬の規定を用いることで，国は医療費の抑制と医療サービスの質と量の統制を可能にしているのである．健康保健法の施行に伴い，1927年に政府管掌健康保険の支払方法として導入された診療報酬は，1943年には健康保険組合に，1959年には国民健康保険に採用され，医療機関に対する支払方法は診療報酬に一本化された．診療報酬の規定を順守させる仕組みとしては，審査支払機関である社会保険診療報酬支払基金と国民健康保険団体連合会が診療報酬明細書（レセプト）の審査と医療現場における指導監督を行っている．審査・支払の流れとしては，まず医療機関から請求されたレセプトの

内容を審査支払機関が審査し，保険者ごとにレセプトをまとめて請求する．保険者が独自にレセプトを点検した後，審査支払機関に点検後の医療費を支払えば，審査支払機関がそれを医療機関に振り込む（池上 2017, 49-53）．

福祉元年である 1973 年以後の受診率の増加が，こうした一連の業務を膨張させたのは当然の結果である．1970 年における医療費支払確定件数が約 5 億 700 万件だったのに対して，1977 年の件数は 7 億 1900 万件へと約 1.4 倍増加した．これを受けた審査支払機関の拡大も著しく，例えば，社会保険診療報酬支払基金と国民健康保険団体連合の審査委員を合わせた数は，1970 年の段階で 4,529 名だったのが 1977 年には 5,502 名まで増えた．委員数の増加にもかかわらず，社会保険診療支払基金の場合は委員一人当たりの取扱件数は同期間内に約 1.3 倍の伸びを見せた（医療保険制度研究会編 1980, 162-165）．

審査支払機関に限らず，医療機関における業務の増大も顕著であったため，日本医師会からは厚生省に対する診療報酬請求事務の一本化の要請が浮上した．齋藤邦吉厚生大臣は，「社会保険診療報酬の引上げ及び健康保険制度改善に関する請願」の紹介が行われた 1973 年 5 月 31 日の社会労働委員会で次のように述べている．

「なお，実は昨日，日本医師会長が私のところに持ってまいりました書類は，医療保険と公費負担医療との診療報酬請求事務の一本化についての要望を持ってまいったのでございます．それによりますと，保険と医療の無料化といったふうなものの関係で，お医者さん方の請求事務が非常に複雑になっておりますので，何とかこれを一本化してもらえぬだろうか，こういうふうな趣旨でございました．これは，私ども厚生省といたしましては，前から何とかできるだけ簡素にすることは，できないだろうかということで研究をいたしておるわけでございます」[18]．

当時の厚生省と日本医師会の力関係は，今日と比べて，日本医師会の方が優位に立っていたというのが支配的な見方であろう．「福祉元年」が医療費の膨

---

18) 衆議院社会労働委員会会議録，1973 年 5 月 31 日．

張を許す方向に働いただけではなく，その直後に生じた第一次石油危機がインフレを巻き起こし，その影響が医薬品の価格にも波及すると，それを機に日本医師会は診療報酬を大幅に引き上げる交渉に取り組んだ．それまで医療費の配分方法をめぐって厚生省との闘争を続けてきた日本医師会は，コストに基づく複雑な算定方式を放棄する代わりに，マクロの経済指標に医師の技術料や人件費，物件費をリンクさせる「スライド方式」を提案した．この方式は，1973年における診療報酬の改定作業を通じて導入された経緯がある（池上・キャンベル 1996, 130-145）．

保険者番号の設定要領を定める厚生省の通知は，診療報酬の審査・支払業務の増大と日本医師会の要請によって推し進められた診療報酬請求事務の簡素化の一環として行われた．厚生省は，1974 年に「療養取扱機関の療養の給付に関する費用の請求及び療養取扱機関の老人医療費の支払の請求に関する省令」を，そして 1976 年に「療養の給付及び公費負担医療に関する費用の請求に関する省令」を制定し[19]，それぞれの省令の施行について，「請求事務の簡素化」を主な趣旨とする通知を発出した[20]．これにより，各医療機関が同一の診療報酬請求書を用いる，いわゆるレセプト一本化が実現し，その請求書に記載される保険者番号の形式が統一されるようになった．

しかし，こうした動きは被保険者証記号番号の統一化を促すまでには至らなかった．例えば，東京都の特別区・市町村が被保険者証記号番号の設定要領を統一し始めたのは，それから 10 年近くが経過した後のことである．それは一

---

19) 1974 年の省令は国民健康保険と老人医療費に関するもの，1976 年の省令は健康保険，日雇労働者健康保険および船員保険に関するものである．
20) 各都道府県知事あて厚生省保険局長通知「療養取扱機関の療養の給付に関する費用の請求及び療養取扱機関の老人医療費の支払の請求に関する省令の一部を改正する省令の施行等について」（1975 年 5 月 14 日），各都道府県知事・各政令市長・各特別区長あて厚生省保険局長・公衆衛生局長・薬務局長・社会局長・児童家庭局長・援護局長・社会保険庁医療保険部長通達「療養の給付及び公費負担医療に関する費用の請求に関する省令等の施行について」（1976 年 8 月 7 日），都道府県民生主管部（局）長あて厚生省保険局医療課長・歯科医療管理官通知「診療報酬請求書等の記載要領等について」（1976 年 8 月 7 日），各都道府県知事・各政令市市長・各特別区長あて厚生省保険・公衆衛生・薬務・社会・児童家庭・援護局長・社会保険庁医療保険部長連名通知「保険者番号等の設定について」（1976 年 8 月 7 日）．

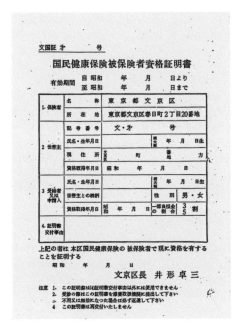

図1-1 国民健康保険被保険者資格証明書の様式（1960年）
出典：東京都文京区国民健康保険条例施行規則（別記様式第43号）

気に実現したものでもなく，地方自治体における行政事務のコンピュータ化と共に，徐々に広がった．例えば，千代田区の場合は1982年から保険者番号に含まれる市町村別番号3桁のうち下2桁である「01」を，被保険者証記号の最初の2桁として用いている．その年は，千代田区の第6回事務改善委員会で今後の検討テーマとして「OA機器導入の在り方」が選定された年である（東京都千代田区1994）．また，文京区は1992年に被保険者証記号の頭を「文」から「05」に変更した[21]．それは，文京区で「住民情報オンラインシステムの運用及び管理に関する要綱」が制定された翌年に生じた動きである（東京都文京区企画部情報処理課2000）．図1-1は，1960年の「東京都文京区国民健康保険条例施行規則」に添付されている国民健康保険被保険者資格証明書の様式（別記様式第43号）である．ここには，記号番号を記載する欄に，記号である「文」が予め印刷されている．これに対して，現行条例における国民健康保険療養費支給申請書の様式（別記様式第9号）の記号番号欄には，図1-2が示すように，「05」が予め印刷されている．

このことに鑑みれば，東京都の特別区・市町村における被保険者証記号番号の形式合わせは，オンラインシステムを利用した住民管理が本格的に普及した1980年代前半から1990年代前半にかけて徐々に進められたと考えられる．そ

---

21) 被保険者証記号番号の形式が変更された時期に関しては，千代田区総務課と文京区総務課の協力を得て，「東京都千代田区国民健康保険条例施行規則」および「東京都文京区国民健康保険条例施行規則」における様式の改正履歴を確認し，時期の特定を行った．

れを促進する動きとして，当時の東京都福祉保健局は，「被保険者証更新等事務取り扱い要領」の配布を通じて，都内の市区町村における被保険者証記号番号の統一化を勧告した[22]．このことは，現在は各市区町村の裁量で行われている被保険者証の付番について，2000年に地方自治法が改正されるまでは，東京都がある程度それに関与していたことを意味する[23]．

2. 公的年金制度

被保険者情報の管理体制において，国レベルで統一された番号体系を有しない医療保険制度とは異なり，公的年金制度には基礎年金番号が存在する．公的年金制度を構成する国民年金と厚生年金保険は，共通する番号に基づく管理体制を整えているのである．

しかし，給付の業務に注目すれば，医療保険制度が1976年から保険者番号

図1-2　国民健康保険療養費支給申請書の様式
　　　　（現在）
出典：文京区国民健康保険条例施行規則（別記様式第9号）

---

22) これに関する事実関係を明らかにするため，東京都福祉保健局に問い合わせたところ，最初に返ってきた答えは，当時の記録が残っていないため，東京都が被保険者証の付番に関する指示を行ったか否かの確認ができないということであった．しかしその後，福祉保健局の職員に被保険者証の付番に関する過去の問い合わせ履歴を調べてもらい，「被保険者証更新等事務取り扱い要領」というものが存在していたことを確認できた．

23) 2000年の地方自治法改正により，地方公共団体に対する国または都道府県の関与に関しては必要最小限の原則が設けられた．この原則の存在は，被保険者証記号番号の形式合わせを促進させていた東京都の存在を非常に見えづらいものにしている．筆者が問い合わせを行った際，現行法を熟知している東京都福祉保健局および東京都国民健康保険団体連合会の職員は，市区町村が裁量を持って行う被保険者証の付番に関して，東京都からの指示があったとは考えにくいと答えた．

を用いるようになったのに対して，基礎年金番号が登場したのは，それより21年も後の1997年であった．その理由は二つ考えられる．第一に，制度の仕組み自体は複雑であるにしても，医療保険制度に比べて，公的年金制度における被保険者データの管理の仕組みは制度導入の初期から相対的に単純であったため，番号制度の統合を促す圧力がそれほど働かなかった可能性がある．退役軍人に対象が限られていた恩給制度が労働者を対象とする年金制度へと拡大したのは，1939年に船員保険法が成立した時であった．年金制度の導入の目的には，年金保険料積立金を戦費に当てることも含まれていたため，中央政府も年金記録の保存と給付に関わる事務に関わらざるを得なかったと言えよう（佐口1977, 262-285; 李2013, 3-7）．日本年金機構が設立される以前は，社会保険庁の業務課が給付の裁定と支給を集中的に処理したため[24]，基礎年金番号が導入される前から，被保険者のデータの殆どが，一元的にではないにせよ，社会保険庁の下で一括して管理されていた（小山・佐口1975, 126）[25]．1970年にオンラインシステムを導入した社会保険庁は，1982年の時点で2億件に及ぶ個人データを保有し，中央官庁の中で最も大きいデータベースを構築しているほどであった（情報処理学会歴史特別委員会編1998, 225-235）．

医療保険制度において情報化の進展が被保険者証記号番号の形式合わせを促したのとは対照的に，公的年金制度における情報化は，むしろ基礎年金番号の導入時期を遅らせていた可能性が高い．医療保険制度の場合は，その仕組みの煩雑性のゆえに，保険事務の電算化が進むにつれて被保険者証記号番号の形式を統合する必要性が生じた．それに対して，公的年金制度においては，年金事務の電算化を開始する段階から個人データの中央集権的な管理が実現していたため，データベースの構築を助ける番号制度の改善よりは，データベースの巨大化に伴う個人情報の適切な管理の方が当面の課題として浮上したと考えられる（情報処理学会歴史特別委員会編1998, 225-235）．

第二に，公的年金制度の場合，利益集団から事務簡素化の要請が寄せられる

---

24) 2009年末に廃止された社会保険庁の業務は，翌年から特殊法人の日本年金機構が引き継いだ．
25) 2015年に厚生年金に統合されるまで各共済組合によって運営されていた共済年金の被保険者データは社会保険庁の管理下に入っていなかった．

事態を想定しづらい．日本医師会が保険者番号の成立につながる診療報酬請求事務の一本化を主張したのに対して，公的年金を取り巻く利益集団としての民間金融機関は，公的年金積立金の規模には関心があっても年金事業の事務要領には興味を示さない．年金の分野においては受益者団体が発展しなかったため，公的年金の業務に関しては，厚生省がある程度主導権を握って物事を決めてきたのである（宮本 2008, 43）．

それでは，何が 1997 年における基礎年金番号の導入のきっかけを提供したのか．この問題に関して，まず注目したいのは財政問題である．前述の福祉元年宣言以後の経緯に見られるように，日本政府は 1970 年代から赤字財政路線に突入した．田中角栄内閣に続く三木武夫，福田赳夫両内閣の下では，財政出動による公債依存が一段と強まりをみせたため，大平正芳内閣に至って遂に，赤字国債を抑制する手段として一般消費税の導入が試みられるようになった（加藤 1997, 122-128）．大平内閣が不人気政策である一般消費税の導入を 1979 年 1 月に閣議決定すると，同年 10 月の総選挙で自民党は議席を大きく減らし，そこから「四〇日抗争」と呼ばれる激しい党内抗争が繰り広げられた．その翌年には内閣不信任案が可決され，それを受けて衆議院を解散した大平が選挙期間中に急死した後，1980 年 7 月に発足した鈴木善幸内閣は，当分の間は間接税の導入が困難であることを直視し，公共部門の改革を通じて財政赤字を乗り越えることを宣言した（宮本 2008, 104-105）．

この宣言を受けて，1981 年 3 月に第二次臨時行政調査会（第二臨調）が発足し，増税なき財政再建のための一連の改革案が発表された．年金保険制度に関しては，1982 年 7 月に発表された「行政改革に関する第三次答申（基本答申）」において，分立している制度の一元化を目指すべく，制度間の不均衡を解消すること，支給事由が異なる二つ以上の年金を受けられるようになった者に関しては一つの年金を選択させる併給調整を行うことなどが求められた（臨調・行革審 OB 会編 1987, 177-179）．この答申の結果として，1985 年には年金保険制度の改正が行われ，基礎年金制度が導入されるようになり，その翌年から国民年金の保険料納付が義務化された（宮本 2008, 108）．

しかし，基礎年金制度が導入された 1985 年から 1997 年までの間，基礎年金番号は存在しなかった．このことは，基礎年金番号が基礎年金制度とは別の理

由で設けられたことを意味する．既に見たように，政府が基礎年金制度の導入に踏み切ったのは，財政状況が不安定化した国民年金の問題を解決するためであった．名目上は，国民年金と厚生年金，共済年金の基礎年金部分を共通化し，制度横断的な仕組みを整えることが，基礎年金制度を設ける目的として掲げられていたものの，その背後には，収支バランスが悪化しつつあった国民年金の不安定化の問題が浮上していたのである．すなわち，給与所得者の保険料拠出で国民年金を支えられるように，従来の年金制度を組み替えた結果として成立したのが基礎年金制度である（盛山 2007, 146）．

こうした背景から生まれた基礎年金制度とは異なり，基礎年金番号は適用漏れ者を減らすために導入された経緯がある．この適用漏れ者の問題が国会で初めて指摘されたのは，「被用者年金制度間の費用負担の調整に関する特別措置法の一部を改正する法律案」の審議が行われた 1993 年 2 月の衆議院厚生委員会においてであった．審議の対象となっていた改正案に対する反対を表明した日本共産党の児玉健次議員は，その反対表明に続いて岡山市の職員組合の調査結果を示し，多くの適用漏れ者の存在による保険料未納の問題を明らかにすべきであると主張したのである．この指摘を受けて，社会保険庁運営部長の佐藤隆三は，人口の移動が激しい地域では，各市町村が住民基本台帳などの帳簿を突き合わせて行う適用事務が困難に陥っていることを説明した上で，管理する仕組みの改善のために全制度共通の基礎年金番号の設定を検討中であると答弁した[26]．

この適用漏れの問題は，未加入者の転出転入に対応しきれない市町村だけが抱えていた問題ではなかった．国民年金の加入手続は，加入者自らの届出によって行われていたため，例えば，厚生年金に加入していた被保険者（第二号被保険者）が会社員と結婚した後に退職して専業主婦になった場合，本人からの届出がなければ，第三号被保険者の適用漏れが生じ，保険料は未納扱いになってしまう．国民年金とは異なり，基礎年金導入前の厚生年金は被保険者の住所データが付随しなかったため，前述のような経緯によって宙に浮いた年金記録が発生しても，本人による経歴把握がない限り，その記録が誰のものなのかを

---

26) 衆議院厚生委員会会議録，1993 年 2 月 24 日．

特定するのは非常に困難であった[27]．このように，年金制度の縦割り構造によって浮上した適用漏れの問題は，基礎年金番号の導入に帰結した（岩村 1996, 22-23）．

しかし，基礎年金番号の導入によって適用漏れの問題が完全に解消したわけではない．それまで公的年金に一度も加入手続をしなかった人には基礎年金番号が振れないためである．かつては，この問題を解決するために，年金未加入者の9割以上が医療保険に加入しているという調査結果を用いて，公的年金と医療保険の被保険者情報を相互に交換することが検討されたこともあった（年金科学研究会編 1999, 106-108）．今日においては，マイナンバーに基礎年金番号を補完する役割を期待できるかもしれないが，年金機構と自治体の情報連携が実現しない限り，それが現実になる日は訪れないであろう．

3．運転免許制度

役所や銀行の窓口で本人確認が行われる際，運転免許証は健康保険証よりも効力の強い身分証明書として扱われている．氏名と住所が記載されている上に，顔写真が添付されている運転免許証は，日本に居住するすべての個人が所持するものではないにしろ，代表的な身分証明書として重要な役割を果たしてきた．こうした事情に鑑みれば，社会保障制度で見られたような断片的な仕組みが運転免許制度にも存在していたことは，今日では想像しにくいかもしれない．しかし，現在の運転免許制度が用いる統一的な番号体系は，日本に運転免許が登場してから63年が経過した後の1966年に初めて実現したものである．ここでは，初期の運転免許制度が分立した状態で運用されていた理由を明らかにした上で，1966年の段階において，運転免許証番号の統一化が進められた経緯を確認する．

日本で発行された最初の運転免許は，愛知県が1903年8月に制定した「乗合自動車営業取締規則」に基づいて技能合格者に与えられた木製の鑑札であった．この鑑札は乗合自動車の運転手のみを対象に交付されたため，鑑札の表面には「運転手」という表記があった（愛知県指定自動車教習所協会 1990, 52）．当

---

27) 『読売新聞』1993年6月13日．

時の乗合自動車とは牛馬車を意味するものであり，近代的な自動車はまだ乗合自動車としては利用されていなかった．貨物運送の目的でトラックを導入していたのも，東京の明治屋洋酒店，亀屋食料品店，三越呉服店といった少数の商業資本に限られていた（廣岡編 1987, 185-186）．

内務省によって 1919 年に「自動車取締令」が制定されるまで，各府県は愛知県と同様に独自の交通規制を設けていた．初期の自動車取り締まりの制度がこのように分立していたことには，鉄道運送とは異なる道路運送の事情が絡んでいる．資本主義が発達し始めた段階で，陸運においては全国的な統合化および独占化が進められていた．駅伝制度が廃止された後，1872 年に東京の陸運元会社と各府県の陸運会社が設立され，その翌年 6 月に公布された「貨物運送禁止令」により，陸運元会社には貨物運送の独占権が与えられたのである．ただし，鉄道運送が道路運送よりも先に近代的な機械的運送手段を発達させたため，陸運の中では鉄道が基幹的運送機関としての役割を担うことが明らかとなり，道路運送事業は独占化の流れから外れることとなった（廣岡編 1987, 183-184）．すなわち，初期の道路運送事業は，独占化の戦略によって一元的な規制の下に置かれた鉄道運送事業とは別の道を歩んだため，一元的な共通規制が形成されなかったのである．

しかし，バスを中心とする自動車運送事業の発達は，1919 年における自動車取締令の制定を促し，それにより自動車にも全国統一の規制が適用されるようになった．ただし，この省令は専ら警察的取り締まりを目的としたため，営業活動に関する規制は定められず，警察的取り締まりに関しても実際の規制の仕方を地方に委ねたままであった．そのため，警察的取り締まりにおいても，営業活動の規制においても，自動車取締令が実現した制度の一元化は，かなり限定的なものに過ぎなかった（森田 1988, 149）[28]．

それ以来，日本国内の自動車登録台数は，戦時中を除けば，概ね拡大の傾向を維持した．それにもかかわらず，運転免許証番号が全国で統一されるまでは，

---

[28] 営業活動に対する規制としては，1931 年に公布された「自動車交通事業法」による事業免許証の導入がある．第一次世界大戦が勃発した後からトラック運送が目覚ましい発展を遂げると，鉄道省はトラックと鉄道の競合を避けるために，この法案を立案した（廣岡編 1987, 187-196）．

第3節 番号制度の形成過程

自動車取締令の制定から47年を待たねばならなかった．それでは，なぜ1966年の段階で番号制度の統一化が実現したのだろうか．この疑問を解く上で念頭に置くべきは，1931年に「自動車交通事業法」が制定されて以来，警察的取り締まりと運送事業の保護育成のための規制が別の道を歩むようになったことである．いわゆる「虜理論」に従えば，警察的取り締まりと運送事業の保護育成が同時に行われる場合，規制業種が規制官庁と癒着し，参入障壁のような非効率な規制を生み出す可能性が生じる（Stigler 1971）．しかし，警察的取り締まりは運送事業に関わる規制とは別の発展経路を辿ったため，こうしたメカニズムは，自動車運送事業の免許制度の成立過程で作用したことが確認できても[29]，一般の乗用車を対象とする運転免許制度の変化を説明できるものではない．

自動車運送事業をめぐる利益集団の影響が，運転免許証番号の統一化を促した要因であるとは考えにくいとすれば，行政機能の増大に関わるような傾向を辿るのが手がかりをつかむのには有効であろう．そこで，まず確認するべきは，日本国内における自動車登録台数の増加傾向である．図1-3が示すように，自動車登録台数は運輸省が自動車復興計画を唱えた1945年から本格的に増え始め[30]，1960年代に急激な伸びを見せた．次に注目するのは，「自動車取締令」の制定理由でもあった自動車事故に関する傾向である[31]．図1-4を見れば分かるように，事故件数の急激な増加は，自動車登録台数が急激に伸び始めた時期よりも10年ほど早い1950年代から始まっていた．

---

29) 自動車運送事業の免許制度は，バス事業者のような利益団体の圧力を非常に意識した形で執行活動が行われることがある．限られた数の免許の獲得をめぐって事業者同士が競争する時，実質的な決定を回避しつつ，申請者同士の「自主調整」を促す運輸省の行動は，それを端的に示す事例である（森田 1988, 215-222）．このように，運送事業に対する規制は規制業種の影響に晒されやすい．

30) 運輸省は戦後の経済安定と復興のためには自動車両の数を増加させる必要があると考え，新車補充計画，老朽車代替計画，廃車計画，補充計画をその主な内容とする自動車復興計画の策定を，1945年11月に連合国軍最高司令官総司令部（GHQ）に要請した（志鎌 1955, 184-190）．

31) 「自動車取締令」の公布を知らせていた1919年1月11日の『朝日新聞』記事によれば，従来の各府県が定める自動車規制の問題は，府県ごとに異なる取り締まりの基準が設けられていたがゆえに違反者の取り締まりが徹底されないことであった．この記事は，新規制の下では取り締まりの徹底が図られること，特に轢逃げ運転手には重い罰が科されることを強調している．

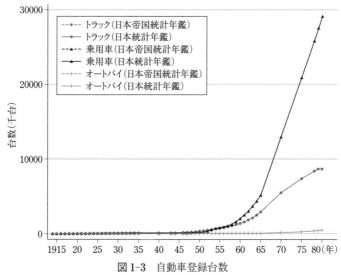

図 1-3　自動車登録台数
出典:『日本帝国統計年鑑』『日本統計年鑑』

　このような傾向から二つの可能性を見出すことができる．第一は，自動車両の急増に伴う行政需要の拡大を見越して，業務の効率化を図るべく運転免許証番号の統一が図られた可能性である．前述のように，運輸省は終戦直後から自動車を増加させるための計画を唱えていた．また，1960年代ほどではないにしろ1950年代にも自動車登録台数が大きく増加していたことに鑑みれば，政府が1960年代前半の段階で車両の急増を予測することは不可能ではない．第二は，急増した自動車事故への対応として，取り締まりを強化すべく番号を統一した可能性である．「自動車取締令」の制定の背景がそうであったように，自動車事故と運転免許制度とは深い関わりを持つためである．
　しかし，この二つの可能性は運転免許証番号を全国で統一させた最も決定的な要因を説明するものではない．仮に，第一の可能性が最も決定的であるとすれば，1947年における「道路交通取締法」の制定時に，運転免許証番号の統一に関する議論が行われるべきであった．同法の制定が行われたのは，既存の交通取り締まりのための法規である「道路取締令」，「府県警察令」，「自動車取締令」が失効を迎えていたからであったが，既にこの時点で，自動車両の増加は対応すべき問題として指摘されていたのである[32]．また，第二の可能性であ

第3節　番号制度の形成過程

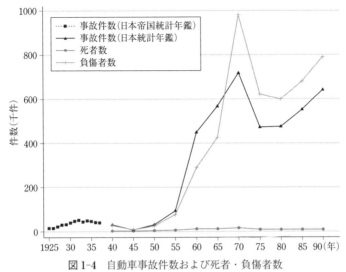

図 1-4　自動車事故件数および死者・負傷者数
出典：『日本帝国統計年鑑』『日本統計年鑑』

る交通事故への対応が決定的な要因であったとすれば，事故の抑制策として番号制度の統一化が議題に上るはずであるが，そうした議論が行われた形跡はない．実際，事故の抑止をめぐって国会で議論された際の争点は，免許基準の厳格化が事故抑制に役に立つか否かであった[33]．

当時の国会では，確かに運転免許制度の一元化に関する議論が行われた．しかし，それは自動車両の増加への対応や事故の抑制とは異なる文脈を踏まえていた．そのことは，1960年2月18日の参議院地方行政委員会で，現行の道路交通取締法を廃止して新たな道路交通法を制定する理由を説明していた石原幹市郎国家公安委員会委員長の次のような発言に表れている．

「運転免許の種別を整理してその簡素化をはかったこと，免許証の交付手続きについてその不合理を改めたこと，免許についての行政処分の実効をはかる措置を講じたこと，各都道府県における運転免許関係事務の斉一化，適

---

32)　衆議院本会議会議録，1947年10月7日．
33)　参議院地方行政委員会会議録，1960年3月8日，衆議院本会議会議録，1966年4月5日．

正化をはかるため全国的な基準を命令で定めることとしたこと等運転免許に関する規定を整備して,運転免許制度の合理化をはかることといたしました」[34].

このように,石原は,運転免許制度の「合理化」を進める上で,全国的な基準を命令で定め,各都道府県における運転免許関係事務の「斉一化」を図ると発言していた.運転免許制度の合理化と運転免許事務の一元化との関係を示す発言は,それ以後も繰り返された.1966年2月に開かれた参議院地方行政委員会では,警察庁関係予算の説明を行った浜中英二警察庁長官官房長が,運転免許制度の大幅な合理化を目指して「電子計算組織」を新たに導入したこと[35],それを用いた新たな業務の開始を計画していることなどを述べている[36].当時の警察庁は,コンピュータを用いた免許台帳の「全国マスターファイル」を完成し,全国の交通違反歴の一括管理を通じて,事故防止対策を合理的かつ実証的に進めることを計画していたのである(藤森 1964, 21-22).

以上から,コンピュータの導入を機に全国規模のデータベースを構築するという計画が浮上したことが,運転免許証番号を統一させる決定的なきっかけとなったことが分かる.浜中警察庁長官官房長の発言から3カ月後の1966年5月には,警察庁交通局運転免許課から「運転免許証番号の形式及び内容の統一について」という通達が出された.これにより,全国統一の運転免許証番号の形式が初めて定まることとなった[37].

---

34) 参議院地方行政委員会会議録,1960年2月18日.
35) 当時の行政職員がコンピュータを「電子計算組織」と呼んでいた理由に関しては第3章で説明する.
36) 参議院地方行政委員会会議録,1966年2月15日.
37) 行政文書開示手続を経て閲覧した警察庁通知「運転免許証の番号の形式及び内容について」(1981年9月10日)によれば,それ以前の番号の形式は,1966年の通知に基づいて定められていた.運転免許証番号の全国的な統一が1966年に行われたことは,愛知県指定自動車教習所協会(1990)からも確認できる.

小 括

　本章では，日本の住民管理行政における戸籍制度の安定的な地位が確立し，その管理体制の下で行政領域ごとに番号制度が形成されていく過程を確認した．明治維新を契機に導入された戸籍制度は，「家」を基底として人を把握する点で，個人とその財産の所在を把握することを前提とする近代的な徴税・徴兵制度との間においては矛盾を引き起こすものであった．だが，日本の近代国家は，日本人の境界を画定する上で戸籍制度を活用しただけでなく，徴税・徴兵制度の運用においても戸籍制度に支えられていた．要するに，家制度の中心にいる戸主に免役や参政権といった権利を与え，その代わりに戸籍編製や徴税・徴兵制度の運用において末端の行政機関に相当する役割を担わせたのである．この過程では，徴税・徴兵制度を戸籍制度が補完しただけでなく，それを通じて戸籍制度も安定に向かう基盤を固めた．その後，第二次世界大戦の終結や情報化による社会変動に晒されても，戸籍制度の持つ経路依存性は，その制度変化の幅を大きく制約した．

　日本に存在する様々な番号制度は，戸籍制度を新たな制度に置き換えることなく，戸籍制度の実現した住民管理の仕組みの上に，行政領域ごとに分立した状態で成立している．本章では，医療保険制度，公的年金制度，運転免許制度における各々の番号制度が，現在に比べて一層分立していた状態から統一化を実現した結果であることを明らかにした．統一化が進んだ背景としては，当該領域における行政事務の膨張が重要な役割を果たした場合もあれば，コンピュータ化に伴う行政事務の合理化の流れが大きな意味を持った場合もある．

　次章では，依然として行政領域ごとに分立する番号制度を，さらに統合しようとする動きと，それに対する抵抗に焦点を当てる．この抵抗を担った多様な政治主体は，いずれもプライバシー保護の論理を用いて統一的な国民番号制度の成立を阻止しようとした．今日，国民番号制度が日本に存在しない理由が語られる際にも，この論理が必ず言及される．しかし，本書が明らかにするように，その抵抗の起源を辿れば，そこにはプライバシー保護とは必ずしも結びつかない，経済的・政治的利害が浮き彫りになる．

第 2 章　プライバシーの政治的利用

　エリック・ホブズボームが「創られた伝統」という概念を提示したのは，伝統の権威を疑う機会を人々に与えるためであった．例えば，19 世紀のイギリスで国会議事堂の再建が行われた際，ゴシック様式が意図的に採用されたように，伝統が出現し，確立される過程では，新しい物に古い材料を取り付けて過去との連続性を強調しようとする動きが見られる．それが問題なのは，伝統を創り出した社会集団の権威に，必要以上の正統性を与えてしまうからである（Hobsbawm 1992, 1-8）．

　過去との連続性を強調し，人々の思考の幅を狭める働きをするという意味で，伝統と国民性には共通するところがある．例えば，日本人は，戦時体制下における思想統制を経験した結果，プライバシーを重視する国民性を持つようになったという見方がある．そうした国民性が国民番号制度の導入を妨げてきたという説明によって，番号制度をめぐる論争はプライバシー保護対策に集中する動きを見せた．実際，マイナンバーの導入をめぐる国会審議では個人情報の保護に関する議論に最も多くの時間が割かれたと言われている[1]．「日本人の国民性」に関する言説の影響が，国民番号制度をめぐる議論の幅を狭めてきたのである．もちろん，番号制度を整備する上で，個人情報保護の仕組みを整える作業は欠かせない．だが，日本人の国民性を必要以上に強調すると，番号制度に関するより重要な論点が見えにくくなってしまう恐れがある．

　本章では，プライバシー保護の論理を用いて国民番号制度の導入に反対してきた多様な政治主体が，いかなる政治的・経済的利害を持って出現したかを確認する．第 1 節では，プライバシーを重視するという「日本人の国民性」に関する言説と，実生活におけるプライバシーの扱われ方が大きく乖離していることを示す．第 2 節では，プライバシー保護の論理を用いて国民番号制度に反対

---

1)　『読売新聞』2013 年 5 月 25 日．

した政治主体が，どのような経緯で出現したかを明らかにする．日本政府は，1960年代から1970年代にかけてコンピュータ利用の拡大を通じた行政事務の合理化を推進した．それに対抗する労働組合と革新自治体の出現は，地方自治体における個人情報保護制度の整備を促し，「国民総背番号制」を導入しようとした政府の試みを失敗に追い込んだ．第3節では，プライバシー保護の論理が，政治エリートの利害関心によって繰り返し利用された結果として，国民番号制度に批判的な世論が形成されてきたことを明らかにする．

第1節　言説と実態

1. 日本人とプライバシー

2014年11月5日の衆議院内閣委員会では，テロ資金対策推進のための政府間機関である金融活動作業部会（FATF）の勧告を受けて作成された「国際テロリストの財産凍結法案」に関する審議が行われていた[2]．その席で，同法案の実施におけるマイナンバー制度の活用の可能性を質問した日本維新の会の松田学衆議院議員は，国民番号制度に対する日本人の意識について次のような発言をした．

「今度，マイナンバーがいずれ導入されるんですけれども，日本では，この個人番号制が入るのに，私が大蔵省に入ってかかわってきた頃からもう三十年近く，長い長い時間がグリーンカードの頃からかかって，ようやく法案が成立したということでありまして，どうも日本人の間には，政府にプライバシーを監視されるとかそういうアレルギーすら，いろいろな声が上がっている．私は，これは戦争のときのトラウマがまだ日本の国民に根づいているのかというような気もしますけれども，こういったトラウマから脱却することも戦後システムからの決別ではないかと思っております」[3]．

---

2) 国際テロリストの財産凍結法案の正式名称は，「国際連合安全保障理事会決議第千二百六十七号等を踏まえ我が国が実施する国際テロリストの財産の凍結等に関する特別措置法案」である．

第1節 言説と実態

　戦争の経験はプライバシーを過度に重視する日本人の国民性を形成し，その国民性によって国民番号制度の導入が困難に直面してきた．こうした松田の主張は，それに接したすべての人の同意を得られるようなものではないにせよ，多くの人に否定されるようなものでもないと言えよう．例えば，日本弁護士連合会の情報問題対策委員として国民番号制度に反対していた吉澤宏治は，後に「マイナンバー」と称されるようになる「社会保障・税に関わる番号制度」の導入を推進することが閣議決定された直後に，『朝日新聞』のインタビューにおいて，松田と同様の考えを述べている．吉澤によれば，ナチスによる思想統制を経験したドイツ人がプライバシーにこだわるように，戦前に同類の思想統制を経験した日本人もプライバシーの保護を重んじる傾向があり，そのことが共通番号を受容されにくくしている[4]．このように，日本人のプライバシー意識に関しては，マイナンバー賛成派の松田と反対派の吉澤の意見が奇妙な一致を示していた．プライバシーを重視する「日本人の国民性」に関する言説は，国民番号制度に対する立場を越えて幅広く共有されてきたのである．

　日本の番号制度を対象とする従来の研究は，この言説の真相を明らかにすることよりも，むしろ言説の再生産に寄与してきた側面がある．統一的な国民番号制度に対して批判的な立場を取る論者は，それに抵抗する様々な主体の動機を一括りにして，人権を守るために巻き起こった反対運動として扱っている（小笠原・白石 2012, 92-96）．そうした議論において，政府の個人情報管理体制に批判的な世論調査結果は，国民番号制度に対する反対運動の基盤となる世論が存在することを示す証拠として扱われる（Ogasawara 2008, 104-105）．これに対して，国民番号制度の導入を推進する論者は，なるべく日本と離れたところにそうした反対運動の起源を求めようとする．例えば，監視社会への不安は，ジョージ・オーウェルの小説『一九八四年』に起因するような根拠なき不安であることを指摘し，そうした不安が国民番号制度の設計に際して過度な制約を課してきたと主張するのである（榎並 2010, 17-18）．

　これらの議論は，国民番号制度に対する立場を異にするとはいえ，いずれも

---

3) 衆議院内閣委員会会議録，2014年11月5日．
4) 『朝日新聞』2010年12月18日．

プライバシーを重視する日本人の国民性を認めている．しかし，プライバシーという言葉の意味に注目すれば，その言葉の定義自体，それほど古い歴史を持つものではないことに気付くだろう．「プライバシー権」を「自己に関する情報の流れをコントロールする権利」として捉える堀部政男の定義は，「自己に関する情報の流れをコントロールする個人の能力」をプライバシー権の基本的特質と見るアーサー・R. ミラーの見解に基づくものである（Miller 1971, 25; 堀部 1980, 52）．かつては表現の自由と衝突する権利としての「ひとりにしてもらう権利」こそ，プライバシー権の一般的な定義であったのに対して（堀部 1980, 22），1973 年 2 月に日本で開かれた講演会でミラーが述べた通り，コンピュータが登場してからは個人の自由を制限し得る情報化社会の弊害に対する関心が高まり，「コントロール権」としてのプライバシーが普遍的な概念として定着するようになった（国民総背番号制に反対しプライバシーを守る中央会議編 1973, 17; 堀部 1980, 52）．

　日本においても，最初は表現の自由と対比される言葉としてプライバシーが世間に知られた．そのきっかけとなったのは，1961 年に起きた，いわゆる「宴のあと事件」である．政治家の有田八郎は，三島由紀夫の小説『宴のあと』に自分の私生活を連想させるような内容が描かれていることに不満を抱き，プライバシー権侵害を理由として民事訴訟を提起した．名誉毀損ではなくプライバシー権侵害を主張したことで大きな注目を浴びたこの事件によって，プライバシーという言葉はマスメディアを通して世間に伝わることとなった（堀部 1980, 107）．

　その後，日本で進められた情報化の流れを反映するように，人々が抱くプライバシー侵害のイメージは，表現の自由と対立する概念から，コントロール権の侵害を想起させるものへと変わっていったと考えられる．日本で初めて行われたプライバシー関連の世論調査として，行政管理庁が 1975 年に実施した「電子計算機利用に伴うプライバシー問題に関する意識調査」によれば，「どのような場合に，自分のプライバシーが侵害されたと考えますか」という質問に対して，東京圏で調査に応じた 803 人のうち 52.8% が，「自分に関するデータが知らないうちに集められていた」場合であると答えていたのである（行政管理庁行政監理委員会 1975）[5]．

第 1 節　言説と実態

　こうした時代の変化に真っ先に反応したのは，国よりも日常的に個人情報を扱う地方自治体であった．1970 年代にコンピュータを用いた個人情報の処理が普及すると，各地方自治体は国に先立って個人情報保護のための条例を設けるようになったのである．東京都国立市が 1975 年に制定した「国立市電子計算組織の運営に関する条例」は，全国で初めて施行された個人情報保護のための条例として注目を集め，その担当者は条例に関する問い合わせへの対応に多くの時間を割かれていたと言われている．東京都の特別区の中では，世田谷区が 1976 年に最も早く条例を制定し，それに続く豊島区と杉並区が，それぞれ 1977 年と 1978 年に制定を行った（堀部 1980, 163-168）．国レベルでは，1988 年に制定された「行政機関の保有する電子計算機処理に係る個人情報の保護に関する法律」が最初の個人情報保護立法であったことに鑑みれば，情報化とプライバシー認識の変化に対する地方自治体の対応はかなり早い段階で始まったと言える．

　従来の行政学の研究は，こうした 1970 年代における地方自治体の動きに触れておらず，コンピュータの登場とそれに対する地方自治体の革新的な対応を見逃してきた．それらの研究は，専ら 1980 年代の情報公開制度の成立に注目し，地方自治体の主導で新たな制度が形成されるメカニズムを解明することに関心の範囲を限定してきたのである．確かに，国に先行して政策の革新を起こし，それを波及させた自治体の経験を示す分には，1980 年代に始まった情報公開条例の制定の過程を確認するだけでも十分な検討を行うことができる（伊藤 2002, 91-101）．しかし，自治体による革新は，政策ごとに異なる理由によって生じてきたため，情報公開制度の事例で示されたメカニズムを，個人情報保護制度にも適用することには困難が伴う．それにもかかわらず，地方自治論の教科書では，市民運動に代表される住民自治の要請が浮上した結果として，個人情報保護条例と情報公開条例の登場が一括りに解説されてきた経緯がある

---

5)　回答選択肢として示されたものは次の通りである．「(1) 勝手に写真をとられた，(2) 自分の過去の経歴をいいふらされた，(3) セールスマンがやってきてなかなか帰らない，(4) 自分の家族についてウソをいいふらされた，(5) 役所が届出用紙に不必要なことを書かせる，(6) 自分に関するデータが知らないうちに集められていた，(7) 他人が家の中をのぞく，(8) 知人を通じて興信所が情報を収集した，(9) たびたびイヤガラセの電話がある，(10) その他（具体的に）」．

(礒崎・金井・伊藤 2014, 108-111).

　ここでまず考えるべきは，仮に市民運動が個人情報保護制度の形成に大きな影響を与えたとしても，その市民運動がプライバシーを重んじる「日本人の国民性」のゆえに発生したと言えるかという問題である．というのも，個人情報保護条例が早い段階で制定されたとはいえ，戸籍謄本や住民票といった証明書の発行の際に厳格な本人確認が行われるようになったのは，2000年代後半になってからに過ぎないからである．2007年に戸籍法改正および住民基本台帳法改正が行われるまで，公的証明書の交付請求の際の本人確認を規定する制度は存在しなかった．つまり，雇用契約や賃貸借契約など，あらゆる法律関係を成立させる手続において，必ず求められる個人情報を公に証明する書類が，ごく最近まで，他人のなりすましによって簡単に取得できるほどの無防備な状態に置かれていたのである．こうした実態を受けて，プライバシーを重んじる国民性と軽んじる国民性が両立していると結論づける安易な議論に陥らないためには，日本人の国民性を強調する言説から離れて，プライバシー保護に関わる制度の成り立ちを確認する必要がある．

2. プライバシー保護と本人確認制度

　戸籍や住民基本台帳が，本人確認制度の不在のまま長年運用されてきたことに関しては，慎重さを欠く行政の態度を批判する人も少なくないだろう．しかし，少し異なる角度から見れば，2007年における戸籍法改正および住民基本台帳法改正は，行政需要の浮上に素早く対応して制度整備を行った，ある意味で模範的な制度形成過程であったと考えることもできる．その制度の見直しが検討され始めた背景には，行政書士などによる公的証明書の不正取得が，2000年代半ばに社会問題として浮上していた．この問題への対応として，2006年の住民基本台帳法改正では営業目的での大量閲覧を禁止する規定が設けられ，それに係る審議の際に「さらに厳格な運用を確保するように努める」ことが付帯決議で求められたため，引き続き本人確認制度の導入が検討の対象となった[6]．

---

[6] 2006年6月8日の衆議院総務委員会では，弁護士を兼務する公明党の富田茂之議員が日本弁護士連合会の立場を代弁して，住民票の写しの交付制度に関する質問をしていた．

第 1 節　言説と実態

　マスメディアの報道を確認すると，2005 年から 2006 年の間には，行政書士などによる公的証明書の不正取得が次から次へと発覚していた．例えば，2005 年 4 月には兵庫県神戸市と宝塚市，大阪府大阪市の行政書士が興信所に対して住民票の写しや戸籍謄本を取り寄せると宣伝する営業活動を行った上，職務上請求書を使って 800 件に及ぶ不正請求を行ったことが発覚し，その事件の全貌が全国的に報道された[7]．さらに，同年 7 月には愛知県名古屋市の元行政書士が[8]，2006 年 3 月には東京都練馬区の行政書士が[9]，同年 5 月には兵庫県宝塚市の元行政書士と大阪府箕面市の元金融業者らが同様の手口で戸籍謄本と住民票の写しを不正に取得していたことが明るみに出た[10]．こうした事件が次々と発覚するにつれて，行政書士に限らない様々な主体による，身元調査や金銭取引などを目的とした公的証明書の不正取得が明らかとなった．これらの事件に対応する動きとして，2005 年には，埼玉県春日部市と大阪府寝屋川市，大分県大分市が，公的証明書交付の際に本人確認を徹底する内部規則を設けた[11]．そして 2007 年に，役所における本人確認のルールを定めた戸籍法改正および住民基本台帳法改正が行われた．個人情報の悪用というプライバシー侵害に対して，その阻止を求める行政需要への対応が行われたのである．

　しかし，それは裏を返せば，公的証明書の不正取得の問題が世間の注目を浴びるようになるまで，個人情報の悪用に関する人々の問題意識は，制度整備を促すほどは高くなかったと考えられる．行政機関に限らず金融機関においても，

　　総務省がその交付制度のあり方を検討した際に作成した報告書を取り上げ，その内容のうち，「近年行政書士等による職務上請求用紙の不正使用等の事件が発生していること等も踏まえ」，「請求者に対する身分証明書の提示等本人確認を徹底する必要がある」とする部分に対して疑問を提示したのである．これに対して髙部正男総務省自治行政局長は，行政書士の公的証明書不正取得事件を受けて，既に行政書士会に見直しを求めるなど対応を行ったものの，それとは別途，住民票の写しと戸籍の謄抄本の交付制度に関しても見直しを検討していると答弁した．総務省「住民票の写しの交付制度等のあり方に関する検討会報告書」を参照．http://www.soumu.go.jp/main_sosiki/jichi_gyousei/c-gyousei/pdf/jyuminhyo_utusi_16.pdf（2018 年 12 月 3 日アクセス）
 7)　『神戸新聞』2005 年 4 月 15 日，『朝日新聞』2005 年 5 月 28 日．
 8)　『朝日新聞』2005 年 7 月 28 日．
 9)　『読売新聞』2006 年 3 月 2 日．
10)　『朝日新聞』2006 年 5 月 10 日．
11)　『読売新聞』2005 年 5 月 31 日，2005 年 9 月 29 日．

テロ対策として本人確認を義務化する法案が2002年に成立するまでは，預金口座の開設や外国為替取引などにおける本人確認が徹底されていなかった[12]．今日においても本人確認が徹底されていない例としては，選挙を挙げることができよう．投票所で行われる本人確認には身分証明書の提示が求められていないため，他人の投票所入場整理券を入手した者によるなりすまし投票が行われる可能性を否定できない．投票所入場整理券が届いていない場合の本人確認のやり方も，各自治体に任せているのが現状である．その場合，身分証明書の提示を求める自治体もあれば，宣誓書に氏名と住所，生年月日を記載すれば投票用紙を渡す自治体も存在する[13]．

このように本人確認制度の整備が遅れていることは，日本に統一的な国民番号制度と国民IDカードが存在しないことと関係があるのだろうか．2007年に本人確認制度が成立した時，日本政府は住民基本台帳カードの普及率を上げるために様々な施策を展開したものの，成果を上げられず，結局のところ，住民基本台帳カード以外の様々な身分証明書を本人確認に用いることとなった．法務省によれば，一点のみの提出で本人確認が取れるものとしては，運転免許証，写真付き住民基本台帳カード，パスポート，船員手帳，在留カード又は特別永住者証明書などがある．健康保険被保険者証と国民年金手帳の場合は，二点以上を提示するならば本人確認書類として認められる[14]．興味深いことに，第5章で検討するアメリカとイギリスの事例でも，対テロ戦争が進む中で本人確認の厳格化が行われたものの，その動きは国民番号制度や国民IDカードの成立にまで結びつかなかった．こうした国内外の事例が示すように，各々の行政サービスの提供に付随して交付されてきた運転免許証や健康保険被保険者証などの身分証明書が既に普及している場合，国民IDカードを新たに導入し普及させることは非常に困難なのである．それに対して，韓国や台湾，エストニアのように国民番号制度が成立している国々では，行政機能の拡大に先立って国民

---

12) 衆議院本会議会議録，2002年4月11日．本会議では「金融機関等による顧客等の本人確認等に関する法律案」に関して，財務金融委員会における審査の経過および結果の報告が行われた．
13) 『西日本新聞』2017年10月19日．
14) 法務省ウェブサイト．http://www.moj.go.jp/MINJI/minji150.html（2018年12月3日アクセス）

IDカードの義務化に伴う本人確認制度の整備が行われた．

次節では，個人情報保護制度の成立過程で，日本人の国民性ではない，いかなる要因が関わっていたかを検討する．そこで注目するのは，行政におけるコンピュータの導入とそれをめぐる様々な政治主体の利害対立である．1970年代に「国民総背番号制」と呼ばれていた「統一個人コード」の構想も，その過程で挫折を余儀なくされていた．

第2節　国民総背番号制の浮上と挫折

1．冷戦とコンピュータ

IT業界の最も古い月刊誌である『月刊コンピュートピア』の1967年4月号には，1966年12月に自らの派閥である新政同志会を結成して間もない中曽根康弘と，1955年から鹿島建設の取締役として原子力開発に携わっていた石川六郎，そして企画院から産経新聞社長を経て1967年3月に同誌を創刊した稲葉秀三の対談が掲載されている[15]．「電子計算機時代の政治，経済」という議題を掲げたこの対談では，コンピュータがもたらす社会の変化に関して，中曽根と石川がそれぞれの構想を述べていた．まず中曽根は，コンピュータが日本をどのように変えるかという稲葉の質問に対して，次のように答えた．

---

15) 1960年代から1970年代にかけて，『月刊コンピュートピア』は『中央公論』と共に，国の情報政策に関わる政治家や官僚，業界人が自らの情報化社会論を展開する舞台となっていた．同誌の編集長であった砂田薫氏の紹介を受けて，当時の状況を良く知るIT記者会代表理事の佃均氏に筆者が行ったインタビューによれば，コンピュートピアという誌名は，稲葉に同誌の創刊を提案した河端照孝がアメリカの実態を見てきた直後に書いた『日本工業新聞』の連載「コンピュートピアに架ける橋」に由来するものである．稲葉は，1959年に通商産業省の産業合理化審議会のオートメーション部会の委員としてアメリカ・コンピュータ産業視察団に加わり，それをきっかけに新聞や雑誌を利用してコンピュータ知識の啓発に努めるようになった．アメリカの金融界，流通サービス業界，産業界におけるコンピュータ利用の実状を見て衝撃を受けた稲葉は，一刻も早く日本のコンピュータ産業とそれに関わる人材を育成すべきであると考え，1968年5月には通産省の産業構造審議会の情報産業部会の委員も務めるなど，情報産業の発展に積極的に取り組んでいたと言われる（蝦名1992, 169-172）．

「コンピュータは政治判断自体に使う問題がある．かつて，マッカーサー元帥が日本にいたときに満州の爆撃をするかしないかについて，トルーマン前大統領がコンピュータを使ってデータを出したということがあった．これなどもやはり条件として経済的判断，あるいは政治的判断というようなもののための，精密なデータを，できるだけ多く投げ込んで，その結果を人間の理性で判断することで，これからはコンピュータを使ったこのような部面が大きく出てくると思います」．

次に稲葉は，今後，コンピュータが人間の仕事を代わりにやるようになるかという質問を投げかけた．これに対する石川の答えは次のようなものである．

「例えばアメリカでは一頃，陸海空軍が予算分取り合戦をやり，統合参謀本部ではメクラ判を押すという，足して2で割るような前近代的なやり方をしていた．それを国防というものは全体的なものであるという見地から，マクナマラ長官が，電子計算機を使って三軍のウェイトを作り，能率化し，高率化したと言われています．そして最終的には，このように，マクナマラが軍を完全に握った．今後は今までの考え方ではできなかったような予算の配分とか，経済性とか，社会性とかいうようなものに，コンピュータを実際に生かせる面が，非常に多くなると思います」．

中曽根と石川の評価に見られるように，朝鮮戦争時のハリー・S.トルーマン大統領とヴェトナム戦争時のロバート・S.マクナマラ国防長官は，合理的な世の中を築き上げる先駆者として当時の人々の目に映ったのかもしれない．1950年代から1960年代にかけて，アメリカにおけるコンピュータの存在は，中央集権的な軍事統制システムを実現する機械であると同時に，世界的な軍事統制が実現可能な計画であると信じ込ませるメタファーでもあった．今となっては，トルーマンが提唱した「二極世界」の構築と，マクナマラが導入した「費用便益分析」に基づく中央集権的な軍の統制は，どちらも実現性の低い戦略であったことが明らかになっている．だが，当時のアメリカの冷戦戦略は，中央集権化を可能にするコンピュータ技術への信念に満ちていた．その信念は，ヴェト

ナム戦争における「計画事業予算制度（PPBS）」の導入につながり，現場の判断よりも，コンピュータの費用便益計算を重視する中央集権的な予算コントロールが行われるようになった．アメリカの科学史家，ポール・N. エドワーズによれば，冷戦期の世界政治がコンピュータの工学的管理に従う一種のシステムとして認識されたことには，二極主義という閉じた世界観と，「指揮（command）」の代わりとして登場した「統制（control）」という新たな言葉，そしてコンピュータによる合理化の実践という信念が入り混じった，「クローズド・ワールド」言説が大きく貢献していた．しかし，ヴェトナム戦争の実態は，その悪名高い逸話が示す通りである．戦死者総数の測定のために戦死体を数えることを命令された兵士たちは，命をかけて敵の戦死体を数える代わりに，その数字を捏造していた．当然の如く，報告された推定値を用いて戦況を分析していた中央の司令部は，戦争に負けていることすら判断できない状態に陥っていた（Edwards 1997, 1-12, 125-145）．

　アメリカで「クローズド・ワールド」言説が普及する中，1960年の日米安保闘争を経た日本では再軍備を回避しながら経済成長を追求する「吉田路線」が復活していた．それまでの経緯を簡単に整理すると，1947年のトルーマン・ドクトリンを起点に，アメリカの対外政策は国際協調から米ソ冷戦へと大きく転換し，日本におけるアメリカの「経済民主化政策」も「経済自立政策」へと変化した．そこで，経済顧問として日本に派遣されたデトロイト銀行頭取のジョゼフ・ドッジは，吉田茂首相と池田勇人蔵相の協力の下で，「ドッジ・ライン」と呼ばれる緊縮政策を1949年に実施した．インフレの影響で日本経済が崩壊し，その結果として日本が共産主義化することを懸念していたアメリカが，芦田均の中道政権に代わる吉田の保守政権の成立を機に，対日政策の方針転換を図ったのである（樋渡 1990, 5-12）．

　日本が軽武装・経済優先の吉田路線に進むようになったのは，このドッジ・ラインによるところが大きかった．1949年に中国で共産党政権が成立し，1950年には朝鮮戦争が勃発したことを受け，アメリカが日本に繰り返し再軍備を求めてきたのに対して，吉田内閣は，日本の経済復興が不十分であること，憲法9条の拘束があること，そして国民の多くが平和を望んでいることを理由に，アメリカの要求を拒んでいた．ただし，吉田路線の持続を実際に支えてい

たのは，こうした国民の願いではなく，自身が提案した緊縮路線の成功を願うドッジと，国内での権力を維持しようとする吉田や池田の利害関心であった．吉田と池田は，アメリカに向けて，再軍備よりも経済復興を優先する路線が日本の現実に即していることを示すべくドッジ・ラインを忠実に実施し，ドッジはそのような吉田と池田を日本国内の政治的圧力から強力に擁護した．吉田が退場した後は，自主憲法の制定を掲げる自由民主党が1955年保守合同によって誕生し，岸信介首相が対米対等の立場を取って自主防衛を強調したものの，1960年の安保闘争を受けて退陣を余儀なくされた．こうして，一度は動揺した吉田路線は，「低姿勢」と所得倍増計画を掲げる池田内閣へと継承された(樋渡 1990, 12-43, 153-182)．

　ここでは，吉田路線の復活という位置付けを行ったものの，岸内閣と全く断絶したものとして池田内閣の所得倍増計画を捉えるのはやや不適切な見方であろう．空井護が明らかにしているように，池田内閣の積極財政路線は，石橋湛山内閣の下で形成され，岸内閣以降に定着した財政政策を発展的に継承したものである．換言すれば，池田内閣の財政政策は，岸内閣との連続性を有しているがゆえに，社会民主主義的であるよりは経済計画的な側面を強く帯びているものであった(空井 1993, 107-134)．その意味で，所得倍増計画は，「クローズド・ワールド」言説に見られるような，中央集権化による合理化の構想とも親和的であったと言えよう．

　所得倍増計画が，第一次臨時行政調査会(第一臨調)を契機とする1960年代の行政改革と同時並行で進められたのは，よく知られた事実である．だが，その経済計画と行政改革を結び付けた政治的な文脈が最近まで見逃されてきたのも事実である．1960年代に始まる公務員数の抑制の動きを明らかにした前田健太郎の議論に従えば，所得倍増計画と同時に行政改革が進められたきっかけは，池田内閣の成立直後に行われた1960年8月の人事院勧告であった．それまで長らくベースアップの見送りを続けていた人事院が，民間部門の賃金上昇に合わせて国家公務員給与の大幅な引き上げを勧告したことにより，所得倍増計画の柱である減税を行えなくなる可能性が浮上したのである．1960年10月の閣議で行政運営の簡素能率化が重点施策として取り上げられ，第一臨調の主導する行政改革が始まったのは，そうした動きへの対応であった．このよう

な前田の解釈は，第一臨調を評価する際に行政機構改革の挫折を強調してきた従来の見方を覆し，池田内閣の計画構想を支えたものとして 1960 年代の行政改革を再評価する余地を与える（前田 2014, 160-167）．

しかし，前田の議論は，専ら総定員法の導入につながる公務員の定員管理に注目したがゆえに，行政改革のもう一つの柱として，コンピュータによる行政の合理化が進められたことを見逃している．その理由としては，池田内閣が成立する遥か以前から行政の能率化または合理化といった言葉が登場していたことが考えられるが，実際にその合理化の手段としてコンピュータが本格的に取り入れられたのは，1960 年代以後のことであった．例えば，行政管理庁が 1964 年に作成した「行政における電子計算機導入実態調査報告書」には，以下のような文章がその冒頭に掲載されている．

「行政管理庁においては，かねてより行政事務の機械化に関する調査・研究を行ってきたが，昭和 35 年 OM 制度の育成にともない漸次各省庁に機械化の気運が高まってきたので，昭和 37 年 1 月行政事務機械化研究会を設置し，その具体的推進を図ってきた．その後，38 年度には 6 省庁，また，39 年度には 3 省庁について電子計算機の導入が予定されるに至り，行政事務機械化の一時期を画することになった」（行政管理庁行政管理局行政能率調査班 1964）．

このように，当時の行政管理庁は，行政事務の機械化に関する調査・研究を行うと同時に，中央省庁のコンピュータ導入を促進する中心的な役割を果たしていた．行政管理庁にそのような役割が与えられた背景に関しては，『行政管理庁史』に以下のような記述がある．

「昭和 35 年 10 月には，公務員の給与改定が行われ，これに伴い，行政運営の簡素合理化が重点施策（閣議決定）として取り上げられ，「行政運営改善の推進機関を設ける」ことが決定された．そして，この構想がその後の行政能率調査班の活動を方向づけるものとなった．この「行政運営改善の推進機関を設ける」という構想は，昭和 36 年 4 月 27 日の事務次官等会議申し合

せ「行政運営改善の推進について」において具体化され，これに基づき，各省庁に能率推進主管課の設置，管理改善担当者の相互協力のための事務連絡会議の開催などによりその実現をみた．更にこの構想に基づき，行政運営の改善の推進機関として英国等において実効を上げている OM (Organization and Methods) 制度 (O & M 憲章参照) を我が国の行政実態に即応した形で導入し，セントラル OM (行政管理庁) 及び各省庁 OM 等の制度的確立を図った」(行政管理庁史編集委員会編 1984, 369)[16]．

この記述によれば，行政管理庁に対して，各省庁のコンピュータ導入を促すという任務が託されるようになった直接的なきっかけは，1960 年 8 月の人事院勧告に対応するために行われた，同年 10 月の閣議決定である．このことは，総定員法の導入による公務員数の抑制と共に，コンピュータによる行政の合理化も，経済計画の実現を支える戦略として生まれたことを意味する．このように始まったコンピュータ導入の流れは，中央省庁の中に留まらず，地方自治体にまで広がった．1961 年 4 月に，自治省から「事務改善の実施について」という通達が出され，それに対する各自治体の対応が始まったのである．この流れにおいて，東京都渋谷区は，通達を受けた月に第 1 回事務改善委員会を開き，IBM3000 システムに関する研究を開始した (東京都渋谷区企画室 1981, 110)．自治省の調査によれば，1961 年に京都府京都市が地方自治体の中で最も早くコンピュータを導入して以来，1969 年 4 月までの間に 73 市 11 区 24 町村が導入を完了した．同時期にコンピュータを購入していない自治体の中でも，306 市 13 区 396 町村が民間委託を通じて行政事務をコンピュータで処理するようになった (自治省電子計算室 1969)．

---

16) OM (Organization and Methods) という言葉は，「管理改善」という日本語に訳され，その管理改善の一環として行政事務の機械化が進められられていた．セントラル OM としての行政管理庁行政管理局行政能率調査班は，行政運営の管理改善に関する施策の企画立案，各省庁 OM 活動の連絡調整，共同研究，管理改善に関する実態調査などの活動を行った．実態調査の項目には，例えば「公文書の横書実施状況調査」や「705 型電子計算機の余力調査」などが含まれていた (行政管理庁史編集委員会編 1984, 368-371)

2. 行政改革と国民総背番号制

　1960年代の行政改革は，日本政府の国民番号制度の構想を初めて浮上させた出来事でもあった．その流れを辿れば，まず，臨調答申が行われる約1年前の1963年8月，池田勇人内閣の下で改革意見への対応を担う機関として「行政改革本部」が設置された．内閣に設けられた同本部は，川島正次郎行政管理庁長官を本部長とし，内閣官房副長官，内閣法制次長，総理府総務副長官，行政管理事務次官，大蔵事務次官，自治事務次官などを部員として構成された（行政管理庁史編集委員会編 1984, 186-187）．国民番号制度を導入する方針が決まったのは，1969年5月26日に開かれた行政改革本部の幹事会において，第二次行政改革計画の政府案が内定し，その計画案の検討を行った同年7月11日の閣議で，「電子計算機の高度利用の見地から」，国民を対象とする業務において「個人コードの標準化」を進めることが決定された時である．その具体的な目的は，各省庁にコンピュータが導入されていく中で，「社会保険，国税，運転免許，旅券発給など国民個人を対象とした大量定型的業務の処理」を電子化する際の「政府全体としての効率性」を向上することであった（行政管理庁史編集委員会編 1984, 55）．

　この一連の流れを見渡す限り，俗に「国民総背番号制」と呼ばれていた「統一個人コード」の導入が検討されたのは，「行政運営における合理化・能率化の促進」を提言した第一臨調への対応にほかならない（臨時行政調査会 1964, 35-37）．ただし，ここで注意しなければならないのは，コンピュータなくして統一個人コードもないという点である．換言すれば，当時の日本政府が打ち出した国民番号制度の構想は，戦時期に出現して第一臨調まで脈々と続いた「総合調整」という課題から直接導き出されたものではない．両者は，科学的行政管理を目指す点では方向性が一致するかもしれないが，内閣の「総合調整」機能はアメリカの「トップ・マネージメント」をモデルとする組織間の「調整」を指している（牧原 2009, 84-88）．これに対して，コンピュータによる行政の「合理化」は，アメリカの計画事業予算制度に見られたような中央集権的な「統制」を実現しようとするものである．

　実際，統一個人コードが検討された当時の日本政府は，マクナマラの率いる

国防総省によって導入され，リンドン・B. ジョンソン政権下で連邦政府の様々な政策決定に用いられた計画事業予算制度を，日本の行政にも採用しようと試みていた．1965 年の不況に伴う赤字国債の発行開始への対応として，1967 年から財政硬直化打開運動を展開していた大蔵省は，主計局調査課を中心に計画事業予算制度の理論的研究を進め，予算編成にそれを用いようと試みた（山口 1987, 260-264）．それに続いて，経済企画庁は，国の長期計画や開発計画における予算の効率的な運用を目的に，同庁経済研究所内にシステム分析調査室を設置し，計画事業予算制度の基礎研究を行った．こうした動きは，防衛庁など他の省庁における計画事業予算制度の検討をも促し，特に行政管理庁は，計画事業予算制度の活用に先立つ各省庁間の調整を強調しながらも，概ねその動きを歓迎していた[17]．

統一個人コードと計画事業予算制度の構想は，いずれも実現には至らなかったものの，当時の日本政府が進めていた情報化の二面性を理解するにはよい材料である．1960 年代末から 1970 年代前半にかけて，ダニエル・ベルの脱工業化社会論が起爆剤となって情報化社会論の流行期が到来し，日本においては梅棹忠夫に代表される情報産業論が展開した．技術革新に伴う社会の転換に関して，様々な予言が飛び交っていたのである（佐藤 1996, 194-195）．その中で，日本政府の情報化社会のビジョンを最も積極的に発信したのは，通商産業省であった．その嚆矢となったのは，同省重工業局の電子政策課長を務めていた平松守彦が『中央公論』1970 年 3 月号に掲載した論文「情報化政策論」である．この論文の中で平松は，「コンピュータによる情報処理が高度に進んだ社会」の実現を目指す通産省の立場を述べた上で，そのような情報化社会の到来が，情報格差の解消，自己教育と生涯教育の必要性の拡大，そして価値の多元化といった社会の変化をもたらすだろうと予測した．

このような平松の考え方は，通産省が 10 年以上維持することとなる情報化社会の構想を形作ったと言っても過言ではない．1981 年に出された通産省産業構造審議会情報産業部会の答申「豊かなる情報化社会への道標」に見られるように，コンピュータを用いた情報管理は，豊かな社会の前提条件である．同

---

17)『EDP ジャーナル』1968 年 6 月 20 日．

答申には,付属資料として「S家の一日 1990年5月21日 T氏の場合 1990年9月3日～15日」と題する文書が添付されており,国民IDカードに相当する「パスポート・カード」が身分証明から料金支払いまで日常生活の隅々に浸透している姿が描かれていると同時に,「オフィス・オートメーション化」を通じて24時間サービスを提供する役所,「コンピュータ・コントロール」で自動運転される新交通システムなどが想像されている.特に印象的なのは,こうした社会の変化によって,人口の98%が自らを中流階級として意識する豊かな社会が実現すると考えられている点である(通商産業省機械情報産業局 1981, 186-209).

しかし,中央集権的な情報管理と,多様な価値の共存する豊かな社会の実現という,相互に矛盾した情報化社会の構想は,どちらも予定通りには展開しなかった.以下では,情報管理を合理化する手段として浮上した国民番号制度が挫折を余儀なくされた理由を,政治的利害の観点から明らかにする.そこで注目するのは,1950年代以降の労働運動の動向である.

3. 労働組合の反合理化闘争

日本政府が掲げていた情報化社会の構想は,「コンピュートピア」という言葉に凝縮されている.1960年代から約30年間における日本の情報化の動向を追ったテッサ・モーリス゠スズキが,その著作『コンピュートピアを超えて (Beyond Computopia)』の中でも示しているように,コンピュータが実現するユートピアの構想は,政治エリートや学者の間で語り合われ,政府の報告書の中で具体化された.例えば,コンピュータ技術は危険でかつ単調な仕事を減らし,効率的な医療サービスを実現する (Morris-Suzuki 1988, 6-22).これに対して,同時期における労働組合関係の機関誌や単行本には,「幻想のコンピュートピア」,あるいは「くたばれコンピュートピア!」といった言葉が登場している[18].これらの言葉が表現しようとする社会のイメージは,コンピュートピ

---

18) 『月刊総評』1970年5月号と6月号には,「幻想のコンピュートピアI――コンピューター導入の現況」と「幻想のコンピュートピアII――情報化にどう対処すべきか」が連載されている.「くたばれコンピュートピア!」は,労働組合の立場で書かれた単行本の題目である(津川・鈴木 1976).

アのそれとは鮮明に対立するものである．

　こうした対立は，コンピュータを利用する行為そのものよりも，コンピュータによる合理化の過程で生じ得る雇用削減への懸念が生み出したものであった．政治エリートが合理化の道具としてコンピュータを捉えていたとすれば，労働組合は合理化に抵抗していたがゆえに，コンピュータがもたらす社会の変動に対して肯定的になり得なかったのである．合理化は，都合よく従業員を解雇できるようにする事業者の戦略であり，コンピュータはその合理化を推進する道具であるため警戒すべきだという論理が，当時の労働組合の主張に貫かれていた．事実，全国電気通信従業員組合（全電通）が合理化を批判し始めたのは，電電公社が 1953 年から進めていた「第一次五ヵ年計画」による事業合理化の一環として，国際電信電話関係の業務など公社の事業を民間に移転していた時期である[19]．全逓信労働組合（全逓）においても，電電公社の計画によって郵便局に委託されていた電話交換業務が廃止に追い込まれたのをきっかけに，合理化反対闘争が開始された（萩原 2008, 148）．これらの労働組合の立場からすれば，合理化の孕む最大の問題は，失業と労働条件の悪下である．そこで事業者が進める合理化計画の焦点が事務の機械化に合わせられると，機械化を実現するコンピュータは失業を生み出すものとして認識されることとなった．

　コンピュータに対するこのような考え方は，日本労働組合総評議会（総評）の中で次第に共有され，反合理化闘争の統一性も重視されるようになった．そもそも総評は，全日本労働組合会議（全労会議）とは対照的に，1950 年代の生産性向上運動に反対する立場を明確に表明していたものの，総評傘下の組合の中でも，石炭産業のような斜陽産業と，技術革新が生じていた電気通信産業とでは，合理化の捉え方のみならず，闘争に対する考え方も異なっていた．例えば，三井炭鉱労働組合連合会が人員不補充の方針を撤回することや退職者の子弟の入れ替え採用を求めていたのに対して，全電通は労働条件の積極的向上を目指して「計画の事前協議」を求める闘争を組むべきであると主張していたのである．各々の組合がその立場を調整できず，現場を中心に展開していた反合理化闘争が転機を迎えたのは，1959 年から 1960 年にかけての三池争議と安

---

[19] 『月刊総評』1960 年 7 月号．

保反対闘争の直後であった．この二つの闘争で敗退を喫して，総評内ではこれまでの取り組みに対する反省が始まったのである．この時期には，全電通や全逓のような公共企業体の労働組合だけでなく，全日本自治団体労働組合（自治労）や日本教職員組合（日教組）といった公務員の労働組合にも，全電通が取り上げていた事前協議を求める反合理化闘争が広がるようになった（兵藤 1997, 200-233）．

こうした反合理化闘争の転換は，個人情報保護制度の成立と国民番号制度の頓挫に深く関わっていた．このことは，当時の地方自治体における合理化の展開と，それに対抗した自治労の取り組みに鮮明に表れている．

1960 年代に入ると，地方自治体にも合理化の気運が訪れ，市町村合併や窓口事務一本化，行政事務の電算化などが進められるようになった．こうした地方自治体の合理化を先導する自治省が，1969 年に自らコンピュータを導入し，翌年に自治省と都道府県，市町村を結ぶ情報ネットワークの中心に据える地方自治情報センターを設置すると，情報化に対応する自治労の取り組みも活発化した．その活動の中でも注目すべきは，1971 年 1 月に開催された「広域行政・コンピューター集会」であろう．この集会では，自治労の反コンピュータ化闘争の全体を貫くコンピュータ導入三原則，すなわち，「情報の民主的管理と運営」，「人間疎外の克服」，そして「プライバシーの保護」の原則が提起され，これに基づいて 1971 年 3 月に自治省，全国知事会，全国市長会，全国町村会に対する要求書が提出された．その「広域行政・コンピューターの民主的運営と管理のための基本要求書」における三原則には，「人間疎外の克服」の代わりに「軍事的利用禁止と国民生活優先」の原則が加わったものの，いずれにせよ「プライバシーの保護」の原則は維持された．この三原則が提起されて以後，自治労は，「国民総背番号モデル都市」を指定する政府の取り組みに対して「モデル調査指定反対闘争」を繰り広げた他，「情報管理基本法」の制定を要求するなどの活動を展開した（自治労運動史編集委員会編 1979, 273-274, 704-719）．

ここで確認しておきたいのは，このプライバシー保護という原則がどこから生まれ，どのような働きをしたかである．その起源を辿れば，自治労が提起したコンピュータ導入三原則は，自治労独自のものではない．三原則が日本で最初に提起されたのは，全電通の電気通信政策委員会が 1970 年に発表した中間

報告であった．同委員会は，イギリス労働党に倣い，コンピュータを恐れて排除するのではなく，「国民のためのコンピューター利用の三原則」を示した上で，コンピュータの負の側面を無くしていくべきであるという主張を展開したのである．ここでの三原則は，「平和利用と国民生活向上」，「情報の民主的管理と人間性疎外の克服」，そして「プライバシーの保護」を掲げていた[20]．恐らく自治労は，総評内で共闘関係が築かれていく中，全電通の三原則に少し手を加えて闘争の方針を決めていたと考えられる．共闘関係が前進した結果として，自治労と全電通，全日本電機機器労働組合連合会（電機労連）は，1972年11月に「国民総背番号に反対しプライバシーを守る中央会議」を結成し，1973年には同団体の主催でハーバード大学教授のアーサー・R. ミラーを招く講演会を開催するなど，国民総背番号制に対する反対運動を積極的に展開した（自治労運動史編集委員会編1979, 719-722）．つまり，反合理化闘争の転換が，総評内の共闘関係を深め，それが闘争の中身にも影響を与えたのである．

　問題は，こうした労働組合の活動が，国民番号制度の構想を挫折に追い込むという，実質的な成果を上げることができた理由をどのように説明するかである．1960年代は，総評の組織人員の伸び率が著しく低下し，「総評の危機」に関する論議が浮上した時期であり，総評を支持母体とする日本社会党は1969年の衆議院総選挙で90議席に転落し，その後も議席を回復できないまま衰退していった（兵藤1997, 255; 新川1999, 69-76）．それに対して，国民番号制度の導入に関しては，その推進体制としての各省庁統一個人コード連絡研究会議に参加していた各省庁のみならず，情報産業振興議員連盟を構成する約300人の自民党議員がその政策を支持していた．例えば，同議員連盟の事務局次長を務めていた中山太郎は，『1億総背番号』という著書の中で，「国民個人番号制度は先進国では具体的な実施の段階に入っている」ことを強調し，複雑化する社会の変化に対応するためには「情報化社会のパスポート」とでも言える「国民個人番号制度」が必ず必要となると述べていた（中山1970, 20）．

---

20)　『月刊全電通』1970年3月号．

4. 革新自治体の隆盛

国民番号制度をめぐる対立軸は，労働組合と中央政府の間だけに存在するものではなかった．そこでまず注目したいのは，自治労が反コンピュータ闘争にまだ積極的に乗り出していなかった頃，それまで自治労が保持してきた方針の転換を促すような活動を行っていた，長野県松本市職員労働組合（松本市職労）である．その背景としては，1956年に財政再建団体に移行し，第一次行政近代化計画を進めていた松本市が，他の自治体よりも早くからコンピュータの導入を計画していたという事情がある．1966年には松本市の電子計算機活用方針が決定し，税務計算事務や上下水道料金の計算事務の委託が開始されるなど，1968年におけるコンピュータ本体の導入に向かって順調に準備が進められていた．ところが，1969年2月の市長選挙で深沢松美が当選，革新市長として就任した後，それまで公開されてこなかったコンピュータ導入計画に関する情報が，松本市職労に開示されるようになった．そこで組織的な対応が必要であると感じた松本市職労は，対市交渉において，住民の権利を守ること，職員の労働条件を改善すること，そして事前協議制を確立することを求める「三原則」を含めた協定書を交わすことにした（自治労運動史編集委員会編 1979, 706-708）．

当時，革新首長の下で労働組合の活動が活発化したのは，松本市に限った話ではない．国政では自民党の一党優位体制が続いていたものの，1960年代後半から1970年代にかけて，地方の首長選挙では経済成長よりも福祉を優先する非自民系の候補が多く当選したのである．特に，美濃部亮吉が東京都知事選挙で当選した1967年以後は，革新自治体に関するマスメディアの報道も一挙に増え，それらの自治体が掲げる政策は国政のあり方を変えるほどの影響力を持つようになった（岡田 2016, ii-iii, 63-64）．地方自治体の政策過程が他の自治体の行動に影響されやすいことに鑑みれば，革新自治体の政策はそうでない自治体にも波及していたであろう（伊藤 2002, 56-61）．

こうした革新自治体の時代の到来は，高度経済成長の副作用である公害や過疎過密問題などが社会問題化したことによって促された側面が大きい．だが，社会的な要因だけでは，革新首長が続々と当選する地方選挙の状況を十分には

説明できない.そこで参考になるのが,制度的な要因に注目する曽我謙悟と待鳥聡史の議論である.その議論に従えば,地方の選挙制度は,国政の選挙制度とは異なり,首長と議員を別々に選ぶ二元代表制を採用しているため,地域と議会に強固な基盤を持たない候補者が地方選挙で当選し,革新首長が誕生する余地が生まれる.議会に基盤を持たない革新首長は,議会との関係で優位に立つために,住民の意見を積極的に取り入れる姿勢を取ることもあれば,有力な支持基盤である職員労働組合の協力を得られるような政策を展開することもある(曽我・待鳥 2007, 146-156).

ここで注目したいのは,革新首長と職員労働組合の関係が一方的な依存関係ではなかったという点である.労働組合からしても,保守系首長よりは革新系首長の下で活動した方が,自分たちの意見を通せる場面が多くなる.実際のところ,自治労は,合理化問題と広域行政問題を繰り返し議論した1970年に,自らの活動を革新首長の支持につなげる方針を固めた.すなわち,革新首長の下でも合理化は避けて通れないことを受け止めた上で,「革新首長を守り,また拡大していくため」の反合理化闘争を展開するという方針を共有したのである[21].そして前述の通り,1971年1月の集会では,プライバシー保護の原則を含むコンピュータ導入三原則が提起された.

首長に対する一般市民の支持を考慮した場合,単にコンピュータの導入に反対するよりも,プライバシー保護のような主張を展開する方が多くの支持者を獲得できるのは自明である.労働組合側もこのことを意識していたことは,例えば,「国民総背番号に反対しプライバシーを守る中央会議」の活動方針から見て取れる.1971年11月に開催された同会議の結成総会では,「日本では未開拓の問題」であるプライバシー問題に関して「早急に世論を盛りあげ」,「運動の前進を期する」ことと,全国で200近くとなった「革新首長の自治体との連携をつよめ,国民総背番号制に反対する条例化運動などをおこし,全自治体に拡大していくこと」が当面の活動方針に盛り込まれた(自治労運動史編集委員会編 1979, 719-720).

実際,「プライバシー保護」というスローガンは,住民運動を巻き起こした

---

21) 『月刊自治研』1970年6・7月合併号,1970年8月号.

実績がある．例えば，東京都杉並区では，プライバシー保護を求めて集まった約100人の労働組合員と主婦が，「杉並の会」という住民組織を結成し[22]，1976年から実行に移された杉並区の電算化計画を中止または延期させるための運動を繰り広げた．庁舎に押しかけて中止を求める他，監視要員を置いてコンピュータの搬入を阻止する行動に出ていた同会の活動を受けて，杉並区は1978年9月に「電子計算組織に係る個人情報の保護に関する条例」およびそれに関連する補正予算を区議会に提案するに至った（杉並区政策経営部情報システム課編 2005, 38）．同条例が議決された後も，その内容に不満を持った杉並の会は，独自の条例案を作成し，条例制定の直接請求を目指した署名活動を繰り広げ，請求に必要な有権者数の50分の1の3倍に達する3万人弱の署名を集めた（堀部 1980, 177）．同条例案は1978年12月の区議会臨時会で否決されたものの，「プライバシー保護」という言葉が一般市民に訴えかける力は十分に示されたと言えよう．

以上のように，労働組合の反合理化闘争の転換と革新自治体の隆盛が重なった結果，政府と与党は，1973年の段階で，それまで野心的に進めていた国民番号制度の検討を中止することとなった．『行政管理庁史』は，この挫折について，「国民総背番号制という名のもとに国会を始め民間でも論議の対象となり，同研究は，昭和48年に至り，費用対効果及び運営技術等の面からみて，統一化のメリットが必ずしも明らかではないこと及び，世界の大勢と国民のコンセンサスの流れを見たうえで結論を得るべきであるとして研究を中止することになった」と記述している（行政管理庁史編集委員会編 1984, 389）．当時の政府は，国民番号制度に反対するプライバシー保護の論理が，ますます多様な政治主体によって利用されることを予見できなかったであろう．

---

[22] 『朝日新聞』1978年9月15日．

第3節　反対世論の形成

1．政治エリートと世論

　本章におけるこれまでの議論は，プライバシーを重視するという「日本人の国民性」が，実は作られた言説であることを示すものであった．それでは，人々が記憶している国民番号制度反対の「世論」は，いかに形成されてきたのだろうか．ウォルター・リップマンは，世論の形成を説明する上で，「外界」と「擬似環境」を区別する．複雑な世界を生きる人々は，周囲の状況を間接的にしか理解できず，自分の持つステレオタイプとメディアによって作り出された擬似環境に反応して世論を形成していると考えたためである（Lippmann 1949, 3-22）．この議論の影響下で行われた多くのメディア研究は，あらゆる争点における世論の変動がマスメディアの報道によって規定されていることを明らかにしようと努めてきた（池田 2000, 103-106）．

　しかし，マスメディアのバイアスの効果を示すだけでは，そもそもの問題としてメディアにおける議題設定がいかなる要因によって決まるのかという疑問が残る．そこで参考になるのが，人民の能力を懐疑的に捉えるのに留まらず，エリート主義的な見方を加えてリップマンの議論を発展させた，クリストファー・H. エイケンとラリー・M. バーテルスの研究である．アメリカの選挙において，強い政党帰属意識を持つ有権者が，単に投票する党の方針に従って支持する政策を決めていたことを示したエイケンとバーテルスは，結局のところ，政策を形作るのは少数の政治エリートや利益集団の意見に過ぎないと主張する（Achen and Bartels 2016, 311-316）．これと同様の主張を展開するアダム・J. ベリンスキーは，イラク戦争中のサーベイ実験の結果と第二次世界大戦中の世論調査結果を用いた研究において，市民が戦争に対する明確な意見を持たないがゆえに，政治エリートの合意さえあれば，アメリカの開戦に対する市民の同意を調達できることを示した（Berinsky 2007）．

　国民番号制度をめぐる世論の形成過程は，このエリート主義的な見方から理解できる事例である．以下では，主に1980年代前半にその導入が検討されて

いた「少額貯蓄等利用者カード（グリーンカード）」と，1990年代後半に導入が決まり，2000年代前半から稼働が始まった「住民基本台帳ネットワークシステム（住基ネット）」をめぐる報道の展開を確認し，その流れを主導した政治主体の動機を明らかにする．

2. 派閥抗争とグリーンカード

　「大蔵省がグリーンカードを出してきた裏には，国民番号制，納税者番号制への思惑があるんですよ．現金から預金，株，不動産まで，1億1500万人の人間がいくら保有しているかを，すべてつかまえる．それが課税上いいんだ，というねらいがある．……われわれは，もともと，納税者番号制はおかしい，と批判していた．プライバシーの侵害にもなるから．そしたら大蔵省は，納税者番号を引っ込め，総合課税になっても，少額貯蓄非課税制度は保護するといって，グリーンカードを持ってきた」[23]．

　このように，「少額貯蓄等利用者カード（グリーンカード）」制度を国民番号制度に喩えて批判しているのは，1981年6月に『読売新聞』のインタビューに応じた自民党衆議院議員の田辺国男である．田辺の言葉通り，グリーンカード制度は，1970年代後半に始まる税制改革の議論の中で，徴税の効率を上げる手段としてその導入が検討されるようになった．この制度を発案した大蔵省が掲げていた目的は，不公平税制を蔓延らせるものとして批判の対象となっていた，「マル優」や郵便貯金など非課税貯蓄の透明性を確保することであった．制度の具体的な内容としては，郵便貯金，少額預金の利子所得など非課税制度を利用する者に対して，その利用者の申請に基づくカードの交付が定められた[24]．田辺は，この制度に反対するグリーンカード対策議員連盟の世話人を務めていた．

　ここで注目するのは，大蔵省が1979年にグリーンカード制度を発案した直後から，それに対する批判が湧き上がったわけではないという点である．利子配当課税を総合課税に一本化する構想が固まって最初に立案された「納税者番

23）『読売新聞』1981年6月28日．
24）衆議院本会議議録，1980年2月12日．

号法」は[25]，プライバシー侵害や公安関係に利用されることへの懸念などが浮上したことが意識され，検討の段階に留まったものの，その代わりとなるグリーンカード制度は，成立まで特に大きな混乱を招くことはなかった[26]．グリーンカード制度に関する内容が盛り込まれた所得税法改正案は，1979 年 12 月から自民党の税制調査会における審議を経て，翌年 2 月の国会に上程され，同年 3 月には自民党の賛成多数によって早速成立を見たのである（猪口・岩井 1987, 238）．1981 年夏には，グリーンカードシステムを開発するための予算 1 億 4800 万円を計上した段階で，カード交付の詳細に関する議論が行われていた[27]．そのカードに記載される番号を，複数に分散した同じ名義の預貯金口座の総貯蓄額を把握する，いわゆる銀行口座の「名寄せ」に用いることについても，大蔵省と郵政省との間で合意が形成されていたため，残る争点はカード番号の構成を決めることに限られていた．有力な案としては，税務署コードとチェックデジットなどを組み合わせた 11 桁の番号を使用することが提案されていた（行政管理庁行政管理局 1981）．

極めて順調そうに見えるグリーンカード制度の導入過程において，突然その制度に関する新聞報道が加熱したのは，同制度の関連法案が成立してから 2 年が過ぎた後の 1982 年春であった．図 2-1 は，「日本経済新聞等の記事データベース（日経テレコン 21）」を用いてグリーンカードの関連記事の件数を算出したものである[28]．この図を見ると分かるように，報道件数はグリーンカード制度の施行の準備が本格化した 1980 年 9 月に一度増加し，1982 年 3 月から 4 月にかけてピークを迎えている．納税者番号に関しては，付加価値税などの新型間接税の導入が具体化した 1988 年に導入が再検討されたため，その時期において一時的に報道の増加が見られたものの，それ以前に関連記事が目立ったことはなかった．

25）『読売新聞』1979 年 11 月 30 日．
26）『読売新聞』1980 年 1 月 9 日．
27）1981 年 6 月 19 日に書かれた行政管理庁のメモによる（行政管理庁行政管理局 1981）．
28）算出された記事件数は，「グリーンカード」と「納税者番号」をキーワードとして指定した上でそれぞれ全文検索を行った結果の数に相当するものである．検索の対象とした紙誌は，『日本経済新聞』，『日本産業新聞』，『日経 MJ（流通新聞）』，『日本金融新聞』，『日経プラスワン』，『日経マガジン』である．

第3節　反対世論の形成

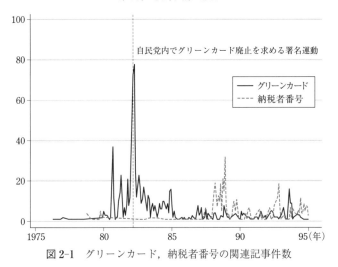

図2-1　グリーンカード，納税者番号の関連記事件数

　グリーンカードに関する報道がそれまでにない増加を見せた1982年3月は，1984年1月に予定されていたグリーンカード制度の実施を2年ほど残していた時点である．つまり，制度導入のスケジュールからして，それほど注目を引くような時期ではなかった．それにもかかわらず，新聞報道が加熱したのは，1981年に発足した自民党のグリーンカード対策議員連盟が，ちょうどその頃に，金やゼロクーポン債といった「グリーンカード対策商品」へと資金が流れる問題を主な理由として，グリーンカード制度の廃止を求める署名運動を開始したためである．そこで注目すべきは，署名運動を発火点とするグリーンカード廃止論が新聞紙面を飾る中，グリーンカードとプライバシー問題を関連付ける記事も増えてきたことである．それまでは，例えば，グリーンカード制度の実施方法の再検討を求める全国銀行協会連合会などによって，同制度の導入に伴う大量の資金移動が問題視されていることが報道されたことはあっても，プライバシー侵害の問題を取り上げる報道は殆ど行われてこなかったのである．

　重要なのは，新聞報道に取り上げられる以前から，国会ではグリーンカード制度に関連してプライバシー問題を指摘する声が浮上していたことである．所得税法改正案が上程された1980年2月の国会で日本社会党を代表して質問に立った山田芳治議員は，グリーンカードが「国民管理の強化につながるのでは

ないかとの国民の不安は，ぬぐい切れない」と述べた上で，「国民総背番号制の導入や他目的に使われない保証と預金の秘密等を他に漏らさない保証」をどのように確保するかについて問題提起を行った[29]．

しかし，『日本経済新聞』がそうした懸念を初めて報道したのは，自民党のグリーンカード対策議員連盟が「国民総背番号制につながる」可能性を秘めるとしてグリーンカード制度の見直しを要求した 1981 年 10 月の時点であった[30]．また，『毎日新聞』は，その 2 カ月後の 12 月に「コンピュータ社会」に関する世論調査を実施し，その中で「国民総背番号制」の導入に対する賛否を尋ねた．『毎日新聞』の世論調査において，このような質問項目が登場したのは，これが初めてであり，その導入に対しては，回答者の 74% が反対しているという結果が示された．同調査では，国民総背番号制の導入がもたらす帰結に関しての質問も行われ，その回答としては，「プライバシーが侵害される恐れがある」，「政府の管理・統制力が強まる」，「行政が簡素化され経費節減になる」，「国民にとって時間や労力が節約になる」，「今と変わらない」が提示された．この中で最も多くの回答者が選択したのは，回答者の 32% が選択した「プライバシーが侵害される恐れがある」という回答である[31]．つまり，マスメディアが，プライバシー保護を理由にグリーンカード制度に反対する世論を積極的に形成するようになったのは，自民党内部から制度の見直しを求める声が上がり始めた後のことなのである．

それでは，グリーンカード制度を賛成多数で成立させた自民党が，自らその廃止を求めるようになった理由は何であろうか．この奇妙な状況を理解するためには，グリーンカードをめぐる各主体の利害関係に注目する必要がある．まず，グリーンカード制度を発案した大蔵省は，同制度の導入を通じて不公平税制を改革する以外に，もう一つ目指すところがあった．この制度が施行され，郵便貯金を含む非課税貯金と課税貯金の両方に関して本人確認と名寄せが可能となれば，利子配当所得に対する総合課税を実現できる．大蔵省は，これまで

---

29) 衆議院本会議会議録，1980 年 2 月 12 日．
30) 『日本経済新聞』1981 年 10 月 15 日．
31) 該当する世論調査については，「毎日新聞社データベース（毎索）」の「毎日ヨロンサーチ」を参照．

手に負えなかった郵政省管轄の郵便貯金を把握できるようにするためにも，グリーンカードを導入して総合課税を実施する必要があった．これに対して郵政省は，大蔵省の狙いに気づいていながらも，グリーンカード制度が成立した当時は郵政族議員を思うままに動かすことができなかった[32]．田中派の竹下登が大蔵大臣を務めていたため，田中派の支配下にあった郵政族はその制度を露骨に批判することができなかったのである（猪口・岩井 1987, 239-240）．

　しかし，大平正芳内閣に続く鈴木善幸内閣において，大蔵大臣が当時無派閥であった渡辺美智雄に代わると，事態は急展開を迎える．有力な郵政族であった金丸信は，安倍晋太郎政調会長と元首相の田中角栄，福田赳夫に働きかけ，東都信用組合の理事長を兼ねる泰道三八と手を組んで，1981 年 4 月にグリーンカード対策議員連盟を結成し，同議員連盟に 229 人の自民党議員を結集させたのである．これをきっかけに，従来は貯金金利などをめぐって日常的に対立していた郵便局と銀行がグリーンカード制度の廃止を目指して団結を果たし[33]，そこに安倍政調会長を通して立場を表明していた中小企業まで加わると[34]，グリーンカードの集中管理のためにコンピュータセンターを既に完成させた大蔵省でも，その制度の実施を断念せざるを得なかった．結局のところ，1983 年における租税特別措置法の改正を以て，グリーンカード制度は事実上廃止されることとなった（猪口・岩井 1987, 241-242）．

---

32) 一般的に「族議員」は，ある政策分野において強い影響力を持ち，利益集団と省庁との間を媒介して陳情処理を行う議員群として定義されることが多い（佐藤・松崎 1986, 244, 264; 増山 2003, 65）．このような族議員の存在は，政党優位論を裏付けるものとして語られてきたものの，佐々木毅によれば，族議員が官僚制に一定の影響力を発揮したことは否定できないとしても，その活動の範囲が「仕切られた政策分野」に限定されていることに鑑みれば，族議員の登場はむしろ政治家が官僚化した現象に近い．さらに，1990 年代に入ってからは，「官庁応援団」としての族議員のイメージがすっかり定着するようになった（佐々木 2012, 222-223）．

33) 1947 年に制定された郵便貯金法により市中銀行の預金とは独立した政策決定の仕組みを確立した郵政省貯金局は，郵便預金金利を銀行預金金利に連動させることを求める大蔵省銀行局に対して難色を示すことが多かった．郵便局と銀行は金利問題以外の争点においても幅広く対立したため，「郵貯と銀行の百年戦争」という言葉が登場するほどであった（真渕 1994, 348）．

34) 安倍晋太郎政調会長は，中小企業の要求を受けて 1981 年 2 月にグリーンカード制度見直しの必要性について発言していた（猪口・岩井 1987, 240）．

3. 地方分権と住基ネット

「住民基本台帳ネットワークシステム（住基ネット）」は，行政の情報化と地方分権の流れの中で，1994年から「住民記録システムのネットワークの構築等に関する研究会」を始めた自治省により提案されたものである．同研究会が1996年に発表した報告書には，地方分権の実現において各地方公共団体が政策決定を適切に行うためには，団体同士が必要な情報を共有すべきであり，それは「住民基本台帳のネットワークシステム」の構築を通じて可能になるという意見が述べられていた（自治省 1996, 153-154）．それから住基ネットの導入までは概ね順調であった．自治省の報告書が出された翌年の6月に住民基本台帳法改正試案が発表され，1999年8月には改正住民基本台帳法が成立を見たのである．2002年8月から住基ネットの運用が開始されると，住民票の写しの広域交付と転出転入の特例処理，そして国の行政機関などへの本人確認情報の提供が可能となった（縣 2002, 69-70）．その運用開始に伴い，住民票に登録されている個人には11桁の「住民票コード」が付与され，希望者に対しては，住民票コードや暗証番号などの6情報を保存するICチップを内蔵した「住民基本台帳カード（住基カード）」が支給されるようになった．

しかし，多くの人は，住基ネットの導入過程が，このように順調であったとは記憶していないであろう．例えば，マイナンバー利用の開始を目前に控えていた2015年12月に，住基ネットとマイナンバー制度の比較を行った『朝日新聞』の記事は，住基ネットが導入された当時の状況について，「個人情報の漏洩を懸念し，全国で反対の声が相次いだ」と記している[35]．確かに，『毎日新聞』が2002年12月に実施した世論調査の結果によれば，「2002年8月に稼働した住民基本台帳ネットワークシステム（住基ネット）は，どうあるべきだと思いますか」という質問に対して，回答者1,023人中の45%が「参加は個々の住民の意思に委ねるべきだ」という回答を，32%が「プライバシー保護などの問題があり，廃止すべきだ」という回答を選択した．「現状のままでいい」という回答を選んだのは18%に過ぎない[36]．

---

35) 『朝日新聞』2015年12月16日．
36) 『毎日新聞』2003年1月4日．

第 3 節 反対世論の形成

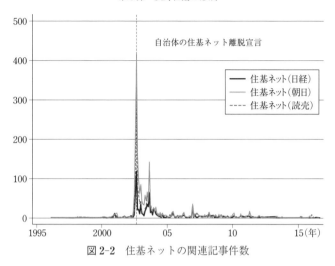

図 2-2 住基ネットの関連記事件数

　ところが，この世論調査が実施されたのは，住基ネットの実施が始まった後である．それ以前に，住基ネットの導入が決まり，準備段階を経て，ついに稼働が開始されるまで，『毎日新聞』においては，住基ネットに関する世論調査は一度も行われなかった[37]．回答者の76%が住基ネット稼働の延期を望んでいるという結果を示した『朝日新聞』の世論調査も，住基ネットが稼働する直前の2002年7月に発表されたものであり，それが住基ネットに関する最初の世論調査であった[38]．さらに，住基ネットに関するマスメディアの報道の動向も興味深い．図2-2は，「日本経済新聞等の記事データベース（日経テレコン21）」，そして「朝日新聞記事データベース（聞蔵IIビジュアル）」，「読売新聞記事データベース（ヨミダス歴史館）」を用いて，住基ネットの関連記事の件数を算出したものである[39]．この図が示すように，住基ネットに関する新聞報道が加熱したのは，住基ネットの稼働が始まった2002年8月5日を前後した

---

37) 「毎日新聞データベース（毎索）」の「毎日ヨロンサーチ」を参照．
38) 『朝日新聞』2002年7月22日．
39) 1990年代以後の新聞記事に関しては，朝日新聞社と読売新聞社も全文検索を可能にしているため，グリーンカード関連記事の検索に用いた日本経済新聞社のデータベースに加えて，両社のデータベースを利用することにした．

時期にほぼ限定されている[40]．このことは，プライバシー侵害の問題を懸念する以前に，そもそも人々は住基ネットが稼働を始めるまでこの制度に殆ど関心を持たなかった可能性があることを意味する．

それでは，なぜ住基ネットを稼働する時になって，突然マスメディアの報道に火が付いたのだろうか．興味深いことに，当時の紙面を飾っていたのは，住基ネットに反対する市民運動関連の記事ではなく，福島県矢祭町から始まり，東京都国分寺市，東京都杉並区，三重県小俣町，三重県二見町，神奈川県横浜市へと続く各自治体の住基ネット離脱に関する報道であった．これらの自治体の首長は，個人情報保護法がまだ成立していない段階で住基ネットの稼働を始めることに対して，情報漏洩があった場合の対応策を欠くという点で危険性が高いと口を揃えて主張していた[41]．

こうした各自治体の動きを先導したのは，2001年の段階から住基ネットに対する懸念を表明してきた東京都杉並区であった．当時杉並区長を務めていた山田宏は，2001年2月に住基ネット関連予算を計上しないことを発表し，その理由として住基ネットによるプライバシー侵害の可能性を指摘したのである[42]．各自治体が2002年7月の住基ネット離脱宣言の際に繰り広げた主張は，山田が展開した主張と非常に類似している．例えば，「国会で審議中の個人情報保護法が成立しなければ，ネットワークに送信した情報の保護に不安を抱かざるを得ない」という山田の発言は[43]，「個人情報保護法案が成立しておらず，町民の情報が守れない」という福島県矢祭町の離脱宣言でも繰り返され[44]，そ

---

40) 算出した記事件数は，「住民基本台帳ネットワーク」をキーワードとして指定した上で全文検索を行った結果の数に相当するものである．検索の対象とした紙誌は，『朝日新聞』，「朝日新聞デジタル」，『AERA』，『週刊朝日』，『読売新聞』，『日本経済新聞』，『日本産業新聞』，『日経MJ（流通新聞）』，『日本金融新聞』，『日経プラスワン』，『日経マガジン』である．

41) それぞれの離脱宣言に関しては，福島県矢祭町，東京都国分寺市，三重県小俣町，三重県二見町，東京都杉並区の順に，2002年7月23日，2002年7月26日，2002年8月1日，2002年8月2日付『朝日新聞』の記事を参照されたい．神奈川県横浜市の場合は離脱宣言を行っていないものの，2002年8月1日付『朝日新聞』で住基ネット不参加を検討していることが報道された．

42) 『朝日新聞』2001年2月6日，2001年2月22日．

43) 『朝日新聞』2002年7月11日．

44) 『朝日新聞』2002年7月23日．

れに続いて不参加を表明した東京都国分寺市も「個人情報保護法案が成立するまで稼働の延期・凍結を求める」という要望書を国に送付した[45]．

このように，自治体の先頭に立って住基ネットに対する異議を唱えた山田の行動を説明するには，1990年代の政治改革の流れを踏まえる必要がある．1988年のリクルート事件，1992年の佐川急便事件といった汚職事件が続く中，1990年代初頭の日本の政界には「政治腐敗の防止」と「政党政治の抜本的な再編」を掲げる「改革派」が現れていた．大嶽秀夫によれば，それらの改革派は，「小沢一郎に代表される新保守主義者」，「日本新党と新党さきがけに結集した若手議員」，そして「社会民主主義勢力と公明党」の三つのグループに分けられる．これら三つのグループは，それぞれ独自の構想を持ち，特に社会民主主義勢力と公明党の連合は，経済政策において小沢グループとは全く異なる構想を掲げていた．それにもかかわらず，1993年の総選挙では自民党の一党支配を断ち切ることが優先され，三つの改革派は連立を組むことに成功し，日本新党の細川護熙を首相とする非自民政権が誕生することとなった（大嶽 2003, 6-11）．

後に杉並区長となる山田は，それら改革派の中でも細川が1992年に結成した日本新党に参加した若手議員の一人であった．佐川急便から裏金を受け取った金丸信自民党副総裁が辞任した後，自民党内では金丸の後継者人事をめぐる内紛と分裂が生じ，解散時の党の議席数が大きく減少したのに対して，当時新しく結成された日本新党，新生党，そして新党さきがけには，数々のスキャンダルの反動で，改革に対する期待が寄せられていた（石川・山口 2010, 175-179）．そうした中で日本新党は，1993年の総選挙で初めて衆院の候補者を立てたにもかかわらず，39議席を獲得した．自民党所属の都議会議員であった山田は，自民党から離党して日本新党に加わり，この1993年の選挙で衆議院議員となった．

一連の汚職事件による自民党一党支配の終焉は，改革派の出現のみならず，政治改革に伴う地方分権改革の契機をもたらした．リクルート事件直後に行われた1989年の参議院選挙で過半数を大きく割って大敗した自民党は，同年5

---

45)『朝日新聞』2002年7月26日．

月に選挙制度改革をその中心的な内容とする「政治改革大綱」を決定し，補助金・許認可などの権限が中央政府に集中していることが，利益誘導型政治を蔓延らせるという認識を示したのである[46]．翌年の総選挙で過半数を確保し，党勢が復調した自民党内では，政治改革への勢いが長くは続かなかったものの，1993年の自民党政権の崩壊後に到来した連立政権時代において，「第一次分権改革」は大きな進展を見せることとなった．首相になる前は熊本県知事を務めた後，臨時行政改革推進審議会（第三次行革審）の「豊かなくらし」部会長として地方分権の推進を訴えた細川は，1992年5月の日本新党の結党時から，「生活優先の社会の建設」と「日本経済の体質改善」のためには「中央官僚制に根ざした巨大な構造障壁を除去」すべきであると主張してきたのである．それに刺激を受けた社会党は，同年12月に分権推進の国会決議を提案し，翌年には公明党と民社党もそれぞれ地方分権基本法，地方分権推進基本法の制定を提唱した．そして，自民党政調会地方行政部会においても，政治改革大綱の地方分権条項を具体化するための検討が同時期に行われた．これらの意見をまとめて成立した超党派の地方分権推進決議は，その後に連立政権によって進められた分権改革の基盤になったと言える（西尾 2007, 49-51; 石川・山口 2010, 169-172）．

　こうして軌道に乗った地方分権改革に，機関委任事務制度の廃止というアジェンダが結び付いたことには，自治体首長の連合組織である地方六団体の貢献が大きかった．それまでは，福祉分野における市町村の責任拡大や中核市制度など，市町村中心の地方分権改革路線が固まってきたことに対して，空洞化への危機感を感じた都道府県が自らの意見を積極的に主張するようになり，都道府県に重点を置いた国と地方の役割分担が本格的に検討され始めたのである．その結果として1995年に成立した「地方分権推進法」には，機関委任事務を整理および合理化するための措置を講ずることが定められ，翌年に成立した橋本龍太郎内閣の下では，機関委任事務制度の廃止を明示した地方分権推進委員会第一次勧告が提出された（木寺 2012, 115-121）．そしてついに，1999年7月の地方分権一括法制定および地方自治法改正を以て[47]，機関委任事務制度は廃止

---

46) 21世紀臨調ウェブサイト．http://www.secj.jp/pdf/19890523-1.pdf（2018年12月3日アクセス）

47) 地方分権一括法の正式名称は，「地方分権の推進を図るための関係法律の整備等に関す

され，地方自治体が「国の機関」ではなく，国と「対等な関係」にあるものとして位置付けられるようになった．

衆議院議員であった山田が杉並区長へと転じ，自治体の先頭に立って住基ネットからの離脱を宣言したことは，このような地方分権改革の流れを踏まえずには説明できない．山田が杉並区長に初当選した1999年の統一地方選挙では，山田を含めた6人の元代議士が地方選挙に出馬し，そのうち4人が市長と区長へと転身した[48]．砂原庸介が論じている通り，その背景には，1990年代に行われた選挙制度改革と地方分権改革が選挙における競争の環境を変化させた一方で，自治体の首長職の持つ魅力を増大させたことがある．まず，中選挙区制を小選挙区制に変更した衆議院の選挙制度改革は，同じ選挙区における同一政党内の競争をなくしたため，改革後は同一選挙区において国会議員の立候補者と市長選挙の立候補者の両方が党を挙げて選挙戦を繰り広げられるようになった．次に，地方分権改革に伴う地方自治体への権限委譲は，それまで国の「下請け機関」として認識されていた自治体のイメージを払拭させた（砂原2011，102-105）．1996年の衆議院議員総選挙に出馬して落選した山田の目にも，地方分権改革後の自治体は魅力的に映ったのであろう．落選の後，「国政復帰が夢」であると断り続け，「区長は格下だ」という考えも示していた山田は，1999年4月の杉並区長選に立候補する意思を表明し，その際に「区の経営者になり，国に先駆けてよい政治行政をして，国にも影響を与えていきたい」と語った[49]．

区長に就任しながらも常に国政を意識していた山田は，国と地方自治体の「対等な関係」を定めた地方分権改革の考え方を有効に活用した．山田が展開した住基ネット反対論は，そのような姿勢を明確に表している．2000年6月の区議会において，住基ネットに参加しないことを考慮に入れるという方針を表明した山田は，「住民基本台帳に関する事務は，自治体の裁量が認められる自治事務のはず．法律がシステムを定めたとはいえ，そこに参加するかどうか

る法律」である．
48) その選挙において，山田の他に当選したのは，岩手県釜石市長となった小野信一元社会党衆議院議員，静岡県浜松市長となった北脇保之元民主党衆議院議員，愛媛県松山市長となった中村時広元新進党衆議院議員である．
49) 『朝日新聞』1999年2月18日，1999年4月26日．

は，自治体が判断する」と発言した[50]．また，離脱宣言が行われた 2002 年 8 月 1 日の記者会見では，離脱を表明した自治体を責める片山虎之助総務大臣に対して，「地方は従うものだという発想が抜け切れていない．高慢で信じがたい」という批判を投げかけた[51]．その後，2004 年 8 月に住基ネットの「区民選択方式」を求めて国および東京都に対する訴えを起こした山田は，自ら執筆した著書に次のような記述を残した．

　「平成 11 年に改正された地方自治法（平成 12 年 4 月施行）で，国と地方自治体は「対等の関係」とされた．それまでは「上下の関係」が残っていたので，国と自治体の法解釈が異なる場合は，自然に国の解釈が優先されていた．しかし，今は「対等の関係」なのである．……今回の提訴は，住基法の解釈の違いを埋めるためのものではあるが，国と自治体の新しい「対等の関係」を確立し，恣意的な法運用をなくして「法の下の平等」を徹底させるためにも，また事態をなるべく早期に打開するためにも重要だと確信している」（山田 2006, 156-157）．

　こうして，最初は住基ネットを導入するための大義名分として強調されていた地方分権が，住基ネットを実施する段階においては，逆にその事業を妨げる論理に転じていた．地方分権を強調し，個人情報の責任ある管理を重視する山田の姿勢は，一見すれば杉並区民の意思を代弁しているようにも見えるが，本書はそのような見方には与しない．というのも，山田が住基ネット関連予算を計上しない旨を表明した際，「区報などで住民の意見を聴き，対応をさらに検討したい」という発言の中で言及された「住民の意見」は[52]，役所に都合の良い形で提示されたからである．杉並区は，住基ネットに関する区民の考えや理解度を問うことを目的に，2001 年 2 月 1 日付の広報紙にアンケート用紙を添付して調査を行った[53]．そして山田は，この「アンケート」の結果が発表され

---

50) 『朝日新聞』2002 年 8 月 13 日．
51) 『毎日新聞』2002 年 8 月 2 日．
52) 『朝日新聞』2001 年 2 月 6 日．
53) 『読売新聞』2001 年 2 月 2 日．

た 2001 年 2 月 17 日に，返送された意見の 7 割が住基ネットの導入に疑問を投げかけているとし，これらの回答を参考にしながら区としてできることを考えていきたいと述べていた．ところが，22 万 3000 世帯に配布されたアンケート用紙のうち，同区に返送されたものは約 250 件に過ぎなかった．回答者が自ら広報誌に添付された用紙を切り取った上で意見を書き込み，それを区役所に郵送するという煩雑なアンケートの仕組みを採用した杉並区は，最初から住基ネットに強く反対する者以外の意見は送られてこないことを予想していたのではなかろうか[54]．つまり，住民の意見を示すものとして用いられたアンケート結果は，政治家の主張を補強するための道具に過ぎなかったのである．

小 括

本章では，プライバシー保護を掲げて国民番号制度に反対してきた多様な政治主体に注目し，それらの主張の背後にある経済的・政治的利害を明らかにした．本章が扱ってきた様々な事例は，プライバシーを重んじる「日本人の国民性」が国民番号制度の導入を困難にしてきたという言説に対して，それが実態といかに乖離しているかを示すものである．

プライバシー保護という考え方は，1960 年代に反合理化闘争の一環としてコンピュータの導入に反対していた労働組合によって政治的に使われ始め，その後も，1980 年代に大蔵省と対立関係にあった自民党政治家，1990 年代の政治改革で浮上した改革派政治家などによって戦略的に利用されてきた．統一個人コード，グリーンカード制度，そして住基ネットへと続いた日本政府の構想が国民番号制度に対する負の印象を作り上げたのは，様々な主体がプライバシー保護の論理を政治的に利用した結果なのである．だが，それらの政治主体が展開してきた主張は，プライバシーを重視する「日本人の国民性」を代表するものではなかったことに注意する必要がある．本章で示したように，プライバシー保護を求める政治主体の活動が，1970 年代に始まる個人情報保護制度の整備を促したのに対して，一般市民のプライバシーと直結する住民票や戸籍謄

[54) アンケートの方法とその結果に関しては，2001 年 2 月 17 日付の『読売新聞』が詳細に報道している．

本などの証明書は，2000年代に各種証明書の不正取得問題が浮上するまで本人確認制度の不在のまま交付されていた．国際比較の観点から見れば日本に国民 ID カードが普及しにくいのは，このように本人確認制度が遅れて成立したこととも関係がある．

　次章では，議論の焦点を政治的側面から技術的側面へと移し，一般的には情報管理の効率化を促すと考えられている情報技術の発展が，1960年代以後の日本においては，番号制度の変化を制約する要因として働いたことを明らかにする．

第3章　情報化政策の逆説

　市場経済の近代化は，自由競争を支える「見えざる手」の代わりに，独占を可能にする「見える手」を出現させた．その変化を見抜き，経営史という研究分野を作り上げたアルフレッド・D.チャンドラーによれば，経営者という「見える手」が支配する近代的な企業が登場したのは，大量生産と大量流通を可能にする新たな技術を効率よく扱う上で，集権化された組織形態が必要となったためである．例えば，この変化の先頭にあった鉄道技術の場合，馬車から高速の蒸気機関車への発展が生じると，鉄道の管理者は，個々の貨物運送業者の車両に自社の機関車を連結するよりも，車両のすべてを所有し統制する方が，継続的な保全と修理，事故防止などの面で遥かに容易であることに気付いた（Chandler 1977, 1-6, 81-89）．科学技術社会論の著名な研究者であるラングドン・ウィナーの言葉を借りれば，こうしたチャンドラーの議論は，「本質的に政治的な技術」が存在するという主張につながる．すなわち，集権か分権か，平等主義か反平等主義かといった選択を，技術が「要求し」，「必要とする」と考えるのである（Winner 1986, 29-38）．

　このような考え方は，番号制度の導入を試みる日本政府の態度にも投影されてきたように思われる．1960年代末に「統一個人コード」の構想を明らかにした日本政府は，コンピュータの高度な利用を実現し，行政事務の効率化を図るためには，あらゆる行政サービスにおける管理の仕組みを「標準化」する必要があると述べていた．つまり，コンピュータ技術が集権的な番号制度を「要求し」，「必要とする」という考え方を示したのである．しかし，結局のところ，「国民総背番号制」と呼ばれていた統一個人コードの構想は実現を見ることなく，その後も番号制度の統合に向けた政府の取り組みは様々な政治主体の抵抗に直面したことを前章で述べた．

　コンピュータ技術は本質的に集権的な制度を必要とすると考える日本政府が，その構想を実現できずにきた理由を考える上で，本章では，ウィナーが提示し

たもう一つの考え方に注目する．それは，社会集団の影響を受けて技術の設計および編成の仕方が変化するため，同じ技術からでも異なる性質の社会秩序が形成され得ることを認める考え方である．こうした見方に従えば，その時々の環境の違いによって，明確な政治的目的を持って設計される技術もあれば，意図せざる結果によって当初の想定とは異なる政治的効果を伴う技術もある (Winner 1986, 22-29)．この考え方に基づき，本章では，日本政府が展開したコンピュータ産業政策が行政組織における情報化のあり方をどのように規定してきたかを検討する．第1節では，情報技術の普及が行政組織にもたらしてきた様々な影響を確認する．第2節では，戦後日本の産業政策に注目し，1950年代末に始まった国産コンピュータ産業の育成がいかなる利害関係の下で行われたかを示す[1]．第3節では，産業政策の意図せざる結果として住民管理の集権化を妨げるような政府調達市場が生まれたことを明らかにする．

第1節　行政組織と情報技術

1．情報技術への期待

コンピュータの導入と共に浮上した国民番号制度の構想は，前章で見た通り，様々な抵抗に直面して挫折を余儀なくされた．だが，その歴史を少し異なる角度から振り返ってみると，コンピュータによる合理化に反対していた労働組合は，プライバシー保護の原則を貫き，国民番号制度の導入を阻止することには成功したものの，コンピュータそのものの普及を防ぐことはできなかった．図

---

[1] 1970年代前半まで，コンピュータとは，複数の装置をネットワークでつなぐ汎用コンピュータを指す言葉であった．1970年代後半にパーソナルコンピュータが登場すると，それと既存のコンピュータとを区別するために「汎用コンピュータ」という言葉が使われるようになり，行政機関においては，汎用コンピュータを「メインフレーム」または「ホストコンピュータ」とも呼んでいる．1950年代から1970年代にかけて国産コンピュータ産業の育成を推進した日本政府の政策は，一貫してこの汎用コンピュータに重点を置き，1980年代前半に至るまでコンピュータ産業における汎用コンピュータの位置付けは確固たるものであった（新庄 1984, 299）．本章が扱うコンピュータ産業政策の事例も主に1970年代以前のものを対象にしているため，特に説明がない場合は，汎用コンピュータを意味するものとして「コンピュータ」という言葉を用いる．

第 1 節　行政組織と情報技術　　　　　　　　　　　　　　　97

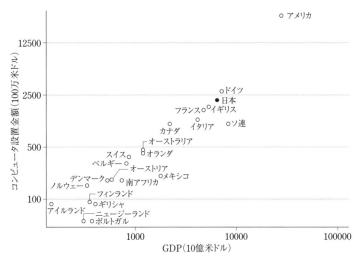

図 3-1　経済規模とコンピュータ設置金額（1973 年）
出典：日本情報開発協会編（1974, 150）

3-1 は，横軸に各国の国内総生産（GDP）を，縦軸に 1973 年における各国のコンピュータ設置金額を表したものである．この図を見ると，日本のみならず多くの国において，コンピュータの普及率はそれらの経済規模に見合う形で分布している．労働組合の抵抗に限らず，住民基本台帳ネットワークシステム（住基ネット）の稼働に対しても，複数の地方自治体が参加を拒否したにもかかわらず，予定通り稼働が開始され，中央政府と地方政府の間における情報のやり取りが実現している．

このように，情報技術が普及するにつれて，中央の統制を可能にする制度が徐々に整備されていくとすれば，本質的に集権的な制度を必要とするものとして情報技術を捉え，その技術の高度な利用のために国民番号制度を導入しようとした日本政府の判断は正しかったと考えるべきなのか．そして，いずれは日本にも統一的な国民番号制度が成立する日が訪れるのだろうか．

行政組織の情報化をめぐる論争においては，こうした予測を理論化しようと試みた発展段階論的な考え方も存在する．その先駆けとなったのは，電子政府の発展過程モデルを示したカレン・レインとジョンウ・リーの議論である．その議論に従えば，行政における情報化の第一段階では，政府のウェブサイトの

構築など情報技術を活用するための環境が整う．第二段階では，その環境の下で実際に行政サービスが提供される．それにより，行政手続の簡素化に対する市民の要求はますます高まるため，第三段階への移行が生じ，末端の行政事務を遂行する行政組織が同様の機能を持つ上位レベルの組織と連携される「垂直統合」が行われる．そして最後の段階では，セクショナリズムを取っ払った組織間の「水平統合」が実現する．異なる機能を持つ行政組織が連携を遂げ，市民に対してワンストップサービスを提供できるようになるというのである（Layne and Lee 2001, 123-134）．ここで注目したいのは，この四段階モデルとは異なる発展経路を提示する電子政府論者でも，行政組織の統合という帰結に関しては概ね共通する見解を示していることである（Hiller and Belanger 2001; Ronaghan 2001; Wescott 2001）．すなわち，行政組織の垂直的・水平的な統合こそ，電子政府の完成を導くという考え方が，発展段階論の共通認識として確立しているのである．

　このような発展段階論の考え方は，情報技術が本質的に行政機能の統合をもたらす働きをするという前提に基づいていると解釈されやすい．しかし，本書は，情報技術の本質に迫る議論として発展段階論を理解するのは妥当ではないと考える．電子政府を推進する人々が，垂直的・水平的に統合された組織を目指す理由としては，技術の持つ本質に関する関心よりも，管理者の責任を強調するマネジリアリズム（managerialism）の影響を挙げるのが妥当だからである．1990年代以後の世界における行政改革の明らかな潮流として，行政の繁文縟礼を取り払い，業績による管理を浸透させようとする新公共管理（NPM）の流行がある．その発祥地であるイギリスでは，新公共管理論の基礎となる考え方として管理者の説明責任（accountability）を強調した「フルトン委員会レポート（Fulton Committee Report）」が1968年に発表され，1980年代には，行政管理の目標達成度を評価する「ファイナンシャル・マネージメント・イニシアティブ（FMI）」がマーガレット・サッチャー政権の下で導入された．そこで，管理者に対する業績評価が行われるためには，従来とは異なる情報資源が必要となる．すなわち，管理者には部局を横断して情報を把握することが求められ，把握した情報を業績評価に用いるための指標が新たに必要となった．多くの国で新公共管理と電子政府が同時に進められてきたのは，このような理

由からである（Hughes 2012, 197-199, 274）．

　ところが，本来の新公共管理論は，行政組織を分解し，そこに市場競争を導入するという発想に基づいているため，その発想の実現を支えるものとして電子政府が位置付けられていたとすれば，電子政府の長期的な効果としては，行政組織の統合ではなく分散が想定されるはずである．実際，イギリスでは，1988 年における「ネクスト・ステップ」エイジェンシーの導入によって，企画部門から分離された業務執行部門が独立のエイジェンシーとして設立され，行政の分権化をもたらした（Pollitt 1990, 54-55）．それにもかかわらず，行政組織の垂直的・水平的な統合が電子政府の理想型として掲げられるようになったのは，新公共管理論に基づくエイジェンシー化の進行が，むしろ行政の質を低下させてしまったという批判を浴びるようになったからである．こうした批判への対応として，トニー・ブレア政権下では細分化された業務間の調整を重視する「ジョイント・アップ・ガバナンス（JUG）」が進められ，電子政府にはその再統合の動きを助けることが求められるようになった．この展開を指して，パトリック・ダンレヴィらは，「デジタル時代のガバナンス（Digital Era Governance）」の到来を宣言した（Dunleavy et al. 2006, 59, 228-229）．すなわち，電子政府の最終到達地点として行政組織の垂直的・水平的な統合が目指されるようになったことは，新公共管理論に対する反動の動きとして理解すべきなのである[2]．

2. 情報化の帰結

　しかし，行政組織の統合を予測する発展段階論の考え方は，経験的な観点から電子政府論を展開する論者の間で，大きな論争の的となった．まず，発展段

---

[2] このように，新公共管理論への反動としてネットワーク型の行政組織の構造を検討する議論の総称を「ガバナンス論」と呼ぶことが多い．Rhodes（1996）によれば，「ガバナンス」という言葉は，企業における経営者の説明責任と情報開示を重視する「コーポレート・ガバナンス」，世界銀行が市場競争の原理を開発途上国の行政へと普及させる際に提唱した「グッド・ガバナンス」など，様々な使われ方をされてきたものの，その根底には，分散した組織をネットワークでつなぐという発想がある．こうしたガバナンス論の考え方は，新自由主義的な政治経済理念の転換を促すものではないという点で，実際には新公共管理論と同様の路線を取っているというのが本書の見立てである．

階論に対して批判的な立場を取る論者は，情報化を進めている行政組織においても垂直的・水平的な統合は殆ど見られないことを示し，発展段階論は規範理論に過ぎないという主張を展開する．例えば，アメリカの地方政府を対象に実施されたサーベイ調査では，殆どの行政組織がオンラインサービスを展開しながらも業務の統合を進めていないことが明らかとなった (Coursey and Norris 2008, 525-531)．一方，発展段階論を肯定する論者は，行政の情報化の初期段階では，組織の変化が漸進的にしか現れないものの，情報技術の活動に割り当てる予算を増やせば，行政サービスの大きな転換を期待できると主張する (West 2004, 19-24)．

これらの議論が，行政組織に及ぼす情報技術の影響をめぐって論争を繰り広げてきたのに対して，逆に情報技術を用いる行政組織の行動様式に注目した議論も存在する．ジェーン・E.ファウンティンによれば，情報技術の登場はその殆どの場合において，行政組織の劇的な変化をもたらすことに失敗する．その研究の対象であったアメリカ政府における新たな技術の導入過程で，行政職員は，当初の目的とは関係なく組織の行動様式に合わせてその技術を利用していたのである．例えば，1993年のナショナル・パフォーマンス・レビュー (NPR) に基づく行政改革を試みたビル・クリントン政権が，北米自由貿易協定 (NAFTA) の締結を機に導入した「国際貿易データシステム (International Trade Data System)」の事例は，そのような行動様式を明確に示している．税関が運用してきた貿易管理の自動化システムを，移民なども含めた全政府レベルの国境管理システムとして拡張するという政府の計画に対して，緊急輸入制限よりも関税を徴収するという組織の利害を優先してきた税関は，それほど協力的な態度を示さなかった．さらに，運輸省は，従来通り各州に国境管理を任せてカナダとメキシコの国境で異なる基準を適用したいと考えたため，新たなシステムの導入を全く歓迎しなかった．結局のところ，財務省所管となっていた国際貿易データシステムの管理は税関に戻されることとなり，関係各省は依然として従来の慣行に従って業務を遂行している (Fountain 2001, 127-133)．

情報技術を導入する際，その導入の目的に沿った技術の利用を妨げる要因は，行政組織の内部にあるとは限らない．パトリック・ダンレヴィらは，イギリス

政府による情報システムの整備が遅れを取る原因を探るべく，イギリスとオランダ，カナダ，アメリカ，ニュージーランド，日本，オーストラリアの7カ国における電子政府の実態を比較した．その結果，イギリスや日本のように，政府に対する情報技術産業の影響力が強い国ほど，行政組織が先端の情報技術を取り入れるのに時間がかかっていたことが判明した．行政職員のIT専門性が低く，IT企業への依存度が高い場合，情報政策は持続的に実施されにくく，政府調達市場では競争が働かなくなるというのである（Dunleavy et al. 2006, 114-134）．こうした知見は，行政がその外部の主体を適切に統制できない場合，行政の情報化が予定通りに進まない可能性があることを示唆している．

ここで，日本の行政組織に目を向ければ，そこにも予定通りに進まない情報化の動きが多々見られる．例えば，第1章で見た「戸籍事務のコンピュータ化」の事例において，既に独自のコンピュータシステムを構築していた市区町村は，戸籍事務のコンピュータ化をきっかけに戸籍制度の分権的な仕組みをさらに強化した．戸籍事務のコンピュータ化を一括で進め，全国で統一的な事務処理を実現しようと試みた政府は，市区町村が独自に開発してきた既存のシステムを廃止できず，当初の構想は見直しを余儀なくされたのである．

地方自治体におけるコンピュータの早期導入によって，自治体レベルを超えた事務処理方式の一元化が妨げられたのは，戸籍事務に限られた話ではない．第2章でその成立過程を取り上げた住基ネットの場合も，各自治体が住民記録の電算化を早い段階で進めていたことにより，導入目的とは異なる分権的な構造を抱えるようになった．住基ネットの構築は，市区町村が独自で導入した住民基本台帳の電算システムをネットワークでつなぐことを可能にしたものの，市区町村が使用している電算システムは依然として従来の独自の仕様を維持している．住基ネットを設計する段階で既に91.1％の市区町村が住民基本台帳の電子化を完了していたため，それを全国でつなぐネットワークシステムの構成は，住民基本台帳システム自体をネットワーク化するのではなく，各市区町村にコミュニケーション・サーバーを新たに設置し[3]，それを通信回路で結ぶ

---

3) コミュニケーション・サーバーとは，本人確認に用いられる四情報（氏名，住所，性別，生年月日）と住民基本台帳コードを住基ネットに転送するために設置されたコンピュータを指す（山崎 1996, 6）．

方式を採用したのである（小早川 1996, 4-5; 自治省 1996, 155）．

　しかし，その方式に従ってネットワークシステムを構築する段階において，市区町村が独自に導入してきた既存の住民基本台帳システムが新たな問題を浮上させた．新たに導入される住基ネットが，その基本的な機能である本人確認と住民票の写しの広域交付を遂行するためには，市区町村の住民基本台帳に登録されている氏名や住所といった文字情報をやり取りできるようにしなければならない．ところが，市区町村が既存の住民基本台帳システムで採用していた文字定義は一様ではなく，かつ互換性を欠いていた．この問題を解決する最も単純な手段としては，既存の住民基本台帳システムに変更を加え，文字コードを全国で統一する方法があったが，それを行う場合，住民基本台帳を利用する国民保険業務や年金業務などに大きな支障を与える可能性が浮上した（地方自治情報センター住民基本台帳ネットワークシステム準備室 2000, 13-14）．

　こうした理由で，住基ネットは相互に矛盾する目標を掲げて構築されることとなった．すなわち，一方では，将来的に様々な行政システムとのデータ交換を可能にすべく，国際規格に基づく汎用的な文字体系の構築を目指しながら，他方では，各市区町村が独自判断で作成してきた固有の文字コードである「外字」を，低コストで効率よく交換処理するという基本方針を表明したのである（地方自治情報センター住民基本台帳ネットワークシステム準備室 2000, 14-15）．その結果，国際標準化機構（ISO）の国際符号化文字集合（UCS）を基に設計されたはずの住基ネットの統一文字は，独自の拡張を施され，結果的に UCS に基づく他のシステムでは正常に処理できないものになってしまった．具体的には，住基ネットが用いる 21,170 字の統一文字のうち，5,791 字が UCS と異なる形式を取らされた．5,791 字の中には，非漢字領域 122 字，変体仮名 168 字，漢字領域 303 字，そして市区町村固有の外字が収録されている互換漢字領域 26 字および追加漢字 5,172 字が含まれている（安岡 2013, 827-828）．つまり，UCS と一致しない文字の大半は市区町村が独自に作成した文字コードに対応するために作られたものである．

　このように，地方自治体が様々な機種のコンピュータを個別に導入し，国際基準に沿わない文字コードを独自で設けるようになったことの背後には，政府調達市場を分割し，その分割された市場を維持するために独自開発を行う IT

ベンダーの姿があった．ダンレヴィらが論じた通り，情報技術産業の強い影響力が行政の情報化を妨げていたのである．しかも，その影響力が及んでいたのは，地方自治体に限らなかった．中央省庁においては，巨大な情報システムが長年にわたって非競争的な環境に置かれ，多額の費用がそのシステムの維持に費やされてきた．それらは「レガシーシステム」と名付けられ，2000年代には電子政府を推進する際の障害として，度々批判の対象となった[4]．また，中央政府か地方政府かを問わず，随意契約の獲得を営業戦略とするITベンダーが，低額の初期費用を提示して受注した上で，高額の運用費用を払わせる「1円入札」などの手法は，政府調達市場における大きな問題として指摘された（石橋2005, 14）．

行政の情報化に関する従来の議論は，これらの問題を指摘しながらも，その問題を引き起こした根本的な原因，すなわち，情報技術産業の影響力が強くなった理由に関しては，明確な説明を提示してこなかった．産業政策の短期的な成功と言うべき国産コンピュータ産業の伸張が，産業政策の長期にわたる影響を見えにくくしてきたからである．次節では，従来の議論の限界を踏まえて，戦後日本におけるコンピュータ産業政策の帰結について，行政機関で生じた変化を中心に検討する．

第2節　コンピュータ産業政策をめぐる政治

1．産業政策の「成功」

東アジア諸国における重工業中心の経済発展は，経済のグローバル化に伴い国際分業体制が定着すると主張してきた新古典派経済学の議論を覆すものであった．新古典派経済学の議論に従えば，資本が乏しく労働が豊富な開発途上国では労働集約型産業が発達するはずであるが，1960年代以後の日本，韓国，そして台湾は，いずれも資本集約型産業によって高度経済成長を遂げたのであ

[4) 国土交通省MOTAS刷新可能性検討委員会第1回委員会配布資料（参考1「旧式（レガシー）システム改革指針」）．http://www.mlit.go.jp/jidosha/whatsnew/motas_1/sank-ou1.pdf（2018年12月3日アクセス）

る．日本の産業政策に多くの関心が寄せられたのは，途上国において資本集約型産業の発展が可能となった理由を説明する必要が生じたためであった．そうした問題関心の下で，アメリカ型の経済的自由主義とソ連型の国家社会主義のどちらの経済戦略とも異なる日本の産業政策は，途上国の経済成長を説明する重要な要因として注目を集めたのである．

この問題をめぐる論争に火をつけたチャルマーズ・ジョンソンによれば，アメリカ型の規制は市場全体における競争を促進するものであるため，特定の産業の推進または廃止を働きかけるものではない．その一方で，ソ連型の計画経済は経済発展を目指すのではなく，国家の計画そのものに価値を置く．従って，経済発展を目標にして特定の産業を推進する日本の産業政策は，アメリカとソ連では見られない「計画合理的」な戦略であるというのがジョンソンの説明である（Johnson 1982, 17-19）．こうした関心を引き継ぐダニエル・I. オキモトの議論においては，イギリスやフランスの産業政策が失敗に終わる中で，日本の産業政策が成功を収めた理由が示された．日本政府が市場メカニズムを生かす形で産業政策を展開していたことに注目したオキモトは，政府と企業との間に両者の円滑な情報交換を可能にするネットワークが形成され，そのネットワークが産業政策の形成過程で大きな役割を果たしたことが，西欧諸国には見られない日本の特徴であると主張する（Okimoto 1989, 1-54）．

このように説明されてきた日本の産業政策の特徴を踏まえた上で，韓国と台湾にまで視野を広げたピーター・エヴァンスは，国家が自ら打ち出した産業政策に企業が協力する状態を指して，「埋め込まれた自律性（embedded autonomy）」と名付けた．エヴァンスによれば，学閥などで築き上げる内的ネットワークと，天下りなどによって作られる外的ネットワークは，社会集団から自立した意思決定を行う能力主義的な官僚制を形成する．産業化を通じた経済成長が日本や韓国，台湾で可能となったのは，そのようにして形成された官僚組織が企業との定期的な交渉を進めながら，埋め込まれた自律性を持つ産業政策を展開してきたからである（Evans 1995, 47-50）．

エヴァンスが特に注目した日本の政策は，国産コンピュータの育成政策である．イギリスとフランスが「ナショナル・チャンピオン」政策を掲げ，一つの国産メーカーに国の投資を集中させたにもかかわらず十分な成果を残せない中,

日本の国産メーカーは，1970年代前半の段階で国内市場の半分以上を占めるようになっていた．同時期にイギリスとフランスにおける国産メーカーの国内市場占有率が全体の4分の1にも達していなかったことに鑑みれば，日本政府の戦略が注目を浴びたのは不思議なことではない（Flamm 1988, 135）．このような日本の成功を説明するに当たって，エヴァンスは，研究開発費の補助と日本開発銀行の融資を通じた生産面における支援だけでなく，日本電子計算機（JECC）という国策企業を設立し，資金力の乏しい国産メーカーの代わりにレンタル資金を調達する，需要面での支援をも展開していた通商産業省の政策を高く評価する（Evans 1995, 99-103）．当時はIBMによって導入されたレンタルサービスがコンピュータの販売方式の主流になっていたものの，国産メーカーの場合，販売資金の回収が長期にわたるレンタルサービスに多額の資金を投下することは困難であった．そのような状況下でJECCが設立され，レンタル資金を調達したことは，国産メーカーの販売促進に大きく貢献したのである（新庄 1984, 307）．

確かに，新しい技術を商品化する段階で需要を予測することは非常に難しいため，需要面での支援を行った通産省の政策は国産メーカーの育成に多大な貢献をしたと考えられる．コンピュータ産業の先発国であるアメリカですら，コンピュータを商品化することは簡単なことではなかった．第一次世界大戦直後に暗号解析など軍事的な目的で始まったコンピュータ開発は，連邦政府からの多額の資金提供によって進められ，第二次世界大戦の終結まで，それに必要な資金の大部分を連邦政府に依存していた．コンピュータの商品化は，1950年に勃発した朝鮮戦争における軍事調達への期待によって初めて実現する．国防総省との契約を通じてコンピュータの商品化に乗り出したIBMは，その後，世界市場をほぼ独占することになる（Flamm 1988, 34-75）．

ここで浮上する疑問は，IBM一人勝ちの状態となったコンピュータ市場において，日本のメーカーは誰をその主な買い手として認識していたのかということである．以下では，国産コンピュータの主な納入先の一つであった行政機関に焦点を当てて，そのような市場が形成されるようになった経緯を説明する．

2. 市場としての行政機関

　通産省が1970年代に展開した情報化社会論には，コンピュータ技術を利用して行政事務の効率化を図るという構想が含まれていたことを前章で述べた．その構想が示すように，行政の情報化を進める通産省の目的が行政事務の効率化にあったとすれば，直感的に考えて，通産省は行政組織になるべく性能の良いコンピュータを導入させようと努めたはずである．しかし，通産省が実際に取り組んでいたのは，行政機関や教育機関などに対して，当時は外国機より性能の低かった国産機を優先的に購入するよう促すことであった．

　国産コンピュータを含む国産品の「愛用」を主張した通産省の意図は，輸入に必要な外貨の節約を通じて国際収支の安定を図ろうとする大蔵省の意向とも共鳴し[5]，1963年9月20日には「外貨の効率的な使用等のための国産品の使用奨励について」の方針が閣議決定された．これにより，政府および政府関係機関には，外貨の節約と国内産業の振興を図るべく，国産品の優先的な使用に努めることが要請され，地方公共団体と産業界，金融界に対しても，こうした取り組みへの協力が求められた．その具体的な施策が盛り込まれた「予算決算及び会計令」改正では，「計数型電子計算機械」を含む大蔵大臣の指定物件を買い入れる場合は，指名競争に付し，同値の入札者のうち国産品を納入する者に落札できるようにする規定が設けられた．そして通産省は，この法改正が行われた直後に「国産品の使用奨励について」と題する要望書を関係諸団体に配布した（日本電子計算機1968, 39）．この一連の流れが示すように，行政組織の情報化に関する通産省の構想は，行政事務を効率化させることよりも，国産コンピュータの市場を確保することを念頭に置いていた可能性が高いと言えよう．

　このように，当時の通産省が国産コンピュータの使用を奨励するようになった背景には，貿易自由化への対応策としての性格を強く帯びていたコンピュータ産業政策の展開があった．1959年6月に岸信介内閣の通産大臣として入閣した池田勇人が貿易自由化を含む経済政策を提示すると，それまで重化学工業中心の経済構造を日本に築こうと努めてきた通産官僚は，自由化後の市場で競

---

[5] 『朝日新聞』1963年9月7日．

争できるような国内産業の育成を急ぐようになったのである．前章で述べたように，再軍備を回避しながら経済成長を追求する「吉田路線」を引き継いだ池田は，貿易自由化に積極的な大蔵省を牽制してきた通産省内の反対を押し切って，長期的な視野で自由化を推進する立場を取った．池田の構想からすれば，日本が「自由主義陣営」の一員であることを明確に示すためには，経済的にある程度犠牲を払い，軍事面で協力できない部分を補う必要があったのである．1959年12月，池田は，自由化に関する最初の決定として原綿と羊毛の輸入をすべて政府の統制から外した（樋渡 1990, 180-181）．これを引き金にして，1960年1月には政府内に貿易為替自由化促進閣僚会議が設置され，3年以内に自由化率を80％まで引き上げるという計画が同年6月に発表された（Johnson 1982, 250-251）．このように着々と進行する貿易自由化の動きを目の当たりにした通産官僚は，それに対応するべく国産コンピュータ産業の育成に一層拍車をかけるようになったのであろう[6]．

国産コンピュータを育成するための施策が本格的な動きを見せるようになったのは，貿易自由化の方針が明確になった1959年以後であった．それ以前にも，コンピュータ産業絡みの最初の法律である「電子工業振興臨時措置法（電振法）」が，1957年から施行されていたものの，通産省の主力政策の中に，国産コンピュータ産業の育成はまだ含まれていなかった．電振法は家庭用電化製品をその主な対象としており，コンピュータ産業の育成計画に対する補助金額はわずかだったのである．ところが，1960年に入ると，同法に基づいて設置

---

[6] 経済のグローバル化に対応して自国産業を保護する政策措置が取られること自体は，それほど珍しい現象ではない．ハジュン・チャンが明らかにしたように，殆どの先進国はその経済発展の初期段階で自国産業を積極的に保護する政策を展開した．その手段として最も普遍的だったのは関税措置であり，それ以外にも輸出補助金や独占権の付与，カルテルの結成，政策金融の活用，R&D支援など様々な保護手段が用いられた．第二次世界大戦以後，自由貿易のルール作りを進め，他国にそのルールの受容を強要してきたアメリカですら，その成長の過程では保護貿易を行った．1812年に起きた米英戦争中に一度関税率を引き上げると，戦争が終わった後もその税率を維持するための立法が次々と行われ，1820年の段階では製造品に対する関税率の各州平均が40％にまで達したのである．さらに，南北戦争後の1862年には，戦争中に引き上げた消費税と所得税に税率を合わせるという名目で新たな関税法が制定され，歴史上最も高い関税率が設定されるようになった（Chang 2003, 24-32, 58-68）．新古典派経済学の主張とは異なり，保護貿易は先発工業国の経済成長を支えた普遍的な戦略だったのである．

された重工業局電子工業課によってコンピュータ産業政策に拍車がかかるようになった．コンピュータ・メーカーとの意見交換を行う目的で電子工業審議会を設けていた重工業局電子工業課は，1960年にIBMとの交渉を開始し，国内生産と外貨送金を許可するのと引き換えに，国産メーカーが必要とする基本特許の供与を実現した（新庄1984, 305-306）．そして翌年には，JECCの設立を通じて国産メーカーのレンタルサービスを実現するための基盤を整えた．

　従来の多くの研究が評価している通り，JECCの設立を通じた需要面での支援は，コンピュータ産業において大きな経済的効果をもたらすものであった（新庄1984, 307; Anchordoguy 1989, 59-75; Okimoto 1989, 93; Evans 1995, 101）．そのことは，JECCが買い上げたコンピュータの数量を見れば明らかである．1960年代におけるJECCの国産機購入額は，国内市場全体の50%を前後し，その割合がピークに達した1965年には，全体の購入額の77%をJECCが占めていた（新庄1984, 306-307）．さらに，JECCの設立と国産品の奨励という両政策が相乗効果を発揮していたことも数字で確認できる．地方自治体の場合，1969年の段階で67%の自治体がJECCのレンタルサービスを通じてコンピュータを導入していた．中央省庁においても，1981年度末見込で導入が予定されていたコンピュータを含めて，購入実績の62%がJECCのレンタルサービスによるものであった（自治省電子計算室1969; 行政管理庁行政管理局プライバシー保護研究会1982）．

　だが，需要面での支援が最もはっきり示されているのは，行政機関に導入されたコンピュータ全体に占める国産メーカーの比率である．驚くべきことに，行政機関においては，中央政府か地方政府かを問わず，国産メーカーの製造したコンピュータが全体の90%を超えていた．1972年の段階で地方自治体が導入していた213台のコンピュータのうち193台（90.6%）が国産機であり，中央省庁の場合，1973年の段階で導入していた222台のコンピュータのうち219台（98.6%）が国産機であった（自治省編1972; 日本情報開発協会編1974, 66）．その後も国産機の比率には大きな変動が見られず，1980年代に入っても中央・地方ともに国産機の比率が90%を下回ることはなかった（行政管理庁行政管理局プライバシー保護研究会1982; 自治大臣官房情報管理官室編1985）．民間部門を含めた日本全体において，1973年の国産機の市場占有率が実働台数ベースで

60.7％であったことに鑑みれば，行政機関が90％以上の比率で国産機を導入したことには，政策の圧力が強力に働いたと言うべきであろう（日本情報開発協会編1974, 116-117）.

このように，政府調達市場において国産メーカーが優遇されている状況は，グローバル化の力でも大きく変えることはできなかった．関税と貿易に関する一般協定（GATT）東京ラウンドで策定された「政府調達に関する協定」が1981年に発効し，一定金額以上の政府調達に対しては内外無差別待遇の原則を適用するようになったにもかかわらず，国産メーカーの政府調達市場占有率には目立った変化が現れなかったのである（新庄1984, 302）．その後，1994年には，GATTのマラケシュ会合において世界貿易機関（WTO）の設立が合意され，地方政府・政府関係機関への協定適用対象機関の拡大を試みた新たな政府調達協定が作成されたものの，無差別待遇を定めた一般的条項は明示的には国内ルールへと転換されず，地方政府の政府調達に関しては自治省通知に基づく各団体の自主的対応が促されるに留まった（城山2003, 86-96）．

こうして，日本のコンピュータ産業は少なくとも国内市場においては安定的な基盤を構築したわけであるが，近年の研究ではコンピュータ産業政策の短期的な成功に対する批判的な考察も行われている．その背後には，インターネットが発明された1990年代以後において，日本の情報通信産業が技術革新の先頭から外れたという事情があった．産業政策に対する批判的な検討も，そのように日本が遅れを取るようになった理由を解明するために行われたのである．例えば，日本における技術革新の停滞と，省庁縦割りを反映する強固な産業構造との関係を検討した高橋洋は，通産省の情報産業政策と郵政省の通信産業政策がそれぞれ独自に展開してきた結果，1990年代以後のインターネットの時代においては競争を原動力とする技術革新が生じにくくなったと主張する（高橋2009, 269-271）.

しかし，このような高橋の議論は二つの点で限界を持つ．第一は，産業政策が技術開発に影響を与えるメカニズムを明確に示していないことである．高橋も認めているように，産業政策がその直接の対象としていない種目の研究開発に及ぼす影響を推測することには限界がある（高橋2009, 200）．産業政策によって形成された産業構造だけでは説明できない，より強力な技術革新のメカニズ

ムが存在し得るためである．コンピュータに限らず，インターネットの初期開発と普及に際しても，それに直接投資を行う政府の役割は無視できないものであった．キューバ・ミサイル危機を経て世界規模の通信システムの必要性を痛感したアメリカの国防総省は，インターネットの研究開発に多額の資金援助を行い，インターネットの前身であるアーパネットの利用を自ら開始することで，インターネットの実用化を促進したのである（Abbate 1999, 69-73, 133-145）．つまり，新たな技術の開発と普及は，それに対する直接的な投資によって促される側面が大きい．しかし，日本の産業政策は，石油危機に伴う「政治危機」と「経済危機」を背景に，1970年代後半以後大きな転換を迎えた．政府は市場への介入を弱め，事実上それまでの産業政策は中止に追い込まれたのである（内山 1998, 171-172）．このことに鑑みれば，日本の情報通信産業構造に産業政策の遺産が明らかに残っているとしても，1990年代以後の技術革新を妨げた多くの要因は，産業政策の外にあると考えられる．換言すれば，産業政策の長期的な影響を考える際には，それの直接的な影響を受けた対象が，それ以後いかなる変化を遂げたかを確認することに射程を限定する方が望ましい．

　第二は，専ら政府の介入により市場競争が制限された側面を強調し，メーカー側の戦略にそれほど触れていないことである．前述の通り，1960年代における通産省の政策は日本のコンピュータ産業のあり方を大きく規定するものであったものの，「埋め込まれた自律性」という言葉が示すように，その政策は産業側の政策から完全に独立したものではなかった．JECCの設立の段階で通産省が本来目指していたのは，コンピュータの国内生産を完全に統制することであったが，各メーカーの激しい抵抗により当初の計画を修正し，JECCの役割をレンタルサービスの展開に留めたのである（Anchordoguy 1989, 60-62）．その後も，1962年の「FONTAC (Fujitsu Oki Nippondenki Triple Allied Computer) プロジェクト」や1971年の「試験研究計画（イ号計画）」などを策定した通産省は，それらの計画を通じて国産メーカー間の共同研究を主導したものの[7]，それぞれのプロジェクトで編成されたメーカーのグループは政府補助金

---

7) 「FONTACプロジェクト」と「試験研究計画」は，それぞれ1961年の「鉱工業技術研究組合法」と1971年の「特定電子工業及び特定機械工業振興臨時措置法」に基づいて進められた共同研究推進のための計画である．FONTACプロジェクトには文字通り富士通

の受け皿に過ぎず，共同研究体制は製品開発面や販売面での競争を減らす働きをしたわけではないと評価されている．すなわち，日本のコンピュータ産業政策は，国内メーカー間の競争を全く封じ込めたものではなかった．少なくともJECCに共同出資したコンピュータ・メーカー7社は，国内市場においては互いにライバル意識を持って競争を繰り広げていたのである（新庄 1984, 309-317）[8]．

政府調達市場においても，国産メーカー同士の「寡占的競争」は生じていた．行政機関にコンピュータが普及し始めた段階から，調達市場は多数の国産メーカーによって分割されていたからである．中央省庁においては，1973年の段階で，全導入台数の32.4%を占めていた日本電気（NEC）に続き，東芝が24.8%，富士通が23.0%，日立が12.2%，そして沖電気工業が5.0%の比率でコンピュータを納入していた（日本情報開発協会編 1974, 66）．地方自治体においても，同様の状況が確認できる．図3-2は，JECCに共同出資した7社のメーカーのうち1964年に汎用コンピュータ製造から撤退した松下電器を除く6社の国産メーカーとIBMを対象にして，市区町村における1969年のコンピュータの納入状況を示したものである．この図によれば，1969年の段階でJECCに登録していた機種の数が相対的に少なかった沖電気工業と三菱電機以外の国産メーカー4社は[9]，それぞれ一定程度の市場を確保していたことが分かる．次節では，このように分割された市場が，1990年代までその状態を維持したことを確認し，それに影響していた各メーカーの戦略を明らかにする．

と沖電気工業，日本電気が参加し，約3億5000万円の補助金を受けて各々の得意分野で研究を進めた．試験研究計画では主要国産メーカーが三つのグループ（富士通と日立，日本電気と東芝，三菱電機と沖電気工業）に編成され，1972年から1976年にかけて約570億円の補助金の下で新機種の開発を進めた（新庄 1984, 307-311）．

8) JECCに共同出資し，発起人となった7社は，沖電気工業，東芝，日本電気，日立，富士通，松下電器，三菱電機である．各社は均等に1億5000万円の資本金を負担した（日本電子計算機 1968, 29-30）．

9) 1969年の段階で，沖電気工業は7機種（OKITAC 5090Mなど）を，三菱電機は5機種（MELCOM 1530など）をJECCに登録していた．これに対して，日本電気は21機種（NEAC 1201など），富士通は11機種（FACOM 222など），日立は11機種（HIPAC103など），東芝は9機種（TOSBAC 1100など）を登録していた（日本電子計算機 1973, 140-141）．

112 第3章 情報化政策の逆説

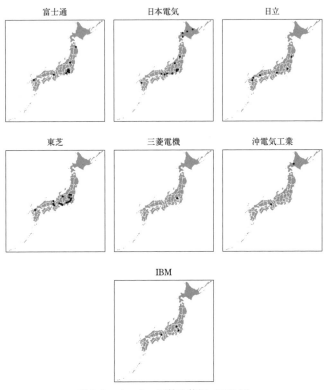

図 3-2 メーカー別納入状況（1969 年）
出典：自治省電子計算室（1969）

第3節　産業政策の意図せざる結果

1.「電子計算組織のあらまし」

　通産省が意図した通り，殆どの行政組織が国産コンピュータを導入していたからといって，通産省の政策に対する賛同が行政組織を動かしていたと考えてはならない．前章で述べた1960年代の行政改革を思い出せば分かるように，行政組織にとってコンピュータは，改革を進める手段の一つであった．換言すれば，行政組織は，国内産業の育成を助けるためというよりも，行政改革の一

第 3 節　産業政策の意図せざる結果

環として事務処理の効率化を進める必要があったがゆえに，コンピュータを積極的に導入したのである．

　例えば，コンピュータの導入に踏み切った地方自治体の多くは，即座にその革新的な動きに対応できる新たな組織の整備に取り組んだ．東京 23 区の場合，電子計算課，情報処理課，情報システム課，電子記録課などと名称は様々であるが，概ね 5 名程度の管理職，10 名程度のプログラマー，そしてスーパーバイザーやオペレーターを務める派遣人員などを含む 20-30 名規模の組織が，コンピュータに関わる業務を遂行する目的で発足した（特別区電子計算主管課長会 1997, 3-9)[10]．こうした，情報化の初期段階における地方自治体の様子は，これらの組織によって出版されてきた刊行物に詳しく記載されている．コンピュータの導入計画とその計画の実施過程，導入後の運用形態，導入の効果などを広報するために出版されたそれらの刊行物は，多くの場合，「電子計算組織のあらまし」，あるいは「電子計算組織のあゆみ」と名付けられていた．それらは，自治体ごとに異なる情報化の展開を記録しているものの，概ね似通った構成を取っているため，自治体間の比較を可能にする．

　ここに登場する「電子計算組織」という言葉は，現在はあまり耳にすることがない．だが，汎用コンピュータが主流であった時代には，行政機関のみならず，コンピュータ・メーカーの間でもその言葉が広く使われていた．当時のコンピュータは，情報を処理するために用いられる装置を一つの機械の中にまとめていたわけではなく，複数の機械に分離させた構成を取っていたため，「組織」と呼ばれるようになったのである．例えば，1960 年代前半に開発された富士通の FACOM 241D の基本組織は，本体装置と入出力装置に大きく分けられていた．主制御演算（FACOM 241D-I）と記憶装置シンクロナイザ（FACOM 241D-II）に電源（FACOM 953）を組み合わせたものが本体装置であり，操作卓，入出力制御装置（FACOM 581），磁気テープ制御装置（FACOM 505），カード読取装置（FACOM 661），カードさん孔装置（FACOM 681），磁気テープ装置（FACOM 602 または 601），高速印刷装置（FACOM 521）を組み合わせたものが入出力装置である．これらの本体装置

---

[10]　行政需要に応じて新たな組織が形成される過程は，都道府県の組織編成過程を対象にした稲垣浩の研究において詳細に説明されている（稲垣 2015）．

と入出力装置をネットワークでつなげば，電子計算組織となる（久保田1963, 698）．東京都の資料において，「電子計算組織にはアナログコンピュータとデジタルコンピュータの二種類がある」という説明が行われていることからも，デジタル化が進んだ後のコンピュータそのものを指して，「電子計算組織」と呼んでいたことが分かる（東京都総務局総務部電子計算課編1967, 1）．

　本書が「電子計算組織のあらまし」を記録した刊行物の存在に注目する理由は二つある．第一に，こうした刊行物に記載されている地方自治体の調達情報は，情報公開制度の成立の流れとは関係なく公開されたものである．一般に，地方自治体における情報公開は，国に先立ち，1980年代から普及したと言われているのに対して，コンピュータの調達情報の場合，早い自治体では1960年代からその公開が行われていたのである．しかも，従来の議論において地方自治体の情報公開を促したと言われているのは，1970年代の外務省機密文書漏洩事件や航空機疑惑事件によって形成された，情報開示を要求する世論である．つまり，情報公開の制度化に関しては，地方自治体の方に国と異なる動機があったわけではないと考えられてきた．地方自治体がその制度化を先に進められたのは，長洲一二神奈川県知事が提唱した「地方の時代」という言葉に象徴されるように，環境問題や消費者問題など高度成長の副作用として生じた様々な社会問題を解決する主体として，地方自治体が注目されるようになったからであって，地方独自の動機が働いたわけではないのである（八木1986, 25-30）．この点に鑑みれば，1960年代からコンピュータの調達情報を公開していた地方自治体の行動に関しては，情報公開制度とは区別して検討を加える必要がある．第二に，刊行物の出版は一斉に行われたのではなく，徐々に普及していたことから，コンピュータ導入に際して自治体間の相互参照が行われていたことを見て取れる．このことは，独自開発を続けて自分たちの影響力を増大しようとする情報技術産業の意向とは相反する流れが，行政組織の間で生じていたことを意味する点で，刊行物に注目すべき理由を与える．

　それでは，地方自治体は，なぜ情報公開制度の存在しない段階でコンピュータの調達情報を公開し，互いの情報交換を促進していたのか．この疑問に答える上で，まず注目したいのは，東京23区の中で最も早い段階から刊行物の出版を始めた東京都中野区である．中野区総務部電子記録課は，1966年から

第 3 節　産業政策の意図せざる結果　　　　　　　　　　115

「中野区における電子計算組織のあゆみ」を刊行し始め，1975 年まで毎年出版を続けていた．その刊行物の 1969 年度版のまえがきには，当時の中野区総務部長が以下のような言葉を残している．

　「「ローマは一日にして成らず」という，当区のコンピューター・システムも逐年その適用範囲を拡げ，システムの向上に努めていますが，まさに汗と気力の積み上げだという感じです．導入 4 年目を迎えて昭和 44 年度は，システム開発の足跡が今後に貴重な記録として役立つことと思い，各業務別に適用後のシステムの変遷を振り返りながら，この「あゆみ」をまとめてみました」（東京都中野区 1970）．

　この言葉から感じ取れるように，中野区がコンピュータの調達情報を公開したのは，市民の「知る権利」を重視したからではない．文書の中には，「汗と気力」を積み上げて前進させてきた「システム開発」の成果を宣伝したいという気持ちが込められている．
　このことは同時に，中野区が国の指導通り国産コンピュータを購入しながらも，産業政策に同調しているという意識をあまり持たなかったことを意味する．中野区が重視していたのは，産業政策ではなく，それと同時に進行していた行政改革であった．そのことを端的に示すものとして，同刊行物の最後には電算適用業務事務量調査表が掲載され，従来人間が行っていた事務をコンピュータに任せることで，1969 年度中に 6000 万円程度の経費を節約できたという試算が行われている（東京都中野区 1970, 202）．すなわち，「中野区における電子計算組織のあゆみ」は，コンピュータを用いて推進してきた行政改革の成果を報告するものとして位置付けられていたのである．
　ところが，東京 23 区の中で最も早い時期にコンピュータを導入したのは，渋谷区と江戸川区，江東区であった．中野区におけるコンピュータの導入は，それらに比べて 3 年ほど遅れを取り，1966 年になって初めてコンピュータを利用するようになったのである．そんな中野区が，その導入の実績を最も早く公表するようになった理由は何か．それを明らかにするためには，「中野方式」の登場について説明する必要がある．

中野方式とは，中野区がコンピュータ導入を契機に取り組んでいた住民記録の電子化と窓口業務の改善を指す言葉である．それが他の自治体からの注目を広く集めるようになったのは，電子化された住民票を想定する法律が存在するわけでもなく，住民基本台帳の整備による各種事務の一本化を図った住民基本台帳法もまだ制定されていなかった1966年の段階で[11]，中野区がそれまで前例のなかった「区民マスターテープ」の導入に踏み切り，1968年にはそれに基づく窓口事務の一本化を実現したためであった．住民情報を一箇所に集めて電子化し，「統合事務処理」を実現するために導入された区民マスターテープには，図3-3に示した通り，36万中野区民の住所，氏名，生年月日といった基本項目に，選挙資格，国民健康保険資格，国民年金資格，生活保護関係情報（保護の種別，開始・廃止年月日など）といった情報が盛り込まれた[12]．各々の部署は，この区民マスターテープに記録された情報を用いて各種事務処理を行うこととなり，特に，住民税処理システムにおいては，区民マスターテープとの関係で特別徴収義務者指定番号の固定化，特別徴収と普通徴収の課税計算方式の一本化などを念頭においた開発が進められた（東京都中野区1970, 3-23）．

　中野区が住民記録のコンピュータ処理を始めたことにより，他の特別区や指定都市，大都市の間では中野方式が徐々に広がりを見せていたものの，1970年代に入っても多くの市区町村はコンピュータの利用範囲を依然として税と給与の計算に留めていた．例えば，1973年の段階で，コンピュータを利用して処理していた市区町村の業務を，その利用率が高い順に並べてみると，住民税（何らかの事務処理にコンピュータを利用していた市区町村全体の90.5%，以下，数字のみを表記），固定資産税（67.7%），国民健康保険税（57.7%），軽自動車税（32.6%），人事給与（29.2%），水道料金（24.5%），国民年金（18.9%），各種統計（11.1%）といった計算および統計を行う業務がその殆どであることが分かる．その一方で，住民記録をコンピュータで管理していた団体の比率は10%に満たなかった（日本情報開発協会編1974, 70）．地方自治情報

---

11) 住民基本台帳法が磁気ディスクを用いて住民票を調整できることを定めたのは，1985年の改正の時である．
12) 区民マスターテープにどのような新規情報を盛り込むかに関しては，中野区に設置された電子計算組織運営協議会で協議が行われていた（東京都中野区1970, 23）．

第3節 産業政策の意図せざる結果

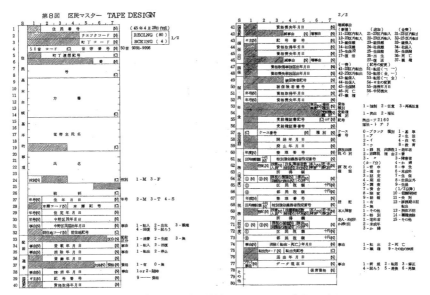

図 3-3　東京都中野区の区民マスターテープ（1970年）
出典：東京都中野区（1970, 6-7）

センターが出版していた雑誌『地方自治コンピュータ』1971年9月号に掲載された対談において，秋田大助自治大臣は，「未だ殆どの地方公共団体がソロバン代わりにコンピュータを用いている」と発言しているが，そうした中で中野区は，時代の先端を走っていたと言えよう．

　計算機に過ぎなかったコンピュータを住民管理の道具として用いるという新たな使い道を切り開いた中野区が，そのことを広報すべく刊行物を作成したのは不思議なことではない．そして他の自治体が，中野区と同様の内容を記録した刊行物を，早い場合は1970年代から，遅い場合でも1990年代後半から出版するようになったのは，「中野方式」の普及した結果として無理なく理解できる．例えば，1975年には東京都府中市が「府中市の電子計算組織」を，1976年には北海道旭川市が「旭川市における電子計算組織のあゆみ」を出版しており，1980年代に入ると，1983年に神奈川県横浜市と福岡県福岡市がそれぞれ「横浜市電子計算事務の概要」と「電子計算事務の概況」を出版し，1985年には北海道札幌市が「札幌市の電子計算事務概況」の刊行を始めた．中野区以外

表 3-1 東京 23 区におけるコンピュータ導入と刊行物の出版状況

区名	刊行物名	コンピュータ導入年	刊行物の出版年
千代田	なし(「事務事業概要」内に同様の内容を記載)	1988 年	
中央	中央区電子計算組織のあらまし	1988 年	1990-2001 年
港	港区の情報システムのあらまし	1965 年	1988-2000 年
新宿	新宿区の電子計算組織のあらまし	1969 年	1987-1991 年
文京	文京区の電子計算組織のあらまし	1975 年	1977-1998 年
台東	電子計算事務の現況 (1998) 台東区の情報処理 (1999-2004)	1968 年	1998-2004 年
墨田	なし	1964 年	
江東	江東区における電子計算組織運用のあらまし	1963 年	1979-2005 年
品川*	品川区電子計算組織のあらまし	1971 年	1993 年
目黒	目黒区の電子情報処理のあらまし	1967 年	2004 年
大田	なし(「事業概要」内に同様の内容を記載)	1964 年	
世田谷	世田谷区の電子計算組織利用のあらまし	1970 年	1993-1994 年
渋谷*	渋谷区の電子計算	1963 年	1981 年
中野	中野区における電子計算組織のあゆみ	1966 年	1966-1975 年
杉並	杉並区電子計算組織のあらまし	1965 年	1993-2005 年
豊島	なし	1977 年	
北	北区の電子計算組織のあらまし	1984 年	1991 年
荒川	荒川区の電子計算組織のあらまし	1983 年	1984-1992 年
板橋	板橋区の電子計算組織のあらまし	1965 年	1989-1992 年
練馬*	練馬区の電子計算組織	1971 年	1991-2005 年
足立*	足立区コンピュータのあゆみ	1972 年	1983-1996 年
葛飾	なし	1987 年	
江戸川	なし	1963 年	

の特別区も,文京区を始めとして,1977 年から次々と刊行物の出版に乗り出した.表 3-1 が示すように,特別区の間では明らかな普及の傾向が見られており,刊行物を出版していなかったか,あるいは保管していない 6 区の中でも,千代田区と大田区は各部署の事務内容を紹介する定期刊行物内にコンピュータの調達情報および利用状況に関する内容を記録している[13].

こうした普及の流れを促進したのは,1970 年に地方自治情報センターが設立され,それによって地方自治体間の情報交換が活発になったことであったと考えられる.地方自治情報センターは,各自治体が個別にコンピュータシステ

---

[13] 表 3-1 の中で*マークが付いている区の刊行物は国会図書館,都立図書館,区立図書館のいずれにも所蔵されていなかったため,各区の区役所を訪問し,区政資料コーナーあるいは情報システム関連部署職員への問い合わせを通じて資料収集を行った.

ムを開発し，その構築のノウハウを共有できない状況を改善すべく，自治省と都道府県，指定都市，市町村，特別区の代表者が発起人となって設立した自治省所管の財団法人である[14]．後に住基ネットの管理をも委託されたこの機関が設立当初に目指していたのは，すべての自治体が単なる計算事務だけでなく，政策決定にまでコンピュータを十分に活用できるように手助けすることであった．同センターが主としてシステムの標準化とマニュアルの作成に取り組んでいたのは，このような目標があったためである．まず，標準化の作業としては，各自治体が既に構築した給与支給システム，住民情報システム，そして財務会計システムを比較検討した上で，標準システムの研究を進めていた．こうした活動の中には，地方自治体の間だけでなく，自治体と国との間における調整も含まれていたため，住民に関する各種データコードの標準化といった当時の国の政策，すなわち，「国民総背番号制」と呼ばれていた「統一個人コード」の導入に関わる取り組みにおいても同センターの役割が期待されていた．その一方で，まだコンピュータを導入していない自治体向けの活動としては，それらの団体におけるコンピュータの導入を円滑に促進すべく，適用業務の選定や運用管理などの解説を収録したマニュアルの作成などが行われた[15]．

　このように，情報化の初期段階で国と地方自治体が展開していた活動は，現在の日本で批判の対象となっている，行政職員の専門性の低下や，情報技術産業の影響力の増大をもたらす動きとは程遠いものであった．それにもかかわらず，政府調達市場は，長年にわたり多数の国産メーカーの間で分割された状態を維持したまま硬直化した．次に見るように，こうした結果が生じたのは，国産コンピュータを奨励するために設けられた様々な制度が，導入当初の目的とは関係なく情報技術産業の既得権を強化する働きをしたためである．それが結局，戸籍事務のコンピュータ化と住基ネットの構築を進める段階になって，集権化に逆行するような動きを生み出した．以下では，1970年代以降の政府調達市場の様子を，データを用いて確認した上で，情報技術産業が既存の市場の構造を維持するためにいかなる戦略を展開していたかを検討する．

---

14)　『地方自治コンピュータ』1971 年 2 月号．
15)　『地方自治コンピュータ』1971 年 1 月号．

2. 分割された政府調達市場の維持

1960年代に展開された国産品奨励の政策が貿易自由化への対応であったことは既に述べた通りである．すなわち，政府調達における指名競争のルールを定め，国産メーカーに有利な状況を作り出したのは，グローバル市場での競争に勝ち抜ける国内産業の育成を狙った戦略であった．ところが，そうしたルールは，グローバルな競争力を持つ企業を育成するよりも，いわゆる「ベンダーロックイン」を促した側面を強く持つ．ベンダーロックインとは，一度契約を獲得した各メーカーが，その契約を継続させるためにシステムの独自開発を続け，他のメーカーが提供するシステムへの乗り換えを困難にする現象を指す言葉である[16]．つまり，システムを選択する際に，既存メーカーの影響力を無視できなくなっている状態を，ベンダーロックインと呼ぶのである．ベンダーロックインを防ぐ方法としては，政府調達市場の競争を高めるための措置が講じられることが多い．だが，主にグローバル市場を意識して立案された産業政策は，意図せざる結果として，逆にベンダーロックインを生み出してしまった．

ベンダーロックインが実際に生じていたことを確認するためには，地方自治体におけるコンピュータの機種変更の傾向を調べる必要がある．図3-4は，1960年代に汎用コンピュータを導入し，かつその運用を所管する主管課を設けた82市区町村を対象に，主管課による汎用コンピュータの機種変更の傾向を，1980年，1985年，1990年，1995年の自治省の調査に基づいて示したものである．新機種を購入する際，それまで契約していたメーカーとは異なるメーカーの機種を選択した場合は「メーカー変更あり」，同じメーカーの機種を選択した場合は「メーカー変更なし」と分類し，その購入の時期を表した．この図において，明確な傾向としてまず確認できるのは，対象となった市区町村の多くが，それまで契約していたメーカーを変更せずに新たな機種を購入していたことである．さらに興味深いのは，1979年前後にメーカー変更を伴う新機種の購入が一時的に増加したものの，1990年代に入るとメーカーの変更がほぼ生じなくなったことである．このことは，1980年代にベンダーロックイン

---

16) Hax and Wilde (1999) は，顧客対応と品質向上とは異なる第三の企業戦略としてベンダーロックインが存在することを明らかにした．

第3節 産業政策の意図せざる結果　　　121

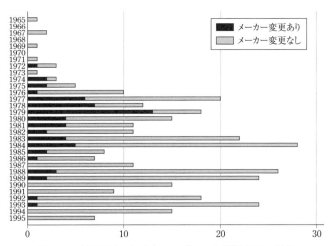

図 3-4　市区町村におけるコンピュータ機種変更の傾向
出典：自治省電子計算室（1969）; 自治大臣官房情報管理官室編（1980）; 自治大臣官房情報管理官室編（1985）; 自治大臣官房情報管理官室編（1990）; 自治大臣官房情報管理官室編（1995）

を強化する要因が現れていたことを意味する．

　それでは，何がそのような傾向を作り出したのだろうか．その詳しい事情を明らかにすべく，今度は東京 23 区に対象を絞り，調達市場の変動の詳細を確認したい．図 3-5 には，1965 年から 1995 年の間に，東京 23 区に汎用コンピュータを納入したメーカーを表示している．委託から直接導入への変化を除けば，図 3-4 で見られた全国的な傾向と同様，新機種の購入の際にメーカーを変更したことのある自治体は 23 区のうち 6 区に過ぎない．さらに，1985 年から 1995 年の間に変更があったのは大田区のみである．この数少ない変化の中でも目立った動きとして，1975 年から 1985 年の間には，東芝が占めていた部分が日本電気に塗り替えられるような変化が見られたが，それは，1972 年から日本電気と共同で ACOS シリーズを開発した東芝が，1979 年に汎用コンピュータから撤退したためである（情報処理学会歴史特別委員会編 1998, 120)[17]．従って，ここで説明するべきは，こうした東芝の動きとは関係なく生じた変化であ

17）墨田区は東芝から IBM にメーカーを変更したものの，表 3-1 で示したように同区のコンピュータ利用状況を公表する刊行物が存在しないため，検討の対象に含めることができなかった．

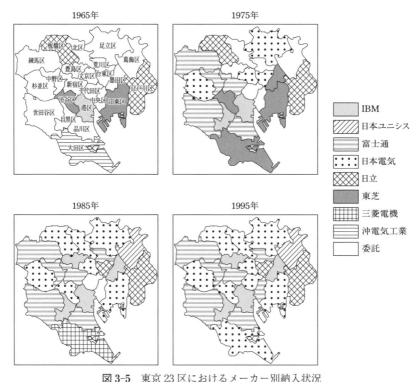

図 3-5 東京 23 区におけるメーカー別納入状況
出典：自治省電子計算室 (1969); 自治大臣官房情報管理官室編 (1980); 自治大臣官房情報管理官室編 (1985); 自治大臣官房情報管理官室編 (1990); 自治大臣官房情報管理官室編 (1995); 大田区企画部電子計算課 (1991)

る．それは，台東区，大田区，板橋区が，それぞれ日本電気から日立へ，三菱電機から日本電機へ，日立から日本電気へとメーカーを変更し，それ以後は全く変動を見せなかったことである．

興味深いことに，台東区，大田区，板橋区の3区がメーカーの変更を行った時，それらの区は共通して住民情報オンラインシステムの導入を開始していた．まず台東区の場合，日本電気の汎用コンピュータ NEAC 2200-250B を，1977年1月の時点で日立の HITAC M-160II に変更し，それと同時に「住民情報カナオンラインシステム」の開発を始めた．そして，1979 年 4 月から「住民情報内部オンラインシステム」の稼働を開始している（台東区企画財政部情報システム課編 2004, 3）．次に大田区は，1988 年 3 月に日本電気の汎用コンピュータ

第3節　産業政策の意図せざる結果

である ACOS システム 910 モデル 8 を新たに導入した上で，同年 4 月に三菱電機の MELCOM-COSMO-800S を返却した．そして，同年 8 月に「住民記録オンラインシステム」のソフトウェア作成を日本電気に委託し，それと同時に ACOS システム 910 モデル 8 を増設した．住民記録オンラインシステムの稼働を開始したのは 1989 年 1 月からである（大田区企画部電子計算課 1991, 33-34）．最後に板橋区は，1984 年 10 月に既存の汎用コンピュータである日立の HITAC 150 を日本電気の ACOS システム 450 へと変更，1987 年 1 月には ACOS システム 610 を増設した上で，同年 4 月に「住民情報漢字オンラインシステム」の開発を始めた（自治大臣官房情報管理官室編 1980, 406; 自治大臣官房情報管理官室編 1985, 628; 自治大臣官房情報管理官室編 1990, 512; 東京都板橋区企画部情報処理課編 1989, 54; 1992, 8）．要するに，これらの自治体が住民情報オンラインシステムを導入したのと同時に，東京 23 区における調達市場は完全に固定化することとなった．

こうした変化は，東京 23 区に限って生じたものではない．住民記録の管理にコンピュータを用いる地方自治体の数は 1980 年から 1990 年の間に 2 倍以上に増え，何らかの事務処理にコンピュータを利用していた自治体全体の 83.5% が住民情報オンラインシステムを稼働する状態となった．それに伴い，住民記録の電算処理に必要な日本語情報処理システムの導入率も上昇した．図 3-6 はそのことを表したものである．1990 年の段階で何らかの業務をコンピュータで処理していた 3,229 団体を対象に，どの程度の比率で住民記録の電算処理および日本語情報処理システムが導入されていたかを 1 年単位で確認してみたところ，その上昇の傾向は明らかなものであった．すなわち，図 3-4 と図 3-5 に示されたベンダーロックインの傾向は，住民情報オンラインシステムに用いられる日本語情報処理システムの導入に伴って生じていた現象として理解できる．住基ネットを導入する際にも問題となったメーカー独自の日本語文字コードが，ベンダーロックインの傾向を一層強めたのであろう．

このことから，二つの可能性を見出すことができよう．第一に，住基ネットを導入する段階で問題となったメーカー独自の文字コードは，各自治体が住民情報オンラインシステムを導入した当初からメーカーの変更に大きな制約を加えていた可能性が高い．第二に，メーカー側にとって，文字コードの独自開発

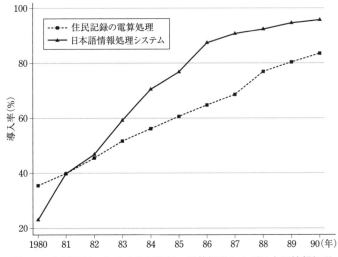

図 3-6　市区町村における住民記録の電算処理および日本語情報処理
　　　　システムの導入状況
出典：自治大臣官房情報管理官室編（1990）；情報政策研究会（2000）

は契約を維持する戦略として認識されていた可能性が考えられる[18]．そもそも，JECC の発起人となった 7 社のコンピュータ・メーカーが，まだコンピュータの商品化に関する明確な見通しも立っていない段階でコンピュータ開発に取り組むことができたのは，政府調達市場からの安定的な需要が保障されていたからである．だからこそ，それらの企業はグローバルな競争に最適化した戦略よりは，最初に分割した政府調達市場の取り分を維持・拡大することに注力し，その目処が立たない場合は事業から撤退する道を選んでいたのであろう．そうした戦略は，政府調達市場に依存する総合電機メーカーであるからこそ実現できたものであり，政府調達市場の分割をもたらした通産省の政策なくしては選択され得なかったはずのものである．

---

[18] 例えば，東京都足立区に汎用コンピュータを納入していた日本電気は，同区において漢字オンラインシステムの検討が始まった 1983 年の段階から「足立区コンピュータ高度利用及び OA 化推進専門部会」に参加し，技術的な面での主導権を取って，自社の既存の自治体関係ソフトのノウハウを伝達した（足立区職員労働組合・東京自治問題研究所編 1985, 18-23）．

以上の検討によって，国産コンピュータ産業の育成を目指した通産省の政策は，日本の国内市場における国産メーカーの躍進を促すことには成功したものの，その延長線上で進展すると期待された行政の効率化をむしろ妨げる結果を残したことが明らかとなった．国の政策に従い，コンピュータの早期導入に踏み切った地方自治体は，互いのコンピュータ利用状況を参照しながら住民管理の電子化を広めた一方で，次第にベンダーへの依存度を高めて独自のシステム開発を続けるようになったため，住民管理の集権化から遠ざかることになってしまったのである．

小 括

本章では，情報技術を効率よく使いこなすという論理を掲げるだけでは，国民番号制度のように住民管理の集権化を実現できる仕組みを築くことはできないことを確認した．コンピュータ技術が本質的に集権的な制度を「必要とする」ことを示す根拠は決して定かではなく，その技術を設計・編成する過程では産業政策の展開に伴う政治的な考慮が加わっていたのである．コンピュータ産業政策の意図せざる結果として発生したベンダーロックインは，むしろ住民管理の分権的な性格を強化するのに寄与した．

これまで行政組織の非効率的な情報化の実態を批判してきた政治エリートたちは，行政組織に対する情報技術産業の影響力が強すぎることを指摘しながらも，その巨大な影響力がなぜ生じたかを突き止めることは行ってこなかった．それは，国産コンピュータ産業を育成するのに成功した産業政策に対する賞賛と，インターネット発明以後の情報化に追い付かない行政組織への批判が別々に展開されてきたためである．そこで本章は，1960年代の行政改革とそれに臨む地方自治体の姿勢を検討することで，この二つの議論を統合しようと試みた．

地方自治体におけるコンピュータの導入とその利用状況を記録してきた様々な刊行物が物語っているのは，多くの政策は意図した通りの結果だけを生み出すわけではないということである．国産コンピュータ産業を優遇する制度を設けた通産省が意図していたのは，政府調達市場で寡占的競争を繰り広げる国産

メーカーの養成ではなく，貿易自由化後もグローバルな市場で競争できる国内産業を育成することであった．その一方で，産業政策よりも行政改革を意識して国産コンピュータを導入した地方自治体は，自治体同士の活発な情報交換を通じて行政事務の効率化に努めてきたにもかかわらず，ベンダーロックインが発生することを防げなかった．すなわち，経済主体に対する国家の統制を強化するために開始された産業政策と，それが生み出した諸制度が，長期的には住民管理の集権化を妨げる働きをしたのである．

　これまでの本書の議論は，制度変化に注目した第1章，政治主体の利害関心に焦点を当てた第2章を経て，科学技術社会論的な議論を展開した本章に至るまで，日本の事例を中心的に取り上げてきた．次章では，日本の外に目を向け，日本の統治下で導入された戸籍制度から国民番号制度へ至る急進的な制度変化を経験した韓国の事例を取り上げる．

第4章　韓国における国民番号制度の成立

　ジョージ・オーウェルの小説『一九八四年』が，ソ連の国家社会主義を批判するために書かれたことは広く知られている．オーウェル自身は，この小説を通じて，いかなる社会にも監視社会の悲劇が訪れ得ることを強調したかったはずである．だが，冷戦下のアメリカにおいて，この小説は「反共のパンフレットであるかのごとく」受け止められた（Orwell 1949, 564; ピンチョン 2009, 483-484）．監視社会の恐怖を共産主義批判に直結させる反共主義者の姿勢は，あたかも資本主義諸国では社会に対する国家の監視が自制されてきたかのような印象を抱かせる．

　しかし，権力行使の手段として監視の道具を用いる国は共産主義国家に限らない．理論的に考えれば，共産主義国家は，その成立の前段階における革命の過程で既存の制度を一掃する機会を得るため，市民社会の秩序を反映しない中央集権的な制度を資本主義国家よりも容易に導入できるかもしれない．だが，この考え方は，資本主義国家の中にも，植民地支配や軍事占領などによって外生的でかつ急激な制度変化を経験した国々が存在することを見逃している．この章では，そうした国々の一つである韓国を取り上げる．今日，韓国に暮らす人々の生活に深く浸透している国民番号制度の成立は，植民地支配と冷戦の経験を抜きに語ることはできない．

　本章では，韓国における住民管理の仕組みが，植民地統治期から第二次世界大戦の終結と冷戦期を経る間に，いかなる変化を遂げてきたかを検討する．第1節では，戸籍制度の漸進的発展が見られた日本とは対照的に，韓国の戸籍制度が持っていた住民管理の機能が国民番号制度に移転されることとなった理由を解明する．第2節では，日本の植民地統治から解放された韓国が，今度は冷戦期における激しい政治的・社会的変動を経験する中で，国民番号制度の前身となる身分証明書が住民管理の手段として登場したことを明らかにする．第3節では，身分証明書を用いる新たな住民管理の手段が制度化を果たした理由を

解き明かし，その後に生じた行政機能の拡大過程を，国民番号制度の導入に失敗した日本との比較において検討する．

第1節　植民地時代の住民管理

1．近代的な戸籍制度の成立

　日露戦争後に大韓帝国の保護国化を進めた日本は，1905年に統監府を設置し，1909年に「民籍法」を制定させた[1]．これが，韓国に初めて導入された近代的な戸籍制度である．同法の制定に伴い，定期的な戸口調査の実施を定めるに止まっていた従来の戸籍制度は，記載事項の改定など継続的な管理の手続を定める制度へと変化した．それまで身分の確認に用いられてきた「四祖」と職業の記載は，封建的な身分制度の廃止を反映するべく戸籍簿から削除され[2]，戸主との関係や出生順位などの記載が加わった．こうして，戸籍制度は「家」を基本単位とする身分公証制度として位置付けられることとなった（崔1997, 187-194）．

　日本の戸籍法と同様に「本籍主義」が採用されたのも，この民籍法からである（崔1996, 177）[3]．現実の居住集団ではない血縁集団としての「家」を捉えるための本籍主義は，戸籍には記載されない現実の世帯の把握を困難にする．このことは，朝鮮人に対する徴兵が実施される以前にはさほど問題にならなかったものの，1937年の日中戦争勃発と共に戦時体制が強化されると，朝鮮人に対する徴兵制実施を目的とした戸籍制度の整備が求められるようになった（姜2001, 266）．そこで，本籍外に居住する者の把握を目的とする「朝鮮寄留令」が1942年に成立した．

　1910年に日韓併合が行われた後，1923年には民籍法に代わる「朝鮮戸籍令」が制定された．この時，日本の戸籍法が適用されるのではなく，朝鮮独自の戸籍令が制定されるようになった理由を明らかにするためには，日本の帝国的法

---

[1]　民籍法が制定される前の戸籍制度は，「戸口調査規則」に基づいていた．
[2]　四祖とは，父，父方の祖父，曽祖父，母方の祖父を総称する言葉である．
[3]　日本の戸籍法が本籍主義を採用するようになった理由に関しては本書の第1章を参照．

第1節 植民地時代の住民管理

制の基本構造に触れておく必要があろう．浅野豊美の分類に従えば，「外地」に施行された法律は三つの法令形式で構成されていた．第一に，総督が主導し，内閣総理大臣もしくは主務大臣を経由して勅裁を経て，上奏・公布する「制令・律令」がある．朝鮮では「制令」，台湾では「律令」の語が用いられた．第二に，既に内地に施行されている法律を，内閣と総督府の協議を経て上奏・公布する「勅令によって外地に施行された内地の法律」がある．第三に，総督府と内閣が法案をまとめて帝国議会に提出し，議会の協賛を得て上奏・公布する「外地のみ，あるいは帝国全土に施行する目的で制定された法律」がある．これらの法令形式のうち，朝鮮で主流となったのは第一の制令であった．朝鮮総督の場合，天皇への上奏権が与えられたこと，武官総督が継続的に任命されたことに見られるように，内務大臣や拓務大臣の監督下に置かれていた台湾総督に比べて大きな権限を持っていたため，多くの立法が総督の主導する制令の形式を取っていたのである（浅野 2008, 313-316）．

制令の大きな特徴は，日韓併合以前の「旧慣」を「依用」する規定が多く見られることである．これには旧慣を尊重するという名目が与えられていたものの，その実態としては朝鮮人のみに対する属人的制限を設けるという目的があった．例えば，日本と同様の国籍法を朝鮮に適用した場合，抗日運動を展開する亡命朝鮮人が日本国籍から離脱すれば取り締まりが困難となるという理由から，朝鮮人に対しては，国籍離脱の規定を有する国籍法ではなく，古来臣民の脱籍の自由を認めない旧慣が適用された．近代国家を自称する日本が，「文明国」のスタンダードを外れて外国への帰化を禁じる規定を設けるわけにはいかなかったからである（小熊 1998, 154-161; 浅野 2008, 324-327）．

朝鮮戸籍令もこうした制令の形式を取る法令であった．親族・相続の規定を「旧慣」に「依る」とする朝鮮民事令の手続を規定した戸籍令は，当然ながら朝鮮人のみを対象として制定された．注意すべきは，内容面においては，朝鮮戸籍令と日本の戸籍法が非常に類似していたという点である．戸籍令の制定に伴い，戸籍における身分上の地位の変動は，従来のような行政的な裁量ではなく，法律に基づいて処理されることとなった．戸籍令2条は，「府尹」，「邑面長」といった行政機関が所管する戸籍事務に対して，その監督を司法部門の管轄とし，身分公証事務が管轄地方法院長の責任下で行われることを定めた（崔

1997, 191).

　このように，内地の戸籍法の内容をほぼ踏襲していた朝鮮戸籍令は，法令形式が朝鮮人だけを戸籍簿に登録するという「属人的法体系」を取っていたことの結果として差別の問題を孕んでいた（浅野 2008, 328-330）．こうした見方は，戸籍令こそが「異法人域の存在を帝国法制上で代表する目印」であるとする浅野の評価や，朝鮮人を国内的に「日本人」から区別する方策として戸籍令を捉える小熊英二の見解に示されている（浅野 2008, 328; 小熊 1998, 159）．しかし，日本の戸籍法と朝鮮戸籍令における形式の違いではなく，両制度の内容に焦点を当てて比較を行う場合は，これらの議論とは大きく異なる見方が引き出されることもある．例えば，植民地朝鮮における戸籍制度の変化に注目した木村幹は，1919年の三・一独立運動を契機に警察力と軍事力による住民管理の限界を痛感した日本が朝鮮半島の内地化を進める過程で，朝鮮戸籍令はそれを実現する手段として導入されたことを強調する．その主張に従えば，朝鮮戸籍令の制定は，治安維持を主な目的とする既存の「過渡的」な制度を，内鮮融和のための「通常」の制度に切り替える動きであり，徴兵制の導入を進める段階で始まった朝鮮寄留令の実施は，内地化がほぼ完成されたことを意味する出来事として位置付けられる（木村 2007, 6-13）．

　本書は，韓国の戸籍制度が日本とは異なる歴史的発展経路を辿ってきたという認識に立っている．このことは，本書の議論が，後者よりも前者の見方を踏まえて成り立っていることを意味する．以下では，市民権が制限されていた植民地朝鮮において末端の戸籍事務を担っていた主体に注目し，戸籍制度の運用における内地と外地の違いを明らかにする．

2．内地と外地の差異

　今日，日本の住民管理行政は戸籍制度に基づいているのに対して，韓国では住民登録番号制度が住民管理行政の根幹に位置付けられている．その理由に関して，大西裕は両国の社会的流動性の程度の違いに焦点を当てて説明を行っている．その説明に従えば，韓国では，植民地時代から朝鮮戦争まで続いた激しい社会変動により村落共同体の伝統的社会集団が凝集性を失い，その結果，分散した個人が宗教，学閥，徴兵同期生，地域閥などの重層的なネットワークで

第1節　植民地時代の住民管理

結ばれるようになった．そのため，「家」を基底として人を把握する戸籍制度よりは，個人を基本単位とする住民管理の仕組みが必要となり，個々人に番号を付与する住民登録番号制度が成立した．逆に，戸籍制度が定着するまで激しい人口移動が発生しなかった日本においては，膨大な数の個人を管理の対象にしなくても，「家」を押えさえすれば住民管理を実現することができたというのが大西の説である（大西 1994, 138-169）．

　しかし，まだ疑問は残る．植民地朝鮮に見られた国家と家との関係が日本ほど強固なものではなかったとはいえ，植民地支配において戸籍制度は一定の役割を果たした．その戸籍制度が，解放を迎えた韓国において，社会的流動性のゆえに機能不全に陥ったとは考えにくいのである．日韓の戸籍制度が共に採用した「本籍主義」は，人々の実際の居住地を正確に把握するには適さないとしても，社会的流動性への対応能力は本来高いはずである．日本の戸籍制度における本籍主義が，日本人の境界を画定する上で大きな役割を果たしたのと同様，解放後の韓国でも，日本が残していった戸籍は南北の単独政府樹立の過程で国籍の得喪を決める目印として活用された．1948年に制定された韓国の国籍法は，韓国国籍所有者の条件として植民地支配下の戸籍に登録されていることを公式に定めたわけではなかったが，韓国政府がその最初の国民としてみなした人口は，植民地期最後の戸口調査によって1943年に把握された約2440万人という数字とほぼ一致する．韓国国会の常任委員会である法制司法委員会は，植民地支配下で海外に亡命した人々の国籍に関する検討を行った際に，植民地期以前の大韓帝国時代の規定を尊重しながらも，植民地時代の戸籍が国籍の得喪の手続に用いられたことをはっきりと認めている（李・李 2009, 173）．

　従って，大西の説明のように，韓国の住民管理行政の基盤が戸籍制度から住民登録番号制度へと移行した原因を，解放後における戸籍制度の機能不全に求めるとしても，その機能不全が社会変動の激化によって引き起こされたと理解するのは妥当ではない．解放に伴う在日朝鮮人の帰還と日本人の引き揚げ，さらには朝鮮戦争中の避難に伴う急激な人口移動が，戸籍簿と寄留簿の正確性を損ねたとしても，当時は日本政府も同様の状況に直面していた．両国の違いは，社会的流動性の程度よりも，むしろ正確性を失った戸籍制度に対する政府の態度に表れる．すなわち，日本政府が，1951年の住民登録法制定の際に浮上し

た戸籍不要論に対して強い拒否反応を示し，戸籍と住民票を連携させるべく戸籍の附票を導入したのに対して，韓国政府は戸籍制度に対してそれほどの執着を見せなかったのである．

というのも，日本の国家にとって家制度は，戸籍行政に安定をもたらしたもの以上の意味を持っていた．日本の近代国家は，その前提となる住民把握に限らず，その維持に関わる徴税・徴兵を行うにも家制度に頼らざるを得なかったからである．第1章で述べたように，家制度の中心にいる戸主は，明治中期に至るまで免役や参政権といった権利を享受し，それと引き換えに，徴税・徴兵制度における末端の行政機関に相当する役割を果たした．このことに鑑みれば，日本で見られたような国家と戸主との関係が韓国では見られなかったのは，社会的流動性によるというよりも，内地人と外地人の区別に伴う行政機能の限定的発展に起因すると理解するべきであろう．特に，朝鮮人に対する徴兵義務の免除は，1943年に朝鮮人に対する徴兵制が実施されるようになるまで，朝鮮人の帝国議会への参政権を制限する根拠となっていたため，日本の国家が内地人戸主に与えた権利を，朝鮮人戸主に与える余地は生まれなかったと言えよう．

そのような状況下で，植民地朝鮮における末端の行政事務は，住民組織である「洞・里」に付与されることとなった．1914年に「府・郡・面制度」を改正した朝鮮総督府は，郡と面を統廃合し，行政機関の最も末端の組織である面の下に，面の行政事務を補助する住民組織として洞里を設置した（朴 1997, 155-156）．ここでの洞里は，朝鮮後期に存在していた自然発生的な村落ではなく，地方行政改編の際に統廃合を経て生まれた新しい洞里である[4]．旧洞里が独自の事業を起こす能力を有していたのに対して，新洞里は行政機関の意思を末端の村落に伝達する中間組織に過ぎないものであった（金 2003, 19-25）．換言すれば，洞里は，植民地政府が旧来の村落秩序を破壊して新たな秩序を築く上で，行政と住民をつなぐ役割を担う主体を必要としたがゆえに設置されたものなのである．

ここで注目すべきは，日本においては1884年に戸長の任命方式が官選に変更され[5]，その後に戸主に対する免役制・猶予制や税法上の特殊な地位も廃止

---

[4] 平均2.3個の旧洞里を統合したものが一つの新洞里となった．自然村落であった旧洞里には，「自然部落」という名称が与えられた（金 2003, 19-22）．

第1節　植民地時代の住民管理

されたのに対して，植民地朝鮮においては行政の外に設置された住民組織である洞里が，植民地統治の全期間を通じて末端の行政を担い続けたことである．戸籍制度に関しても，法令の定める戸籍事務の所管機関は「府尹」，「邑面長」といった行政機関であったにもかかわらず（崔 1997, 191），実際の制度運用は洞里がその多くを担っていた（朴 1997, 155-161; 金 2009, 39-65）．このことは，総督府による地方行政改編が住民の実生活と大きく乖離していたことを示すと同時に，植民地統治期を通じて，戸籍制度と行政サービスの結びつきが殆ど確立されなかったことを意味する．

　行政機能の拡大を通じた便益の提供が制限されていたことから，洞里に末端の行政事務を担わせる仕組みを定着させるためには，内地とは異なる工夫が必要であった．当初，地主を始めとする有力者たちは，洞里長の役職が末端行政の下働きの印象を強く持つことを理由に，それに就くことを敬遠していた．また，洞里長の地位も総督府の思うようには明確に確立されず，植民地統治下で新たに設定された地位と，旧来の村落共同体で遂行されていた役割が混在する状態がしばらく続いた．すなわち，戸籍事務や徴税など行政の補助的事務を遂行する役割とは別に，有力者たちの指揮の下で行われる洞里の公共事業を洞里長に任せる旧来の慣習が残存し，洞里運営の二元的な構造が成立していたのである．そこで，統治の効率を高めるために総督府が踏み込んだのが，有給職であった洞里長の廃止と，無給の名誉職としての「区長（區長）」の新たな設置である（尹 2006, 81-87）．

　総督府は洞里内の有力者の協力を取り付けるべく区長を設置したものの，それも最初から本来の目的を達成したわけではない．両班を初めとする伝統的な支配勢力は，総督府とは異なる秩序を構想し，新たに導入される諸制度に対して拒否感を抱いていた（朴 1997, 157）[6]．それに加え，開港期以後に成長してき

---

5) 戸長の任命方式が選挙から県庁の任命による官選に変更されたことは，戸長が市民社会の領域から完全に切り離され，行政の側に属するようになったことを意味する．詳しくは，本書の第1章を参照．
6) 朝鮮時代の地域社会を意味する「郷村（鄕村）」社会は，その地域に土地を持つ両班によって支配されていた．封建的な支配層と言うべき地域の両班は，中央政府に進出した両班と区別して，「在地士族」と称される．16世紀までは，「郷会（鄕會）」という郷村権力機構を在地士族が掌握していたため，両班は地方官庁の下級官吏である「郷吏（鄕吏）」

た在地地主は，賦役などの収奪を逃れようと，都市部に流れて不在地主になることが多くなった．1920年代以後，農村の指導者として総督府の政策を忠実に実行する「中堅人物」を「養成」するために「普通学校卒業生指導事業」などの政策を総督府が打ち出したことには，こうした事情が反映されていた．中堅人物として養成された資産家や自小作農は，区長になることもあれば，官製の団体である「農村振興会」の会長を務めることもあった（金 2003, 30, 84-86）．農村の経済状況を改善する目的で設置された農村振興会が[7]，戸籍編製を支援するなど，末端の行政事務を個別の農家に伝達する役割をも果たしていたことは，中堅人物を利用して住民の生活の隅々にまで支配を貫徹させようとした総督府の意図を明らかに示している（金 2003, 337-338）．都市部においても，住民組織を支配に用いる総督府の戦略は例外なく実行されていた．例えば，今日のソウル特別市に当たる京城府では，末端の行政事務の補助的な役割を担う民間人として「洞総代（洞總代）」が設置されていた[8]．住民が選出していた洞総代は，その殆どが地域土着の有力者であった（金 2009, 65-96）．

　住民の手で選ばれた区長と総代は，行政側の仕事を遂行すると共に，行政に対する住民側の「外交機関」としての役割も期待される困難な仕事であった．住民の立場を考慮せずに行政の指針を文字通り実行する区長に対しては，「区長排斥運動」がしばしば展開された（金 2003, 339）．それにもかかわらず，一定数の人が区長や総代となって植民地統治に協力していたのは，封建的な身分秩

と住民に対して，中央政府から自立した支配権を行使していた．しかし，17-18 世紀になると，在地士族の物質的な基盤が掘り崩され，強い経済力を持つ「新郷（新鄕）勢力」が新たな社会階層として台頭した．中央政府はこれらの新郷勢力を利用して，在地士族の支配権を弱体化させることに努めていたため，日本の植民地支配が始まる前から，郷会の権威は徐々に崩壊していたと考えられる（李 1996, 68-76）．

7) 1929 年に始まった世界大恐慌は植民地朝鮮の農村経済にも大きな打撃を与え，困窮した生活に追い込まれた小作農による農民運動が激化していた（金 2003, 60-73）．

8) 総督府が実行していた民族隔離政策により，朝鮮人と日本人とは互いに異質な住民集団を形成し，異なる地域に集中して居住していた．例えば，京城においては，清渓川を中心にして，それより南の方は日本人の，北の方は朝鮮人の居住地となっていた．本文で言及した洞は，朝鮮人の居住地における住民組織を称していたものであり，日本人の居住地においては「町」がそれに当たるものとなる．この名称に従って，洞の代表は「洞総代」，町の代表は「町総代」と呼ばれていた．ただし，1936 年から 1946 年までは，それらの名称が「町」に統一されていた（金 2009, 53-58）．

序に基づかない新興勢力にとって，行政体制に編入されること以外に，その勢力基盤を確保できる手段が存在しなかったためである（尹 2006, 113-114）．農村部の新興勢力は，区長を経験した後に有力者としての地位を強固にし，都市部では総代を経て議会に進出する有力者が増えていった．例えば，京城府議会においては，総代出身の議員が徐々に増え，1930 年代後半の段階で議会の約半分を総代出身が占めることとなった（尹 2006, 114-115; 金 2009, 96-100）．

　しかし，行政機能の拡大が制限されていた植民地朝鮮において，旧社会秩序を否定するような住民管理の仕組みを定着させるには限界があった．洞里の住民組織は，旧来の村落秩序を破壊して新たな秩序を築くために設置されたにもかかわらず，特に農村地域では洞里財産が廃止されないまま村の連帯性が維持されていた．この問題が浮き彫りになったのは，1937 年の日中戦争勃発と共に戦時体制が始まった時である．国税や各種公課金・寄附金の取り立て，食糧の増産・供出，統制物資の配給，労務の動員・調整，そして徴兵制実施に向けての戸籍の整備など，行政事務の量的増加が著しい中，これに対応するために植民地政府が行ったのは，無給の名誉職であった区長を有給職に転換し，その数を増加させることであった．1936 年から 1940 年にかけて，30,937 名から 32,825 名へと増加した区長の数は，そこからさらに急増し，1943 年には 51,618 名に至った（姜 2001, 265-266; 尹 2006, 88-90）．

　ここで重要なのは，このように急増した区長が，行政区域としての洞里ではなく，植民地期以前からの自然村落である旧洞里に配置されたことである．当初，二つの洞里に一人の割合で置かれていた区長は，戦時体制が強化されていくにつれて，自然村落としての旧洞里ごとに設置されるようになっていった．このことは，旧来の地域社会の秩序に頼らずには，戦時体制下の軍事動員を実現できなかったことを意味する．区長および総代は，1940 年に総力戦体制を支える全国組織として設置された国民総力朝鮮連盟の町洞里部落連盟理事長としても位置付けられ，連盟の最下部を支える役割をも果たすこととなった．すなわち，内地の部落会・町内会に相当する組織の役割を与えられたのである．その下には，内地の隣組に当たる実働部隊として愛国班が設置された（姜 2001, 266-269）．

　戦時体制下で供出と同時に行われた食糧および日用品の配給は，洞里の住民

組織と住民の間をより強く密着させた．例えば，京城府では 1940 年 5 月から米穀の配給が始まり，1942 年には配給の対象が生活必需品全般に拡大した（金 2009, 145-146）．農村においても，1941 年から靴とタオル，肉類，石鹸，燃料などの配給が実施され，1943 年からは「自家保有米制度」の導入によって自家消費用以外の米はすべて供出対象となり，米穀の流通は完全に統制されるようになった（李 2004, 825-826）．そこで配給の担い手となったのが洞里であり，人々はそれを離れては生活を維持できなくなっていた．1909 年から 1910 年の間に実施された民籍調査で把握された人口が約 1300 万人だったのに対して，1943 年の戸口調査で約 2440 万人の人口が把握されたのは，年 1-2% 程度と推定される当時の人口の自然増を勘案するとしても，人々の生活において住民組織と行政の存在が大きくなっていったことを示していると考えてよいであろう（朴・徐 2003, 67-74, 117-121）．

　以上の検討で明らかになったように，日本統治下で行われた住民管理と人的・物的資源の動員は，その統治の全期間にわたって，市民権の付与に伴う行政機能の拡大ではなく，最低限の生存の保障との引き換えによって実現したものであった．また，その住民管理の仕組みを支えていた住民組織は，行政事務の遂行に関わる諸制度の運用よりも，植民地体制の下で勢力基盤を確立することに関心があった．だからこそ，戸籍制度は，解放と同時に運用の担い手を失い，機能不全に陥ったのである．その後，戸籍制度における住民管理の機能は，国内外の情勢の変化に伴い，新たな管理の手段によって置き換えられていく．

　次節では，植民地統治の末期から朴正熙政権下で「住民登録番号」が導入されるまで，戸籍制度がどのように変化し，その変化の過程でいかなる住民管理の手段が生まれたかを確認する．

第 2 節　住民管理の新たな展開

1．制度の置き換え

　解放後の韓国で見られた住民管理の新たな展開を説明する上では，「制度の置き換え（displacement）」という概念が参考になる．第 1 章において，日本

の戸籍制度の変化を説明する際に用いた「制度転用」および「制度併設」という概念が，漸進的な制度変化のメカニズムを説明するものであるのに対して，「制度の置き換え」は，既存の制度が衰退し，その代わりに新しい制度が登場する急進的な制度変化を説明する概念である．制度の急進的な変化は，短期間で生じることもあれば，長期の過程を経ることもあり，従来の制度の下では権力を発揮できなかった主体によってもたらされることが多い（Mahoney and Thelen 2010, 16）．このような歴史的制度論の概念を用いて，以下では，植民地朝鮮で生まれた戸籍制度から，国民番号制度と言うべき「住民登録番号」制度へと住民管理の機能が移転した経緯を検討する．

制度の置き換えが生じる過程を，植民地統治期から朴正煕政権期にかけての長期の過程として捉える本書の立場からすれば，権威主義体制の成立と国民番号制度の導入との間の因果関係はさほど重要な事柄ではない．確かに，1968年の「住民登録法」改正を通じて，国民番号（住民登録番号）と身分証明書（住民登録証）の組み合わせによる住民管理の仕組みを制度化したのは，軍事クーデターで権力を奪取した朴正煕政権である．住民登録法が初めて制定されたのも，軍事クーデターを成功させた朴正煕が大統領の権限を代行し始めた直後の1962年5月であった．だが，こうした法制化の過程は，戸籍制度の持っていた住民管理の機能が住民登録番号制度へと移転されていく制度変化の全過程の中で生じた最後の出来事に過ぎない．その制度変化の過程では，制度化までに至らなかったか，あるいは地方レベルでしか制度化されなかった多数の住民管理の手段が登場していた．それらの管理手段の登場と共に，従来の戸籍制度は，それが本来有していた住民管理の機能を徐々に委譲し，1960年における「新戸籍法」の公布を以て，「個人の身分関係に関する登記制度」としての機能のみを担うことになった（崔1997, 194）．こうした経緯は，日本とは対照的である．日本においては，1951年の住民登録法制定の際に，戸籍と住民票との連携を保たせるべく「戸籍の附票」が設けられ，戸籍制度の持つ住民管理の機能が維持されたのに対して，韓国の住民管理行政は国民番号制度をその根底に置く仕組みへと移行したのである．

こうした日韓の違いを説明するため，ここでは二つの点に注目する．第一に，解放後の韓国において統治の基盤を確立するためには，既存の制度の運営を引

き継ぐよりも，人的・物的動員に必要な住民組織を掌握する必要があったことを確認する．解放以前の国家と住民との関係が，市民権ではなく，食糧配給を始めとする最低限の生存保障によって結ばれていたからである．第二に，市民権の付与に伴う行政機能の拡大が十分に行われていない場合，その逆の場合に比べて，国民の再定義に用いられる新たな住民管理の手段が容易に導入できてしまうということを明らかにする．冷戦が深化していく局面で導入された身分証明書は，反共イデオロギーを用いて国民を再定義するための手段にほかならなかったのである．

2.「洞籍」と「登録票」の出現

戦時体制下の植民地朝鮮で徹底した住民管理が可能だったのは，供出と配給の末端を担う住民組織の人員を大きく増加させたからである．換言すれば，市民権が制限されていた植民地朝鮮においては，統制経済の下で行われた供出と配給が，国家と住民とのつながりを保つ基礎となっていた．だからこそ，日本が去っていった後の朝鮮半島で他の政治主体が権力基盤を築くためには，既存の制度の運営を引き継ぐことよりも，食糧および生活用品の配給に必要な動員力を手に入れる必要があった．

それを最も早く実行したのは，中道左派および共産主義者が中心となって1945年8月16日に結成した朝鮮建国準備委員会（建準）である[9]．混乱が予想されていた解放直後の韓国において，建準の活動による秩序の維持が可能だったのは，植民地支配下で結成された住民組織を動員して食糧配給を継続させたからである．例えば，ソウルにおいては既存の町会と愛国班の仕組みを活用し，全京城町総代連合会という協力機関を結成した建準は，在朝鮮米陸軍司令

---

9) 当時の政治指導者の中に共産主義者が多く含まれていたことを，世界的な情勢やソ連の影響を受けた結果であると解釈することは適切ではない．植民地統治から解放された韓国において政治的な正統性を示す最も強力な基準は，植民地統治下における経歴であった．右派勢力の多くが植民地統治に協力した経歴を持っていたのに対して，多くの共産主義者は政治犯として収監されていたことが，解放後の政治の動向を決めていたのである（Cumings 1981, 121）．このような韓国の共産主義は，インドネシアの共産主義者の奉ずるナショナリズムに似たような特徴を持つ（Anderson 1993, 3-6）．植民地支配下で独立を望む多くの人は，独立を導く理念として共産主義を捉えていたのである．

第 2 節　住民管理の新たな展開

部軍政庁（米軍政）が同年 10 月に食糧配給を解除するまで安定的な食糧配給を行った（金 2009, 207-215）．

　こうした住民組織の掌握による食糧配給が当時の韓国における最も重要な権力基盤であったことは，建準の活動に対する米軍政の行動に明確に表れている．1945 年 9 月 7 日に韓国に進駐した米軍がまず行ったのは，建準の政治的権力がこれ以上拡大しないように，統制経済を市場経済へと移行させ，食糧配給を廃止することであった．しかし，食糧統制の解除は，都市部における米価の暴騰と米闘争，それによる米軍政の危機という結果をもたらした．そこで，米軍政は 1946 年 5 月に経済統制令を公布し，それまで住民組織を使って米問題に対応してきた左派勢力からその動員力を奪い取る行動に踏み切った．同月 15 日，朝鮮共産党員が偽札を発行したことを摘発された「精版社偽造紙幣事件」をきっかけに左派勢力に対する弾圧を始めた米軍政は，それまでソウルの住民組織をまとめていた町会連合会組織を解体した後，親米的な右派勢力を取り込んで京城府町会連合会という新たな組織を結成した．同年 8 月にはソウル市の行政力を強化するべく特別市への昇格を行い，市内の行政区域の名称変更を通じて，1936 年から「町」に統一されていた末端区域の名称を再び「洞」に戻した（金 2009, 222-262, 271-272）．

　本来，米軍政が実現したかったのは，住民の自治機構としての性格を帯びる洞会を廃止して，その代わりに市の出張所を設置することであった．しかし，この計画は，洞会からの激しい反対に直面したため，1949 年の地方自治法に基づいて洞長が設置されるまで実現に至らなかった．そこで米軍政は，洞会長が任意で作成していた「洞籍簿」による住民管理に，「登録票」という身分証明書の形式を取る新たな仕組みを加えることとした．住民組織の人員を左派勢力から右派勢力へと取り替えてみたところ，今度は洞会の権力乱用による幽霊人口の大量発生が問題となったからである．洞会の右派勢力は，実際には存在しない人口を洞籍に記録し，その虚偽申告によって手に入れた配給票を転売して政治資金にしていた．例えば，右派勢力の実働部隊の一つであった西北青年団は，この方法を利用して会員を 20 万人にまで増やした．こうした状況下で実現した登録票の導入は，幽霊人口を減らすのに大いに役に立った．1947 年 4 月から行われた登録票の発給を機に，居住者登録を実施して洞籍簿を整備し，

家族単位の米穀通帳を個人別の米穀通帳に変更したからである．登録票制度は，開始から1カ月も経たないうちに10万名程度の幽霊人口を発覚させ，その有効性を示した．もちろん，その運営の担い手となったのは，それまで洞籍を管理してきた洞会である（金 2009, 271-291）．

この時から1962年に住民登録法が成立するまで，韓国の住民管理行政は，登録票制度の実施と共に整備された洞籍に大きく依存した．このことは，朝鮮寄留令を引き継いで1962年に制定された「寄留法」が，わずか数カ月で「住民登録法」に置き換えられる過程の中ではっきりと示された．住民登録法案の審議が行われた1962年4月27日の国家再建最高会議常任委員会で同法の趣旨説明を行った李啓純(イゲスン)内務部次官は，戸籍，寄留，洞籍の中で洞籍が最も正確であるため，住民登録法の制定を通じて洞籍にも法的根拠を付与し，司法の所掌である寄留法は住民登録法が吸収して行政の所管にすべきであると述べている[10]．食糧配給と結びついていた洞籍は，当時の最も実質的な住民管理の手段だったのである．

3．冷戦と身分証明書

登録票に始まる身分証明書の登場は，それが韓国の国民を再定義するのに利用されるようになった点においてとりわけ重要である．そうした傾向は，単独政府樹立のために1948年5月に予定された総選挙を前にして明らかとなった．選挙に反対する勢力による選挙妨害や住民の選挙ボイコットを防ぐため，同年4月にソウルの各洞会の下で組織された「郷保団（郷保團）」は，警察の指揮監督に従ってすべての住民を投票所に向かわせるという任務を遂行した．このような住民監視を目的とする実働部隊は，政府樹立後も続いた反政府抗争を鎮圧する過程で，「愛国連盟」，「義勇消防隊」，「大韓婦人会」といった名称を付けて雨後の筍のように増えていった．郷保団は，「共産系列の悪質分子たち」の政府転覆を防ぐという目的を掲げて，1948年10月に「民保団（民保團）」へと名称を変更すると同時に合法化された（金 2009, 292-312）．

これらの組織にとって身分証明書は，共産主義者を摘発する上での格好の手

---

[10]　國家再建最高會議常任委員會會議録，1962年4月27日．

段であった．ここで確認しておくべきは，このような展開が日本においては生じなかったことである．終戦直後の日本では疎開地域への食糧切符の移動証明書の発行を抑制し，人々の移動を制限するようなことは行われていたものの[11]，このような制度が国民を再定義する手段へと変質することはなかったのである．食糧および生活用品の配給以外に住民管理の基盤を持たなかった韓国とは異なり，それまで市民権の付与との引き換えによって住民管理を実現してきた日本においては，既存の戸籍制度を否定する形で国民の境界を再画定することは言うまでもなく，国民を対象とする身分証明書の導入すら難しかった．例えば，1949年に浮上した指紋押捺構想は，1951年に制定された住民登録法の審議過程で戦争動員に使われる可能性などを野党から指摘され，同法案からは姿を消すこととなった．だが，1952年の外国人登録法には同様の構想が反映され，同法に基づいて導入された外国人登録証明書には，顔写真を添付するだけでなく，指紋を押捺する仕組みも取り入れられた．指紋押捺の規定は1999年に廃止されたものの，身分証明書に基づく外国人の管理は2012年に「在留カード」へと名称を変更して今日まで続けられている（高野 2016, 203-218）．

　これに対して，米軍政の下で1947年に導入された登録票には，導入当初から国民の再定義に関わる構想が含まれていた．1947年3月12日付の『東亜日報』には，南朝鮮に先立って北朝鮮で発給されている「公民証」が，南朝鮮から侵入した者の摘発に用いられていることが報道されており，南朝鮮の登録票が北朝鮮の公民証とその名称だけを異にしていて，目的は同様であることが指摘されている．また，同年3月20日付の『東亜日報』は，安在鴻民政長官と軍政庁出入記者団との会見において，「登録票に指紋を付すのは，現在の事態が過渡期にあるため，警察捜査上での必要性からそうしたのである」という発言があったことを報道している．図4-1に示す登録票には，番号（번호），氏名（성명），住所（주소），年齢（연령），身長（신장）などを記載する欄に加え，指紋を押捺するための枠も設けられている．アメリカの軍事占領下でこのような形式の身分証明書が導入された事例は，1950年代の南ヴェトナムにも見られる（Oren 2003, 132）．

---

11) 『朝日新聞』1945年8月19日．

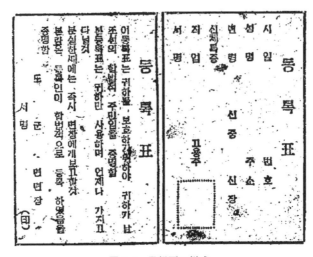

図 4-1 登録票の様式
出典：『東亜日報』1947 年 2 月 14 日

　登録票に続き，1948 年には道民証が導入され，同年に成立した李承晩政権の下ではそれらの身分証明書の適用範囲が拡大された．さらに，1950 年に朝鮮戦争が勃発すると，その過程で顔写真まで添付した市・道民証が新たに導入され，戦時中の住民管理に用いられた．このように，身分証明書が次々と登場した背景には，第二次世界大戦後の国際秩序の変動と米ソ冷戦の開始に伴う反共イデオロギーの成立があった．米軍政と李承晩政権は，共産主義イデオロギーを反国家的な思想として扱い，その思想を掲げる人々を「匪民」と名付けることで，そうでない人々である「良民」との分離を試みたのである．あらゆる個人情報を盛り込んだ身分証明書は，その分離の作業を助ける道具にほかならなかった．
　日本の外国人登録証明書が「国民」の枠から排除すべき人々に発給されたのに対して，登録票や市民証といった韓国の身分証明書は，むしろ包摂されるべき人々を対象に発給された点で大きな違いがある．韓国では，「国民」の枠の中に包摂されていた人々が，反共イデオロギーの形成と同時に「匪民」と「良民」とに分離される，国民の再定義が行われたのである．この時代を生きる人々は，食糧の配給を受けるために，さらには粛清を免れるために，新たに設

第2節 住民管理の新たな展開

定された国民の境界の中に入るべく，身分証明書に写真を貼り，指紋を押捺したのである．

このことに鑑みれば，韓国の国民番号制度である住民登録番号制度は，それを定める法制定に踏み切った朴正熙政権の力だけで成立したものではない．その新たな住民管理の形式は，解放後に生じた社会変動と国際情勢の変化の中で既に規定されていたからである．ただ，制度変化を引き起こした主体を朴政権に限定しないことが，朴政権以前の米軍政や李政権の行動をより重視することを意味するわけではない．本書は，制度の導入に直接関わった主体の利害関心よりも，第二次世界大戦終結後の国際政治における韓国の地政学的な位置に注目する立場を取る．仮に，解放後の韓国で最初に政権を握ったのが李承晩ではなかったとしても，朝鮮半島の分断とイデオロギー対立の激化は防げなかった可能性が高いと考えられるからである．

解放直後から1948年の単独政府樹立までの3年間において，韓国の政治勢力の対立軸は，外生的な要因によって大きな変化を迫られた．解放直後の段階で，各政治勢力の立場は「韓国の問題」を争点にして分かれていた．まず，1945年8月16日に建準を結成した中道左派と共産主義者は，1930年代から組織化されていた労働者と農民を中心とする厚い支持基盤を築き，1945年9月6日に朝鮮人民共和国（人共）を樹立した．「帝国主義の残骸の一掃」と農地改革を通じた不平等の是正を政策の大綱として掲げていた人共は，「日本人および民族反逆者が所有する土地を無償で没収し，それを耕作する農民に無償で分配すること」を第一に実行すると宣言した[12]．その一方で，右派勢力を中心とする韓国民主党（韓民党）は，人共に対抗することを主な目的としていたため，人共が掲げていた政策に関して消極的な姿勢を示すほかに明確な論点を提示できなかった．そもそも，朝鮮半島に38度線を引いてソ連の南下を食い止めたアメリカが38度線以南を軍事的に占領しなかったならば，右派勢力はその組織化すら困難であったのかもしれない（Cumings 1981, 68-100）．

しかし，1945年12月18日にモスクワで開かれたアメリカ，イギリス，ソ

[12) 「民族反逆者」は，日本の植民地統治に「迎合することで出世や蓄財を行ったような人々を指す」言葉であり，韓国の近現代史においては「親日派」と呼ばれることが多い（木宮 2012, 18）．

連の3カ国外相会談で,朝鮮「信託案」を含む「モスクワ協定」が結ばれると,状況は一変した．この信託案が,植民地統治下で芽生えた「純朴な朝鮮民族のナショナリズム」を政治的に利用できる機会を右派に与えたためである（李2000, 213）．ソ連に同調して信託統治に賛成した人共側の左派陣営に対して,信託統治案を押し通せば左派に一層有利な状況になると考えた右派陣営は,大韓民国臨時政府の主導で全国的に拡大した信託統治反対運動（反託運動）の波に乗って,アメリカに圧力をかける戦略を取った．当時のアメリカは,どの国よりも信託統治案の推進に積極的であったものの,信託統治に対する立場だけで親米的な右派を敵に回して左派勢力を支持することはできなかった（李2000, 231-233）．信託統治案を議論するために1946年3月に始まった第一次米ソ合同委員会が,反託運動勢力の参加拒否によって決裂すると,米軍政はしばらくの間,左右の穏健派を中心に信託統治を推進する「左右合作」運動を支持し,その勢力を自分たちの支持基盤とすることを試みたものの,運動を展開する米軍政と左派・右派政治家たちの同床異夢は長くは続かなかった．同年5月の「精版社偽造紙幣事件」をきっかけに始まった,共産主義に対する米軍政の弾圧は,同年9月のゼネストを鎮圧する過程でさらに本格化し,その弾圧による左派勢力内の分裂が生じる中で左右合作運動の中心人物であった呂運亨（ヨ ウンヒョン）が暗殺されると,左右合作運動を続けるのは事実上不可能な状態に陥った（朴2005, 84-113）．こうして,李承晩を始めとする右派勢力は,解放後の権力闘争に勝ち抜き,1948年8月に米軍占領下の南朝鮮のみにおける単独政府の樹立を実現した[13]．

ここで強調するべきは,国際信託統治に対する賛成と反対という争点が,農地改革を中心とする「韓国の問題」とは程遠かったことである．カイロ会談において,信託統治の議題を最初に持ち出したアメリカが重視していたのは,植

---

13) 木村幹によれば,信託統治反対運動を機に韓民党と李承晩が連合するようになったことには三つの理由が考えられる．第一に,両者は相互補完的な利害を持っていた．アメリカから単身で帰国した李承晩が独立運動の経歴に基づく正統性を有しながらも国内の政治的基盤を欠いていたのに対して,経済力と組織力を備える韓民党は「親日派」を多く含んでいたがゆえに,正統性を欠いていたのである．第二に,両者はその動機は異なるにせよ,共に自由な経済活動を支持する立場を取っていた．第三に,両者は共に左派勢力や臨時政府系勢力と対立する状況に置かれていた（木村2003, 108-109）．

民地の独立よりも植民地の宗主国である連合国との力関係であった．第二次世界大戦の終結に際して，朝鮮半島に38度線を引いたのも，植民地朝鮮の状況について全く把握していなかったアメリカが，自国の安全保障のみを重視して行った行為である (Cumings 1981, 101-131)[14]．韓国の人々は，その領土がアメリカとソ連の囲い込む世界の最前線に位置していたがゆえに，自分たちの生活とは関係のない論点をめぐって争い，元来は厚い支持基盤を持たなかったはずの李承晩を初代大統領として迎えることとなった．

このように，米軍政期から李承晩政権の成立に至る過程で「韓国の問題」が度外視されたことは，激しい反体制運動を引き起こす結果につながった．都市部を中心に勢力を拡大していた左派勢力の無力化を目的に食糧統制を再開した米軍政によって，食糧の供出を強制された農民たちの不満が募っただけでなく，信託統治に反対すること以外は一般民衆と何ら共通認識を持たなかった右派勢力が植民地遺産の残存を許し，農地改革を遅延させたため，多くの人々は深刻な食糧不足に悩まされていたのである．こうした状況の中で，地方に拠点を移した朝鮮共産党の主導する反政府運動が起きると，不満を持っていた民衆の反乱が一気に広まった．1946年9月に起きた大邱でのゼネストを発火点とする「10月人民抗争」の鎮圧には，警察のみならず極右青年団体が大規模に投入され，多くの犠牲者を出した[15]．民衆の抵抗に対する暴力的な鎮圧は，左右の対立をさらに激化させ，1948年の「済州島四・三事件」では，年齢や性別を問わない住民虐殺が横行する事態に至った (文 2008, 63-148)．

1948年に発給され始めた道民証は，この済州島四・三事件の鎮圧を行う中で軍部が導入したものであった．反国家的な思想を持つ者，すなわち共産主義

---

14) アメリカとソ連は，カイロ会談とヤルタ会談，ポツダム会談で信託統治に関する議論を重ねたものの，大まかな合意を形成しただけでその具体的な実行の手続を決めることはできなかった．その後，日本本土への進攻を計画し，韓国への進攻はソ連に任せていたアメリカは，信託統治に関する合意をソ連が反故にすることを懸念したため，朝鮮半島の真ん中辺りを通る38度線を基準にして，南半分を軍事的に占領することをソ連に打診した．ソ連軍は朝鮮半島全体を簡単に占領できる状況に置かれていたものの，アメリカとの合意を尊重し，南北分割に同意した (Cumings 1981, 105-122)．
15) 米軍政下で警察を握っていたのは，韓民党の中核であった「東亜日報グループ」の人々であった (木村 2003, 111)．

者である「匪民」から「良民」を保護するという導入目的を掲げた軍部は，良民とみなされる人にのみ道民証を配布した．最初は反乱が生じた地域に限って発行されていた道民証は，後に道民証あるいは国民証という形で他の地域にも導入されるようになった（金 2007, 299-301）．

　1950 年に朝鮮戦争が勃発すると，道民証や国民証のような身分証明書の導入が全国に拡大することとなった（金 2007, 302）．この戦争により，一方では国内避難民が大量に発生し，他方では反共イデオロギーが一層強化されたためである．まず，人口移動の激しさを数字で確認すると，戦争が始まって 9 カ月後の 1951 年 3 月の段階で，国内避難民の数は 600 万人を超えていた[16]．当時の韓国の人口 2000 万人の約 30％ が避難をしていたことになる．避難民が密集していた大邱や釜山などで洞会が発行した避難民証明書は，避難民に対する食糧配給と戦時中の人的・物的資源の動員に欠かせない住民管理の手段となり，後に市民証と道民証に置き換えられた（金 2007, 302-303）．

　しかし，朝鮮戦争中に身分証明書が普及した理由を避難民の発生だけに求めるのは適切ではない．ソウルにおける市民証の発行は，北朝鮮軍（朝鮮人民軍）に占領されていたソウルを奪還した直後の 1950 年 10 月に開始された．開戦直後にソウルから避難した約 40 万人の大多数が北朝鮮から越南した人々や高級官僚，右派政治家，軍人と警察の家族であったことに鑑みれば，人的・物的資源の動員の主な対象であり，かつ政権に深い関わりのない多くの住民はソウルに残留していたと考えるべきである（金 2006, 160-170）．このことは，市民証を導入した最大の理由が，戦時中の配給と動員ではなかったことを意味する．1950 年 10 月 11 日付の『東亜日報』によれば，ソウル市で市民証を発給する目的は，「善良な市民の身分を保障」し，「敵の侵入を防止」することであった．同紙には，市民証を所持しない「赤色反動分子」の通行が制限されるようになることも併せて報道されていた．すなわち，市民証を導入する主な目的は住民の取り締まりであった．実際，警察や軍警察（憲兵隊），右翼団体が朝鮮人民軍の占領に協力したとみなされる人々を暴力的に処罰していた当時のソウルにおいて[17]，市民証は権力を持たない一般市民の命綱のようなものであった（金

16）　国家記録院（국가기록원）ウェブサイト．http://theme.archives.go.kr/next/625/damageStatistic.do（2018 年 12 月 3 日アクセス）

2006, 240-248). 市民証の発行の際には，2人の保証人を立て，警察による5段階の審査を受けることが要求されたにもかかわらず，市民証を所持しないことは生命を危険に晒すことを意味していたがゆえに，当時の人々は自発的にその複雑な手続を済ませていた（金 2007, 303-308）．

以上のように，反共イデオロギーとナショナリズムの結合は，政治権力による国民の再定義と，排除された人々に対する無差別的な暴力の行使をもたらした．当時の韓国に生きる人々は，再定義された国民の境界の中に入るために，様々な個人情報を記載する身分証明書を受け入れざるを得なかった．第5章で検討するように，こうした国民の分断とそれに伴う暴力は，冷戦下で国民番号制度を導入した他の国々にも共通して見出されるものである．

次節では，このようにして登場した新たな住民管理の諸手段が，法的根拠を付与され，住民登録番号制度として制度化されていく過程を説明する．

第3節　住民登録番号の誕生

1．誕生の経緯

冷戦の深化と共にイデオロギー対立が激化した韓国において，人々は，再定義された国民の境界の内側に入るべく，道民証や市民証といった身分証明書を用いる新たな住民管理の仕組みを受け入れた．だが，それに対する反動が全く生じなかったわけではない．朝鮮戦争が休戦状態に入った後も引き続き携帯を義務付けられていた市・道民証に対して[18]，その「匪民分離」の機能を疑う声

---

17) 金東椿によれば，韓国軍がソウルを奪還した直後において，ソウルから避難せずに残留していた人々は，その理由はともかく，朝鮮人民軍の占領に協力した者とみなされることが多かった．戦線が移動する状況下で，居住地だけではそこにいる住民が敵か味方かを区別できなかったためである．警察や右翼団体は，朝鮮人民軍に協力したと思われる人々を「扶役者」と呼び，何ら法的な根拠も持たずに李承晩の命令だけで「扶役者探索」を行った．その捜査の乱暴さは，警察署で一度調査を受けた人が，警察局や憲兵隊に二度三度連行されていたことから見て取れる．扶役者の判断基準も特に定まっておらず，朝鮮人民軍が歌うように強要していた「人民歌」を知っている人々をすべて扶役者とみなすことや，隣人からの通報があるだけで銃殺の対象とすることが頻繁に行われていた（金 2006, 240-242）．

が湧き上がったのである．この「市・道民証存廃論」は，主に三つの根拠に基づいていた．第一に，休戦後に国民の住居地が安定し，治安が確保されているため，戦時中に用いられた身分証明書を使い続ける必要がない．第二に，北朝鮮のスパイを摘発する必要があるとすれば[19]，偽造が可能な市・道民証を存続させるよりは，警察による検問を強化するほうがより効果的である．第三に，法的根拠を持たずに市・道民証の携帯を義務付け，それを所持しない者を取り締まることは，人権侵害に値する[20]．

1950年代末にこのような批判が浮上したのは，李承晩政権に対抗する野党勢力が台頭してきたためである．朝鮮戦争の記憶も生々しい1954年の段階では，第3代民議院選挙に際して対米関係における「李承晩の決定的な役割」への期待が与党自由党の圧勝という結果をもたらしたのに対して[21]，1958年の第4代民議院選挙では野党民主党が34.2%の得票率を誇る「大政党」として台頭した[22]．当時の韓国における都市化の急激な進行が，都市を支持基盤とする野党にとって有利に作用したのである．李政権の「権威主義的」支配を警戒していた都市部の若い世代は，さらに貧困問題を解決できない政権の無能さに失望し，その代替的な勢力として民主党を支持していた（韓 2004, 77-78）．こう

---

18) 1956年12月26日の『東亜日報』によれば，治安当局は，特別警戒実施期間を設け，その期間中に外出中の住民に対して市民証または道民証の提示を要求した．
19) 韓国では北朝鮮のスパイを「間諜」あるいは「共匪」と呼ぶことが多い．
20) 『東亜日報』1959年8月30日．
21) 1948年の大韓民国政府樹立の際に連合を組んでいた李承晩と韓民党の関係は，李承晩政権の成立直後から険悪化していた．李承晩が韓民党の期待を裏切り，国会に独自の支持基盤を持たない朝鮮民主党の李允栄（イユンヨン）を国務総理に指名したためである．こうした李承晩の行動は，「国会とその党派の存在を否定したに等しい」と批判され，国務総理の指名も国会で否決されたものの，その直後に開かれた第35次会において，李承晩が再び国会の諸党派と関係を有しない李範奭（イボムソク）を指名し，国会はそれを承認する流れとなった．選挙における勝利ではなく，米軍政期に多数の党幹部を政府内要職に送り込んだ結果として国会内の最大会派となった韓民党は，その不人気のゆえに李承晩に対抗できず屈服し，それ以後，「正統保守野党」としての政治的な力を失うこととなった．その一方で，1951年に李承晩の主導で結党された自由党は，選挙での勝利を通じて李承晩に安定した統治の基盤を提供し，韓国の「権威主義体制化」を急速に進行させた（木村 2003, 115-117, 169-175）．
22) 李承晩政権（第一共和国）は両院制を導入して下院に当たる議会を「民議院」と称した．ただし，上院に相当する「参議院」は第二共和国の民主政権期になってから設置されたため，韓国の歴史上，両院制が実際に運営されたのは第二共和国のみであった．

した状況下で1960年の大統領選挙を迎えなければならなかった李承晩と自由党は，1956年の副大統領選挙で民主党に敗北した李起鵬(イ ギブン)を何としても副大統領に当選させるべく，従来以上の露骨な不正選挙を計画するようになった（木宮 2012, 43）．

　不正選挙にまで踏み込んだ李承晩と自由党であっても，大統領選挙を控える中で市・道民証に対する批判を全く無視することはできなかった．1959年9月1日，韓熙錫(ハンヒソク)自由党中央委員会副会長は，市・道民証の発給のために行われる煩雑な手続が国民に大きな不便を与えていることを指摘し，自由党内で「市・道民証廃止の問題を検討する予定である」ことを発表した23)．しかし，世論を意識して行われたこの発表は，2日後の9月3日に開かれた自由党党務会で早くも撤回され24)，北朝鮮のスパイを摘発するためには，市・道民証がまだ必要であるという結論に至った25)．ところが，不正選挙に象徴される政治腐敗に不満を抱いた一部の市民が抗議運動を繰り広げると，それが「四・一九革命」と呼ばれる大規模な大衆蜂起に発展して李承晩政権の崩壊をもたらしたため，市・道民証に対する自由党の方針も白紙に戻された．その後，選挙管理内閣である許政(ホジョン)過渡政権の下で内閣責任制を骨子とする憲法改正が行われた．1960年6月15日に公布された新憲法は，大統領の権限を縮小し，国務総理には国務委員の任命権および行政府の指揮監督権を与えた．また，すべての国民に対して言論・出版の自由，集会・結社の自由を保障すること，憲法裁判所および中央選挙管理委員会を新設することなどを定めた26)．同年7月の国会議員選挙では民主党が圧勝し，張勉(チャンミョン)を国務総理とする民主党政権が成立した．

　しかし，革命の成功によって膨れ上がった民主化への期待は，それほど長くは続かなかった．革命の担い手であった急進的な勢力の挑戦を受ける一方で，党内での権力争いの問題まで抱えていた民主党政権は，その不安定な状況から

---

23)　『東亜日報』1959年9月2日．
24)　1959年6月29日に自由党中央党部政策委員会が発行した『政策参考資料』には，「市・道民証の検印などにより赤色分子の探索に万全を期するべく努力している」という記述があり，市・道民証の廃止は最初からそれほど真剣に考慮されていなかった可能性が高い（自由黨中央黨部政策委員會 1959, 272）．
25)　『東亜日報』1959年9月3日．
26)　『官報』第2602号（1960年6月15日）．

自力で脱却できなかったのである．こうした状況下で，軍の改革を望む若手軍人たちは政権に対する関心を募らせ，1961年5月に軍事クーデターを引き起こした（木宮 2012, 45-46）．この「五・一六軍事クーデター」を主導した勢力は，直ちに国家再建最高会議と称する軍事政府を樹立した．そして，主導勢力の一人であった朴正熙は，軍部内の反対勢力を粛清し，自ら国家再建最高会議議長となった．

　国家再建最高会議の「革命公約」は，「反共」を「国是の第一義」とし，これまでは形式的なものに止まっていた反共体制を再整備することを提唱していた．1962年5月に行われた住民登録法の制定は，革命公約の実行に向けての第一歩であったと言える．一方，文民政治家に政権を移譲するという革命公約は守られず，民主共和党に入党した朴正熙は，1963年10月の大統領選挙で政権の座に就いた．軍事政府を引き継ぎ，住民を統制するための制度構築に努めた朴政権は，市・道民証を国レベルで制度化する計画を立てた（韓 2004, 127-131）．市・道民証の記載事項が全国で統一されていないことが身元確認の効率性を損ねるという問題に加えて，住民登録法に基づく制度運営の初期には，登録漏れや二重登録，住民登録と戸籍との不一致などの問題が次々と発生していたからである[27]．

　住民登録法の改正を通じて市・道民証に法的根拠を与えようとする朴政権の計画に対しても，反対の声は浮上した．例えば，1965年に民政党と民主党が合併して結成された野党民衆党は，住民登録法の改正が，北朝鮮の「対南工作を封鎖するのに有効な効果」を上げられないだけでなく，むしろ「国民の自由を抑圧し，基本権を剥奪」する結果を生むと主張した[28]．また，1965年12月8日付『東亜日報』の社説は，政府が住民登録法の改正を通じて導入しようとする住民登録証について，それが憲法の精神に反するものであることを批判し，北朝鮮のスパイの摘発に役立つという政府の主張を納得できないと述べている．

　これらの反対の声が持つ特徴は，住民登録証が北朝鮮のスパイを摘発するのに役に立たないことを指摘しながらも，その摘発を行い，治安維持に努めるべ

---

27) 国家記録院（국가기록원）ウェブサイト．http://theme.archives.go.kr/next/monthly/viewMain.do?year=2010&month=06（2018年12月3日アクセス）

28) 『京郷新聞』1965年10月28日．

第 3 節　住民登録番号の誕生　　　　　　　　151

きという論理そのものは否定していない点にある．このことは，平常時には国民番号制度に批判的な立場を取る人々が声を上げることができても，治安維持の必要性が強調される非常時においては，それらの反対の論理が力を失ってしまう可能性が高いことを意味する．一例を挙げれば，五・一六軍事クーデターが起きた直後，ソウル市内の各警察署には市民証の発給を求める市民が一日に数百人も集まり，その処理のために臨時に窓口を増やす警察署が存在するほどであった[29]．朝鮮戦争において，市民証がなければ生命の危機に陥ってしまう経験をした韓国の人々は，クーデターによって「反共体制の再整備」が行われることを直感し，自ら市民証の発給を求めたのである（金 2007, 315）．

　1965 年 12 月に一度見送られた住民登録法の改正が[30]，1968 年 5 月に国会を通過したのも，治安管理の強化を促すような事態が発生したからであった．1968 年 1 月に北朝鮮による青瓦台（大統領官邸）襲撃未遂事件（一・二一事態）が発生し，それが再び反共を強調する余地を与えたのである．1968 年 2 月 28 日の内務委員会では，「一・二一事態以後の治安対策に関する現況聴取の件」をめぐる議論が行われ，その場で治安対策の強化に関する説明を行った李澔内務部長官は，住民登録法の改正の必要性を強く主張した．「反共対策」の一環として，韓国に侵入し，長期に活動する北朝鮮のスパイを摘発するためには，住民登録法改正を通じて住民の居住と移動状況を正確に把握する必要があるというのがその理由であった[31]．

　こうした背景の下で成立した韓国の住民登録番号制度によって，市・道民証が全国統一の形式を持つ住民登録証に生まれ変わり，国民一人一人に永久不変の住民登録番号が与えられた．住民登録番号と住民登録証の導入に伴う新たな手続は，大統領令の住民登録施行令および内務部令の住民登録法施行規則に定められた．1968 年の住民登録法施行令 31 条により，住民登録証を作成する際には，姓名，住民登録番号，生年月日，本籍，住所，戸主姓名，兵役事項の記載および写真の添付と指紋の押捺が行われることとなった．また，1968 年の

---

29)　『朝鮮日報』1961 年 6 月 27 日．
30)　1965 年 12 月 8 日付の『東亜日報』によれば，与党共和党は 12 月 7 日に住民登録法改正案を「慎重に再検討する」ことを決意した．
31)　内務委員會議錄，1968 年 2 月 28 日．

住民登録法施行規則は，地域表示番号に性別表示番号（男性は1，女性は2）と個人表示番号（6桁の一連番号）を組み合わせた住民登録番号を作成することを定めた．今日のように，住民登録番号の最初の6桁に生年月日を用いることが決まったのは，1975年の住民登録法改正の時である．当時，米中接近に伴う国際政治の再編の中で，政治・経済・軍事の「自主」を掲げるようになった朴正熙政権は，従来の民主主義的な制度を極度に縮小させる1972年の憲法改正を通じて「維新体制」への移行に踏み切っていた（木宮 2011, 266-269）．そうした政治情勢の中で行われた住民登録法改正は，番号の設定要領を変更しただけでなく，住民登録証の発給対象者の年齢を，戦時動員対象者の年齢と一致させるために18歳から17歳へと引き下げ，住民登録証の常時携帯を義務化した[32]．

2. 国民番号制度と行政機能の拡大

韓国の住民登録法は，1962年の制定当初から住民登録票と戸籍簿の管理を明確に区別していた点で，日本の住民登録法および住民基本台帳法とは対照的である．第1章で説明したように，日本の住民登録法には住民票と戸籍との連携を保たせるために「戸籍の附票」が定められ，住民基本台帳法もその規定を受け継いでいる．これに対して，韓国には日本の戸籍の附票に類似した制度は存在しないのである．国家再建最高会議における住民登録法案の審議の際に，その立法の趣旨が戸籍簿を用いた住民登録を目指すことであるのかと質問した李周一内務委員会専門委員長代理に対して，李啓純（イジュイル）内務部次官は，「戸籍簿とは別途」設けると答えていた（内務部編 1972, 32-33）．現在，住民登録票と戸籍簿の記録を連動させるために用いられているのは，1975年8月に改正された「住民登録法施行令」3条1項および同年9月に改正された「戸籍法施行令」20条6項の3が定める住民登録番号だけである[33]．

このことは，日本の住民管理行政が戸籍制度に基づいているのに対して，韓

---

32) 『中央日報』1975年6月17日．
33) 2007年に戸籍法が廃止され，その代わりに「家族関係の登録等に関する法律」が制定された時，戸籍簿は「家族関係登録簿」へとその名称を変更され，同法9条2項の2に基づいて家族関係登録簿にも住民登録番号が記載されることとなった．

国においては住民登録番号制度が住民管理行政の根幹を担ってきたことを意味する．身分関係を公証する機能だけを比べてみても，韓国の戸籍制度は日本と大きく異なる発展過程を辿ってきた．日本の戸籍制度が戦後改革の際に「家」単位の編製方式を廃止したのに対して，韓国の戸籍制度は 2007 年までそのような編製方式を維持していたのである．そこには，解放後に新たな住民管理の手段が登場するようになった理由と同じく，アメリカの極東戦略が深く関わっていた．その意味で，日韓に見られる戸籍制度の発展過程の違いは，両国に対するアメリカの戦略の違いを反映するものでもある．

　第二次世界大戦時の枢軸国であった日本においては，「日本人の超国家主義的・軍国主義的思想の払拭」を重視した連合国軍最高司令官総司令部（GHQ）が，憲法 24 条の規定と民法改正を通じて真っ先に「家」制度を廃止した（竹前 1995, 45-48）．その一方で，ソ連との分割によって朝鮮半島の南半分だけを被占領国とした米軍政は，韓国の独立を目指して樹立された人共や大韓民国臨時政府を含めて「南朝鮮内のいかなる政治勢力も認めず」，米軍政のみを「唯一の合法政府」として確立することを当面の課題として設定した（金雲泰 1992, 86-94）．

　米軍政は，韓国の政治勢力とは異なり，植民地統治の遺産を一掃することにはそれほど関心を示さなかった．むしろ，諸制度の整備に際しては，「可能な限り韓国内に現存する実定法および手続法を存続」させるという方針を唱えていた（金雲泰 1992, 89）．1945 年 11 月，米軍政は，「8・15 解放当時に施行中であった法的な効力を持つ規則，命令，公示，その他文書は，軍政庁が特別命令を以てそれを廃止するまでは完全に効力がある」ことを定める法令 21 号を発表し，政治勢力によって利用され得る法規以外は廃止の対象にしなかった．植民地統治期の家族法は政治性を持たないものとして解釈されたため，戸籍制度は，戸主を中心に個人の身分関係を把握する基本的な構造を変えることなく，その住民管理の機能は住民登録番号制度に移転されることとなった（梁 2012, 529-530）．

　韓国で様々な行政機能の拡大が生じたのは，住民管理行政が住民登録番号制度に基づいて行われるようになった後であった．そのため，各々の行政サービスが用いる番号は，すべて住民登録番号に連動している．

まず，医療保険制度が実質的な運用を開始するようになったのは，1970年代後半になってからである．この制度が初めて導入されたのは，軍事クーデターに対する否定的な世論を意識した朴正熙政権が「医療保険法」を制定した1963年であったが[34]，当時は企業の経営難や労働者の低賃金などの理由で施行までに至らなかった[35]．1971年の大統領選挙を目前にして，福祉の拡大を掲げる野党に対抗しようとした朴政権は，1970年の医療保険法の改正を通じて，被用者のみならず，全国民を対象にする医療保険制度を導入したものの，財源を確保できず，またもその施行を先延ばしにした（黄 2011, 434-436）．進展の気配を見せなかった医療保険政策が転機を迎えたのは，医療保険法の第二次改正が行われた1976年であった．第一次石油危機の影響で高度経済成長に歯止めがかかり，高度成長の副作用に対する批判が民主化運動陣営を中心に提起され始めたのが，そのきっかけである．政治的には民主化運動と妥協する意思を持っていなかった政府は，福祉政策を戦略的に利用する構えであった．その動きを察知した経済界は，懇談会を開催するなど，医療保険制度に自らの利害関心を反映させるべく努めるようになった（黄 2011, 439-448）[36]．

　1976年の法改正の背景には，石油危機のような経済的な要因だけでなく，政治的な要因も関わっていた．最初の南北対話の成果として，1972年の「七・四南北共同声明」が発表されて以後，自国の福祉制度の優越性を宣伝する北朝鮮に刺激された朴政権は，以前よりも医療保険制度の充実を重視するようになったのである．冷戦下の体制競争の影響を強く受けていた朴正熙に対しては，その経済政策も「北朝鮮との体制競争に勝利する」ための戦略にほかならなかったという評価が下されているほどである（木宮 2012, 61）．そのような朴正熙

---

34) 1963年に制定された医療保険法は，植民地時代を含む韓国の歴史において，最初に導入された医療保険制度である．日本は内地で実施していた医療保険制度を外地には適用していなかった（李他 2010, 328）．

35) 国家記録院（국가기록원）ウェブサイト．http://www.archives.go.kr/next/search/listSubjectDescription.do?id=000313&pageFlag=（2018年12月3日アクセス）

36) 経営者協会と全国経済人連合会（全経連）は，それぞれ1974年と1976年から医療保険制度に関する懇談会を開催した．また，全経連は医療保険法の改正が行われた1976年9月に保健社会部長官との面談を開催し，租税特例や国庫補助金の拡大などを要求した（黄 2011, 447-448）．

にとって,「南北の医療保障の実態」を比較し,それを海外に向けて宣伝した北朝鮮の行動は,医療保険制度の拡充に目を向けさせる大きな刺激になったに違いない(黃 2011, 453).

こうして,1977 年から遂に医療保険法が施行されるようになったものの,それが「全国民医療保険」として実施を拡大し始めたのは,1987 年の第七次改正が行われてからである[37].全斗煥政権下の 1986 年,「国民福祉増進対策」の発表と共に法改正が進められると,1988 年には農漁村地域を,1989 年には都市地域を対象に医療保険の実施が拡大された[38].そして,「国民健康保険法施行令」の実施が始まった 2000 年からは,地域医療保険と職場医療保険を統合した「国民健康保険」を国民健康保険公団が統轄して運営するようになり,この体制が今日まで続いている.

法制定から施行までに長い時間が必要とされたのは,公的年金制度も同様であった.重化学工業育成の財源調達を目的とした「国民福祉年金法」が 1973 年に制定されたものの,「先成長後分配」の原則を固守した朴正煕政権は,最後までその実施には踏み切らなかった.その後に成立した全斗煥政権も,福祉政策には消極的な姿勢を取り続けたため,年金制度は 1986 年まで「休眠状態」のまま放置されていた.

国民福祉年金法の施行が決まったのは,1986 年の法改正でその名称が「国民年金法」に変更された後の 1988 年であった.経済状況の改善に伴う被用者の増加や核家族化,平均寿命の延伸などが,同法に対する社会的な関心を高めたことがその背景にある(金裕盛 1992, 195; 李 2006, 50-53).ただし,この段階では,まだ国民年金への強制的な加入義務はなく,申出による任意加入となっていた.それが強制加入に切り替わったのは,2006 年になってからである.被用者に関しては,制定当初は従業員 10 人以上の事業所のみを強制加入の対象としていたのが,1992 年からは 5 人以上,2006 年からは 1 人以上の事業所に拡大した.また,被用者ではない住民に関しては,1995 年に農漁村地域を,

---

37) この段階では,事業所に所属しない住民を対象とする「地域医療保険」の組合設立が義務付けられておらず任意となっていた.

38) 国家記録院(국가기록원)ウェブサイト.http://www.archives.go.kr/next/search/listSubjectDescription.do?id=000313&pageFlag=(2018 年 12 月 3 日アクセス)

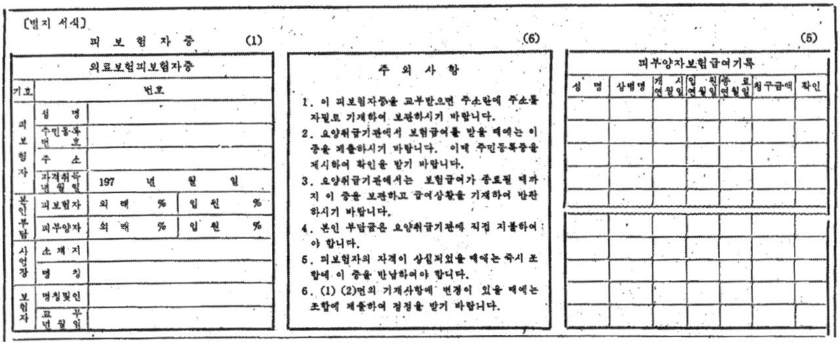
〔별지 서식〕

피 보 험 자 증 (1)

의료보험피보험자증

기호 번호

피보험자: 성명 / 주민등록번호 / 주소 / 자격취득년월일 197 년 월 일

본인부담: 피보험자 외래 % 입원 % / 피부양자 외래 % 입원 %

사업장: 소재지 / 명칭

보험자: 명칭및인 / 교부년월일

(6)

주 의 사 항

1. 이 피보험자증을 교부받으면 주소란에 주소를 자필로 기재하여 보관하시기 바랍니다.
2. 요양취급기관에서 보험급여를 받을 때에는 이 증을 제출하시기 바랍니다. 이때 주민등록증을 제시하여 확인을 받기 바랍니다.
3. 요양취급기관에서는 보험급여가 종료될 때까지 이 증을 보관하고 급여상황을 기재하여 반환하시기 바랍니다.
4. 본인 부담금은 요양취급기관에 직접 지불하여야 합니다.
5. 피보험자의 자격이 상실되었을 때에는 즉시 조합에 이 증을 반납하여야 합니다.
6. (1) (2)면의 기재사항에 변경이 있을 때에는 조합에 제출하여 정정을 받기 바랍니다.

(5)

피부양자보험급여기록

성 명	상병명	개시연월일	입원연월일	종료연월일	청구금액	확인

図4-2　医療保険被保険者証の様式（1977年）

出典：『官報』第7632号（1977年4月25日）

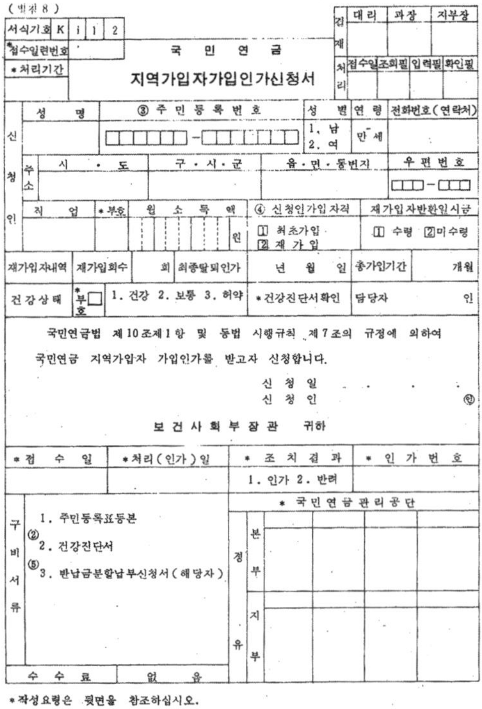
(별지 8)

서식기호 K i 1 2

*접수일련번호

*처리기간

국 민 연 금

지역가입자가입인가신청서

결재: 대리 과장 지부장

처리: 접수일 조회필 입력필 확인필

신청인: 성명 / ③주민등록번호 □□□□□□-□□□□□□□ / 성별 1. 남 2. 여 / 연령 만 세 / 전화번호(연락처)

주소: 시·도 / 구·시·군 / 읍·면·동번지 / 우편번호 □□□-□□□

직업 / *부호 / 월소득액 원 / ④신청인가입자격 ① 최초가입 ② 재가입 / 재가입자반환일시금 ① 수령 ② 미수령

재가입자내역 / 재가입회수 회 / 최종탈퇴인가 년 월 일 / 총가입기간 개월

건강상태 / *부호□ / 1. 건강 2. 보통 3. 허약 / *건강진단서확인 / 담당자 인

국민연금법 제10조제1항 및 동법 시행규칙 제7조의 규정에 의하여

국민연금 지역가입자 가입인가를 받고자 신청합니다.

신 청 일 . . .

신 청 인 ㊞

보건사회부장관 귀하

*접수일 / *처리(인가)일 / *조치결과 1. 인가 2. 반려 / *인가번호

구비서류: 1. 주민등록표등본 ② 2. 건강진단서 ⑤ 3. 반납금분할납부신청서(해당자)

*국민연금관리공단 경유: 본부 / 지부

수수료 없음

*작성요령은 뒷면을 참조하십시오.

図4-3　国民年金地域加入者加入認可申請書の様式（1988年）

出典：保険社会部（1988, 54）

1999年には都市地域を対象に強制加入者の範囲が拡大された（保健福祉部 2013, 346-347）．

このように，医療保険制度と公的年金制度が本格的な実施を開始した頃には，既に住民登録番号が存在していたがゆえに，各々の制度は，その施行を始める段階から個人情報管理の仕組みを住民登録番号と連動させていた．医療保険制度の場合，1977年に制定された医療保険法施行規則改正令39条において，被保険者台帳に被保険者の記号・番号と住民登録番号とを記載することが定められている．図4-2が示すように，被保険者証（피보험자증（ピボホムジャズン））には記

第 3 節　住民登録番号の誕生

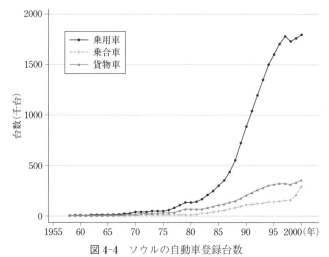

図 4-4　ソウルの自動車登録台数
出典：ソウル研究データサービス

号・番号（기호・번호）と住民登録番号（주민등록번호）を両方とも記載するようになっている．公的年金制度に関しては，加入者証書の様式を定める規定が特に設けられていないものの，1987 年に制定された国民年金法施行規則 14 条 1 項において，住民登録番号の変更があった場合は公団に申告すべきことが定められている．この時に導入された国民年金地域加入者加入認可申請書の様式には，図 4-3 のように，申請人の住民登録番号を記入する欄が設けられており，住民登録票謄本（주민등록표등본），健康診断書（건강진단서），返納金分割納付申請書（반납금분할납부신청서）の三つ添付書類（구비서류）の提出が必要であることが明記されている．

　社会保険制度の実施時期が住民登録番号制度の導入に比べて明確に遅れを取っていたのに対して，運転免許制度においては，道路交通法施行令に基づき，住民登録番号が存在する以前の 1962 年から運転免許証の交付が始まっていた．しかし，自動車数の増加により，運転免許制度に関わる行政事務が増大するまでには長い時間が必要であった．例えば，図 4-4 が示すソウルの自動車登録台数は，1970 年代後半から増え始め，1980 年代になって急激な増加を見せた．運転免許所持者の数も，最初の統計数値を確認できる 1971 年の段階では，人口の約 1.6% である 50 万名程度に過ぎなかった[39]．つまり，住民登録番号が

導入された1968年の時点では，まだ運転免許証の交付件数が少なかったため，大きな支障なく運転免許証番号と住民登録番号を連動させることができたと考えられる．実際，住民登録番号が導入されてから2年も経たないうちに道路交通法施行令の改正が行われ，1970年1月からは住民登録番号が記載された自動車運転免許証が交付されるようになった．

　以上で検討したように，その成立の経緯は異なるとしても，韓国の行政サービスに使われる様々な番号はすべて住民登録番号に連動している．このような番号制度のあり方は，第1章で見たように，行政機能の拡大が生じた後の段階で分立状態にある番号制度を統合しようと試みた日本では実現しなかったものである．2015年に導入されたマイナンバー制度によって，各々の領域の番号制度がどの程度まで効率よく連携することになるかは今後の推移を観察すべきであるが，少なくとも現段階では，韓国の人々があらゆる場面での身元証明に欠かせない住民登録番号を常に記憶しているように，日本の人々が日常生活の中で自分のマイナンバーを記憶しておく必要性を感じる日はそう簡単に訪れないのではないかと思われる．

　韓国の住民登録番号は，前述のように被保険者証や運転免許証などに記載されているだけでなく，あらゆる行政サービスを受ける際に，さらには民間事業者が提供するサービスを受ける際にもその提出が求められている．このように，様々な情報を紐付けている住民登録番号制度が，行政の情報化において重要な役割を果たしてきたのは言うまでもない．2000年代前半から進められた「電子政府」の構築戦略によって，行政手続のワンストップサービス化，社会保険の連携システムの構築，インターネットを通じた総合国税サービスの提供などが可能となったのは，それ以前に，共同利用が可能な住民情報のデータベースを構築することができたからである．1990年代における「行政電算網事業」によって進められた，住民登録や経済統計など各々の分野における電算化は，日本においても，1960年代から進められた行政の情報化によって実現されたことであるが，それを短期間に連携させたのが韓国の特徴であると言えよう．2002年11月から開始された「行政情報共同利用」は，住民，不動産，自動車，

39）統計廳ウェブサイト．http://kosis.kr/index/index.do（2018年8月14日アクセス）

企業,税の五つの分野における 20 種類の行政情報を行政職員がインターネットを通じて共有できるようにし,市民が行政手続を行う際に一切書類を提出しなくて済むようなサービスを実現したのである(丁 2015, 56-57, 122-136).

とはいえ,韓国政府も,住民登録番号制度を用いた行政の情報化をすべて計画通りに実行できたわけではない.金泳三政権下では,住民登録証,印鑑証明書,運転免許証,医療保険被保険者証など各種の証明書を電子カード一つに統合する「電子住民カード」制度の導入が検討され,住民登録法上の「住民登録証」という名称を「住民カード」に変更する法改正を 1997 年に実行したが,結局のところ,公証行政の統廃合が実現する日は訪れなかった.個人情報の漏洩と予算の無駄使いに対する猛烈な批判が高まり,1998 年に成立した金大中政権によって電子住民カード計画は白紙に戻ったのである.技術の面では,住民カード発給センターに既に必要なデータベースが構築されていたために,制度の導入に支障をもたらす要因は存在しなかったものの,大多数の市民がこの制度を歓迎すると考えた計画時の予想は大きく外れてしまった(内務部地方行政局住民課 1997, 7-8).

小 括

本章の目的は,韓国における国民番号制度の形成過程を,日本の分立した番号制度の形成過程と対比することであった.韓国の歴史において,日本の植民地統治により,戸籍制度に基づく住民管理が行われた経験が存在することに鑑みれば,その住民管理の仕組みが国民番号制度を基盤とするものへと変化する過程を検討した本章の作業は,日本にこれまで国民番号制度が導入されなかった理由を説明する上で重要な示唆を与えるであろう.

日韓の住民管理行政の発展過程は,三つの点で異なっていた.第一に,日本の戸籍制度が戦後においてもその住民管理の機能を維持したのとは異なり,植民地朝鮮の戸籍制度は,日本の敗戦と同時にその運用を強制する力を失い,機能不全に陥った.日本の戸籍制度は市民権の付与との引き換えに安定的な運用を実現したのに対して,植民地朝鮮の戸籍制度は,市民権を付与することよりも,戦時体制下の供出と配給の末端を担う住民組織の人員を無理に増やすこと

で機能していたからである．

　第二に，市民権の付与に伴う行政機能の拡大が十分に行われてこなかった韓国は，新たな住民管理の手段を登場させて国民の境界を改めることが可能な状態にあった．解放後の政治的混乱の中で，冷戦の深化に伴う反共イデオロギーの形成は国民の再定義を促し，そこで身分証明書を用いた新たな住民管理の形式が登場した．こうした展開は，戦後日本において戸籍制度に基づく国民の境界を変更することなく外国人のみに対して身分証明書が発給されたのとは大きく異なる．

　第三に，韓国の人々が経験した国民の再定義とそれに伴う暴力は，新たに登場した住民管理の諸手段に法的根拠を与え，制度化することを可能にした．国民番号制度に対する批判的な世論は，人権侵害を懸念しながらも，反共主義と治安維持の重要性を否定するまでには至らなかったため，北朝鮮の武装攻撃への対応として提起された住民登録番号制度の導入を阻止するほどの影響力は発揮できなかったのである．このようにして成立した韓国の国民番号制度は，給付行政と規制行政の両面における行政機能の拡大が生じる以前に作られたがゆえに，日本のように分野ごとに異なる番号制度を成立させることなく，相互に連携された統一的な制度を築き上げた．日本のようにプライバシー保護の論理が番号制度に対する影響力を発揮できるようになったのは，国民番号制度の下で行政機能が拡大した後のことであった．

　次章では，比較の対象を広げ，日本のように福祉国家の拡大と共に番号制度を発展させてきた国々の事例と，韓国と同様，行政機能の拡大する局面よりも先に，身分証明書の義務化が行われる局面を迎えた国々の事例を検討する．

第5章　多様な番号制度への道

　福祉国家の歴史の長さは，必ずしもその社会保障の質の高さを意味しない．例えば，今日，その普遍性や寛容性の面でヨーロッパの福祉国家に遅れを取っていると評価されるアメリカの福祉国家は，実は南北戦争に始まる古い歴史を持っている．南北戦争直後のアメリカにおいて，戦争中に負傷した元兵士および戦死者の遺族を対象に支給され始めた年金は，1880年代から1890年代にかけて老齢年金と障害年金へと変化していった．高関税の保護貿易政策に伴う急速な工業化が進む中，イデオロギーや政策の差別化ではなく政治マシーンによる利益誘導を通じて票を獲得していた当時の政党は，その主要な戦略の中に関税収入を利用した南北戦争年金の拡大を取り入れ，その結果として，南北戦争以前に移住してきた白人男性高齢者の半数近くに支給される年金制度が生まれたのである（Orloff 1988, 37-52; Skocpol 1992, 102-151）．

　番号制度を始めとする住民管理制度のあり方を説明する上で，本書は福祉国家の現状よりもその起源を重視する．統一的な国民番号制度は，行政機能の急激な増加を経験した後発の福祉国家に限って導入されているというのは，本書の重要な発見の一つである．このことは，同時に，番号制度のあり方が社会保障の質と必ずしも連動しているわけではないということを意味する．むしろ，第二次世界大戦後に訪れた福祉国家の拡大期において，アメリカとイギリス，ドイツは，日本と同じくコンピュータ技術の出現に促されて国民番号制度の検討を始めたものの，実現には至らなかった．さらに，ドイツの場合，米ソ冷戦の中で分断を経験し，国民IDカードの所持を義務化しながらも，国民番号制度に関しては導入に至る道が開かれなかった．それに対して，国民番号制度が確立しているスウェーデン，エストニア，台湾といった国々は，前章で検討した韓国と同様，福祉国家の拡大とコンピュータ技術の発展が生じる以前から国民に固有の番号を付与していた．

　本章では，これらの国々における多様な番号制度の成立過程を検討する．第

1節では，アメリカ，イギリス，ドイツ，スウェーデンの4カ国を対象に，福祉国家の歴史的展開と番号制度のあり方との関係を確認する．福祉国家の拡大が生じた時点で各国が置かれていた状況の違いは，今日における多様な番号制度の成立に大きな影響を与えた．国民番号制度への収斂を促す動きとして，情報技術を利用した番号制度の統一化が図られたものの，それまで番号制度の使用目的を限定してきたアメリカのような国々では，様々な主体の抵抗によって統一化が容易に進まなかった．逆に，福祉国家が拡大する前の段階で使用目的を限定しない国民番号制度を導入したスウェーデンでは，あらゆる行政サービスがその番号制度に結び付いている．

注意すべきは，国民番号制度の成立と国民IDカードの普及は，同時に実現する場合もあれば，そうでない場合もあるということである．2001年に起きたアメリカ同時多発テロは，多くの国に本人確認制度を確立させるきっかけを提供した．だが，スウェーデンを含めて既に運転免許証やパスポートといった身分証明書を普及させていた国々において，国民IDカードの所持を義務付けるような制度は成立しなかった．これらの国々とは対照的に，ドイツで国民IDカードの所持が義務化されているのは，前述の通り米ソ冷戦の影響下で国が分断され，早い段階で本人確認が厳格化したためである．

第2節では，台湾とエストニアが経験した植民地支配や地政学的な圧力が，国民番号制度の成立とどのように関わっていたかを説明する．前章で扱った韓国の事例で見たように，第二次世界大戦終結後の世界において，それまで宗主国の支配下にあった旧植民地国の体制と制度は，「覇権国」へと名を変えただけの「帝国」の下で，絶えずその影響力に晒され続けた（藤原1991, 68-78）．そうした国々の中でも，台湾やエストニアのように冷戦の影響を直接受けていた国々では，冷戦の本格化に伴い，ドイツで見られたような身分証明書の義務化が生じた．だが，これらの国とドイツとの間には大きな違いがある．19世紀から社会保障制度を運用してきたドイツとは異なり，日本の植民地支配下に置かれていた台湾と，ソ連に併合される以前は新興の独立国であったエストニアは，漸進的な福祉国家建設を行う機会を得られなかったのである．そのため，本人確認を厳格化するために生まれた国民IDカードと国民番号制度が，後に拡大した行政サービスに広く利用されるようになった．

第1節　福祉国家と番号制度

1．番号制度の中途半端な統一化：アメリカとイギリスの事例

　アメリカとイギリスの福祉レジームが自由主義型の特徴を持つというのは，福祉国家研究の通説的な考え方である．イエスタ・エスピン＝アンデルセンの有名な類型に従えば，福祉国家が成立する段階において，資本家階級が支配的であったアメリカとイギリスでは，福祉の大部分を市場に委ねるような政策が取られ，自由主義型の福祉レジームが成立した．こうしたアメリカとイギリスの特徴は，労働者階級の利害を代弁する左派政党が政権を握り，社会民主主義型の福祉レジームを築いた北欧諸国とは対照的なものとして理解されている (Esping-Andersen 1990, 26-33)．

　とはいえ，アメリカとイギリスにおいても，国庫負担によって実施されている社会保障制度は一定程度存在する．例えば，1935年に成立を見たアメリカの「社会保障法（Social Security Act）」は，連邦政府が直接運営する年金制度を実現した（西山 2018, 164）．北欧諸国のように社会民主主義政党が政権を握ることはなかったとしても，アメリカでは1929年に始まった大恐慌への対応として福祉国家の拡大が生じたのである．連邦政府のニューディール政策によって導入された社会保障制度は，労働者をその直接的な受益者にしていたとしても，国が福祉支出を肩代わりするという意味において，価格競争による利益率の低下を経験した経営者の利害に反するものではなかった (Swenson 2002, 191-220)．また，イギリスでは，社会保険による所得保障を実現するものとして「国民保険法（National Insurance Act）」が1946年に制定され，1948年からは労働者のみならず，その扶養家族や自営業者までを包括的に保障する「国民保健サービス（National Health Service）」の実施が始まった（毛利 1999, 30-32; 梅津 2016, 22-23）．1942年にまとめられたベヴァリッジ報告書に基づいて導入されたこれらの制度が，市民の戦争協力を促すために約束された政策であったことは広く知られている (Titmuss 1976, 84)．

　ここに見られる社会保障制度の発展は，アメリカとイギリスの福祉国家に転

機をもたらす重要な出来事ではあったが，過去に同様の経験が存在しないわけではない．アメリカで南北戦争年金が老齢・障害年金へと発展し，南北戦争以前に移住してきた白人男性高齢者の約半数が年金を受給していたのは前述の通りであり，イギリスでも第一次世界大戦前に導入された失業・老齢保険が1920年頃には戦前の約4倍にまで拡大し，1924年には財政支出が戦前の2倍の比率へと上昇して国民総生産（GNP）の約20%を占めることとなった（Webber and Wildavsky 1986, 440-441）．このように，社会保障制度の対象を一気に拡大せず，発展と衰退を繰り返しながら緩やかに変容していった両国の福祉国家は，住民管理行政においても従来の中央地方関係を維持しながら漸進的な変化を遂げていた．

　アメリカとイギリスに見られる中央地方関係は，日本や大陸ヨーロッパ諸国のそれとは大きく異なる性格を持つと言われている．この点に関して，西尾勝は，集権・分権と分離・融合という二つの軸に基づいて中央地方関係を整理した天川晃のモデルを発展させ，各国を分類した．その分類に従えば，アメリカとイギリスの「分権・分離型」の中央地方関係は，大陸系諸国の「集権・融合型」のそれと区別されるのである．そうした違いが生じたところまで歴史を遡ると，まず，近代国家が成立する段階で，封建勢力の激しい抵抗が生じていたフランスやプロイセンなど大陸系諸国では，抵抗を抑止するために，封建諸侯の領地境界を無視した全く新たな地方行政区画が設定された．こうして形成された「集権型」の体制は，国と自治体の事務権限を明確に区別しない「融合型」の地方自治へと発展し，多くの場合，国の事務権限の執行は自治体に委任されることとなった．このような特徴を持つ地方自治は，イタリア，スペイン，ポルトガル，そしてラテンアメリカ諸国へと普及するに止まらず，もう一方の経路を通ってドイツ，オーストリア，オランダ，そして北欧諸国にまで広がった．これに対して，封建勢力の抵抗がそれほど生じなかったイギリスでは，国が設定した地方行政区画にごく限られた官職だけが設置され，古くから形成されていた共同体の自治が近代国家建設の後も存続した．こうして築かれた「分権型」の体制は，自治体の権限を法律で明確に列挙するような「分離型」の地方自治へと発展し，イギリスに植民地支配されたアメリカ，カナダ，オーストラリアにも同様の地方自治制度が定着した（西尾 1990, 420-436; 2001, 60-66）．

第 1 節　福祉国家と番号制度

　アメリカとイギリスの社会保障制度に関わる番号制度は，地方政府に執行が委任されることなく，中央政府の出先機関によって直接運用される点で，両国の「分権・分離型」の中央地方関係の特徴をそのまま反映するものである．アメリカの社会保障委員会（Social Security Board）は，年金の加入対象者の登録を開始して 2 年ほどで労働人口の 60％ に及ぶ人々に「社会保障番号（Social Security Number）」を発行した[1]．当時の社会保障番号は年金以外の目的では使い道がなく，同一人物が二つ以上の番号を持つ場合の利益が想定されにくかったため，登録の手続の際，身分証明書の提示を求めるような本人確認は一切行われなかった（Smith 2004, 206）．つまり，州政府が住民管理のために制度化した出生・死亡登録とは全く関わることなく，社会保障番号制度が成立したのである．また，イギリスの場合，制度導入の初期に発行された「国民保健サービス番号（NHS Number）」は，戦時中の徴兵と食糧配給などの目的で一般登記所（General Register Office）が運用していた「国民登録（National Registration）」制度の番号をそのまま引き継いでいたものの，緊急事態の時限立法として成立した国民登録制度は 1952 年に廃棄された（Higgs 2004, 134-144）．それ以後は，一般登記所が所管する出生・結婚・死亡の登録と，国民保健サービス番号とが別個に管理されている．さらに，保健医療の領域で使われる国民保健サービス番号と，国民保険の被保険者および年金受給者の管理に用いられる「国民保険番号（National Insurance Number）」は，それぞれ NHS 当局と労働・年金省（Department of Work and Pensions）の下で別建ての番号制度として成立している[2]．

　とはいえ，中央地方関係のあり方は時代の流れと共に変化するものであり，アメリカとイギリスの番号制度に関しても当初のあり方が常に固守されたわけではない．特に，情報技術の発展は，中央集権的な情報管理を実現する機会を政府に提供し，そうした動きは番号制度の統一化を促すきっかけにもなった．

---

1) 社会保障委員会は，1946 年に社会保障庁（Social Security Administration）へと改称された．
2) 国民保険の所管は，労働省（Ministry of Labour），国民保険省（Ministry of National Insurance），年金・国民保険省（Ministry of Pensions and National Insurance），保健・社会保障省（Department of Health and Social Security），社会保障省（Department of Social Security）を経て，現在の労働・年金省に至る．

アメリカでは，連邦公務員の給与記録を追跡するためのシステムを必要とした人事委員会（Civil Service Commission）の要請によって，社会保障番号の利用拡大が図られた．フランクリン・D. ローズヴェルト大統領が 1943 年に署名した大統領令 9397 号により，連邦機関は新しい会計システムにおける個人の識別に社会保障番号を利用できるようになったのである．ただし，それが実行に移されたのは，行政機関にコンピュータが普及した 1960 年代に入ってからである．1961 年，納税申告書を処理するためのコンピュータシステムを導入した内国歳入庁（Internal Revenue Service）が，納税者を識別する番号として社会保障番号を用いるようになると，それまで普及していなかった社会保障番号の利用が一気に広がった．従来は予算制約によって社会保障番号の活用に乗り出せなかった人事委員会は，内国歳入庁の方針に最も早く反応し，1961 年から社会保障制度の対象ではない連邦職員にも社会保障番号を発行するように促した．その後，州税務当局と財務省も社会保障番号の利用を始め，1964 年からは就労を始める 9 年生以上の学生を対象に社会保障番号の発給を行う社会保障事務所が学校内に設けられるほど，社会保障番号の利用が拡大した．1965 年からは高齢者と貧困者向けの医療保険制度として創設されたメディケア（Medicare）とメディケイド（Medicaid）の運用に，1967 年からは退役軍人省と国防総省の管理業務にも社会保障番号が用いられるようになった．こうして，社会保障番号が共通番号化した末に，1970 年には，金融機関に顧客の社会保障番号の収集を求める新たな銀行法が成立を見た（Smith 2004, 208-210）．

　同様の現象はイギリスでも生じていた．情報技術を利用して行政の効率を高めるべきであるという考え方が 1970 年代に浮上し，それがコンピュータを用いた行政組織間のデータ共有を大いに促進したのである．例えば，内務省が 1975 年に発表した白書『コンピュータとプライバシー（Computers and Privacy）』では，厳しい財政状況の中で政府支出を抑える方法として，コンピュータを利用した効率性の向上が挙げられていた．こうした考え方に応じた動きとして，国民保険番号を管轄していた保健・社会保障省は，1970 年代から内国歳入庁（Inland Revenue）に個人情報データを提供し始めた．このようなデータ共有の動きは次第に進展を見せ，1980 年代後半には，保健・社会保障省と内国歳入庁に加えて，関税・消費税庁（Her Majesty's Customs and Excise）

と内務省，そして警察までをつなぐ情報ネットワークとして「政府データネットワーク（Government Data Network）」が導入された．こうした流れの中，国民保険番号は行政機関の間で広く普及し，特に，所得税の計算や，非課税の対象である「個人株主制度（Personal Equity Plans）」，「免税特別貯蓄口座（Tax Exempt Special Savings Accounts）」の運営には欠かせないものとなった（Higgs 2004, 171-175）．

　しかし，番号制度の統一化を妨げるような反動も生じていた．特に，アメリカでは，社会保障番号の利用を促進しようとする民主党と，それを批判する共和党の立場の違いが鮮明になり，政治的な争いが繰り広げられた．社会保障制度に対する共和党の批判は，制度が導入された当初から行われていたものである．社会保障制度が導入された翌年の1936年の大統領選挙を前にして，共和党全国委員会は，年金制度によって始まった給与控除が，給与の支給額を減らしていることを人々に訴えた．それに加えて，『ニューヨーク・ジャーナル・アメリカン』や『ボストン・アメリカン』など一部の新聞は，社会保障番号の書かれたドッグタグ（認識票）を身に付けている男性を描いた風刺画を掲載し，個人情報の漏洩に関する警鐘を鳴らすなど，社会保障番号に対する社会的な不信感を広げるのに加担した．こうした批判に直面し，対応に迫られた政府は，社会保障を受けるために必要なのは，「登録」ではなく，番号の「割り振り」に過ぎないことを強調する冊子を人々に配布した（Smith 2004, 204-206）．

　社会保障番号制度の統一化に歯止めがかかったのも，共和党側の動きにその原因がある．ヴェトナム反戦運動が激化する中で成立した共和党のリチャード・M.ニクソン政権下で，エリオット・L.リチャードソン保健・教育・福祉長官は，コンピュータの使用がもたらす弊害を研究するために，自動個人データシステム（Automated Personal Data Systems）に関する諮問委員会を設置した．この委員会は，1973年に『記録，コンピュータおよび市民の権利（Records, Computers and the Rights of Citizens）』[3]という報告書を発表し，社会保障番号に対する見方を変化させるきっかけを提供した．報告書には，自動個人データシステムの濫用を制限するような保護措置が講じられるまで，社会保障

3）司法省ウェブサイト．https://www.justice.gov/opcl/docs/rec-com-rights.pdf（2018年12月3日アクセス）

番号の使用目的を制限するべきであること，また，社会保障庁が社会保障番号の発行を促すために行う事業に学校や個人が協力する必要はないということが述べられている．この報告を受けて，1974年には「プライバシー法（Privacy Act）」が成立し，社会保障番号の利用を現状より拡大することは禁じられることとなった（Smith 2004, 213-214）．このように，ニクソン政権はプライバシー保護を掲げて社会保障番号の利用を制限する政策を展開していたものの，野党民主党の本部に盗聴器を仕掛けようと侵入した事件の発覚に始まるウォーターゲート事件によって退陣に追い込まれたその政権が，プライバシー保護そのものに価値を置いて番号制度の統一化を止めたとは考えにくいだろう．

番号制度の統一化に歯止めをかけるような動きは，イギリスにおいてもプライバシーをめぐる論争の中で展開されていた．前述した1975年の内務省の白書を作成した委員会の委員長がケネス・ヤンガーからノーマン・リンドップに交代した後，個人データの利用よりも保護の側面を重視する動きが出てきたのである．リンドップ委員会（Lindop Committee）は，情報技術の利用に関する海外の事例を調査した上で，1978年に発表した『データ保護委員会報告書（*Report of the Committee on Data Protection*）』において，データ保護のための機関を設立し，いかなる情報システムにも適用できる規則を設けるべきであるという提言を行った．報告書が発表された翌年にマーガレット・サッチャーの率いる保守党への政権交代が生じたため，この提言は直ちには取り上げられなかったものの，1984年に制定された「データ保護法（Data Protection Act）」にその内容が受け継がれている（Bennett 1992, 88-94）．また，データ保護法により設置されたデータ保護登録官（Data Protection Registrar）が1989年に発表した報告書の内容も，リンドップ委員会の見解に多くを依拠している．この報告書には，税と社会保障のデータベースで管理されている情報をプールすることが，監視の強化という形で人々に負の影響を与える可能性についての警告が含まれていた．こうした議論を経て1990年代に入ると，国民保険番号の利用を拡大しようとする動きは容易に進まなくなった．学生ローンの処理に国民保険番号を用いるという計画や，生徒の成績管理に用いられる学生識別番号と国民保健サービス番号を統合しようとする構想が持ち上がったものの，いずれも実現せず，現在まで統一的な国民番号制度は成立していない（Higgs 2004,

174-175).

　番号制度の統一化が中途半端に終わったこと以外に，アメリカとイギリスの番号制度が共有するもう一つの特徴は，どちらの制度も国民 ID カードの普及を伴っていないということである．アメリカの社会保障番号やイギリスの国民保険番号の発行と同時に交付されるカードは，顔写真付きの身分証明書ではなく，単に番号を知らせる目的で発行される．このことを理解する上で重要なのは，両国で本人確認が厳格化した時期が行政サービスの拡大した時期よりも遥かに遅かったことである．すなわち，両国共に，2001 年に起きた同時多発テロへの対応として，本人確認を厳格化する何らかの制度を設けたものの，その時には既にパスポートや運転免許証など効力の高い本人確認書類が十分に普及していたのである．

　まずアメリカでは，2001 年のテロの後，共和党のジョージ・W. ブッシュ政権の保守的傾向が一層強まった．「悪の枢軸」と呼ばれる国々に対して「ブッシュ・ドクトリン」という名の予防的先制攻撃論を展開したブッシュ政権の態度は，政治学者の古矢旬の言葉を借りれば，トルーマン・ドクトリンからロナルド・レーガンの「悪の帝国」論へと引き継がれた善悪二元論的な世界観の再現であった（斎藤・古矢 2012, 320）．イスラーム市民への暴力が横行したテロ直後のアメリカ社会において，人々は，市民的諸権利が侵害される恐れがあるにもかかわらず，連邦当局による令状なしの盗聴や図書館の利用記録閲覧などを認める「愛国者法（Patriot Act）」の成立を受け入れた．そして，2002 年 11 月には，国内の治安情報の収集を統括する国土安全保障省が発足した（斎藤・古矢 2012, 319）．

　公共部門における本人確認が徹底されるようになったのは，この国土安全保障省が「従業員就労資格確認書（Employment Eligibility Verification）」を配布するようになってからである．その規定に従えば，一点の提示で本人確認が取れる書類は，アメリカのパスポート，グリーンカード，グリーンカードと同様の効力を持つ I-551 スタンプの付いた有効期限内の外国パスポート，有効期限内の顔写真付き就労許可証，そして有効期限内の出国記録が添付された有効期限内の外国パスポートに限定される．つまり，顔写真が添付されていない社会保障番号カードは，本人確認に用いられないことになっている[4]．社会保障

番号カードが,本人確認書類としての信頼性に欠けることは以前から周知されていたものの,それによる本人確認が認められないことを明示的に規定したのはこれが初めてであった.1946年から1972年の間に発行された社会保障番号カードには,「身分証明書としては用いない(NOT FOR IDENTIFICATION)」旨が記載されていたものの[5],これは,社会保障番号カードを本人確認書類として信頼すべきではないということを示したのに過ぎなかった.本人確認目的での使用を禁じるルールは特に存在しなかったため,不動産や病院など様々な民間機関が行う本人確認には,社会保障番号カードの提示が要求されることが多かった(Smith 2004, 207).それにもかかわらず,本人確認制度を確立する局面で,社会保障番号カードではなく運転免許証を中心に制度が整備されたのは,本人確認書類としてより信頼できる運転免許証が既に広く普及していたからであろう.9・11委員会(9/11 Commission)が提案し,2005年にブッシュ大統領が署名した「運転免許証等の発行基準に関する連邦法(Real ID Act)」は,主に運転免許証を対象に,本人確認書類の信頼性を強化するべく,表示すべき情報や交付時の本人確認の要領などを定めた(Gates 2008, 218).

イギリスでは,2001年のテロの後,第二次世界大戦中の国民登録制度の下で発行されていたような身分証明書の復活が議論された.この議論を引き起こしたトニー・ブレア政権下の労働党は,保守党のジョン・メージャー政権期に1996年のアイルランド共和軍暫定派のテロへの対応として出された運転免許証の発行基準などの強化案を縮小させたことがあったが,政権を獲得すると今度は自ら本人確認の厳格化に乗り出したのである.最初は主に外国人に向けられていたこの議論は,次第にその対象を拡大させ,2002年には一般市民を対象とする「資格カード(entitlement cards)」の導入が検討されるようになった.そして,2005年の総選挙で勝利を収めた第3期ブレア政権は,2006年に「IDカード法(Identity Cards Act 2006)」を成立させた.ところが,新たな身

---

4) Form I-9, Employment Eligibility Verification. http://jobs.irs.gov/sites/default/files/wysiwyg-uploads/files/IRSDownloads/I-9EmploymentEligibilityVerification.pdf(2018年12月3日アクセス)

5) 社会保障庁ウェブサイト.https://www.ssa.gov/history/hfaq.html(2018年12月3日アクセス)

分証明書の交付を定めるだけでなく，その身分証明書の所持義務までを規定した同法に対して，保守党の議員と利益団体，学者などは激しく反発した（Wills 2008, 163-164）．結局，2010 年の「本人確認書類法（Identity Documents Act 2010）」の成立を以て，ID カード法は廃止され，本人確認書類の不正な取得を禁じる規定のみを存続させることとなった[6]．こうして，イギリスにおける本人確認の厳格化も，アメリカと同様，国民 ID カードの普及を促すのではなく，パスポートや運転免許証など既存の本人確認書類の信頼性を強化する方向で落ち着いた．

2. 冷戦と国民 ID カード：ドイツの事例

ドイツに統一的な国民番号制度が存在しないのは，複雑に分立した社会保障制度の仕組みが番号制度にも反映されているからである．ここでは，まずドイツの社会保障制度の歴史を簡単に説明した上で，その制度の用いる番号制度がいかなる変遷を遂げてきたかを検討する．

今日のドイツにおいて，福祉を提供する主体が様々な社会集団に分かれているのは，19 世紀後半に作られたドイツ帝国の社会保険制度の仕組みが現在まで維持されてきた結果として理解されている．過激化する社会主義運動に危機感を覚えた帝国宰相ビスマルクが，一方では 1878 年の社会主義者鎮圧法を利用して運動を弾圧し，他方ではブルジョア階級に対抗する勢力を確保するために，労働者の福祉増進を図る政策を進めたことは広く知られている．1883 年の疾病保険法，1884 年の災害保険法，そして 1889 年の老齢・廃疾保険法を次々と成立させる中，ビスマルクは国家官僚による社会保険の直接管理までを試みていたものの，老齢・廃疾保険の一部を除いてはそれを実現できず，殆どの社会保険制度では，保険料を負担する労使の代表が自主的な運営を行う方式が取られることとなった（足立 1999, 15-19）．今日の社会保障制度の仕組みは，この時に作られた仕組みに基づいて確立されたものである．ドイツに倣い，社会主義運動を鎮圧する目的で社会保障制度を検討し始めた日本も，同じく機能ごとに分立した社会福祉を発展させたことは，第 1 章で述べた通りである．

---

[6] Identity Documents Act 2010. http://www.legislation.gov.uk/ukpga/2010/40/pdfs/ukpga_20100040_en.pdf（2018 年 12 月 3 日アクセス）

情報技術が発展し始めた時期にドイツの番号制度が見せた変貌も，日本のそれと非常に似ている．そもそも 1970 年代前半に日本政府が検討していた「統一個人コード」の構想は，それに先立って統一的な国民番号制度の導入を進めていた西ドイツの事例をも参考にしたものである．行政管理庁が 1972 年 3 月に刊行した『行管広報』には，西ドイツで議論されていた「国民統一個人コード（Personenkennzeichen）」に関する西ドイツの新聞記事を日本語に訳したものが掲載されている．その新聞記事によれば，西ドイツの連邦内務省が国民統一個人コードの導入に関する「連邦住民登録法案（Der Entwurf des Bundesmeldegesetzes）」を作成したのは，各行政組織が，それまで大量に蓄積してきたデータを，コンピュータで管理しようと動き出したためであった．国民番号制度がその管理を容易にすると考えていたのである．この法案には，1973 年 1 月 1 日から 12 桁の国民統一個人コードを一般市民に発行すること，また，そのコードを用いるデータバンクの整備を州に任せることが，その内容に含まれていた．

　しかし，法案が提出された頃に浮上したプライバシー論争は，審議を長引かせた．論争が続く中，連邦内務省は民間企業への情報提供を制限する規定を加えるなど，何度も法案に修正を施したものの，1976 年には国民番号制度が憲法の精神に反するという意見が議会において浮上し，連邦住民登録法案は成立を見ずに廃案となった（Frohman 2015, 348-349）．番号制度の統一化が進められる前に分散型の福祉制度を定着させていたドイツは，日本と同じく，プライバシー論争が政治的に利用されやすい状況に置かれていたのである．

　ところが，ドイツには，日本のみならず他の欧米諸国にも見られない特徴として，国民番号制度を伴わない国民 ID カード制度が定着している．ドイツの「個人識別カード（Personalausweis）」に記載されている番号は行政組織の間で全く共有されていないものの，すべての住民にカードの所持が義務付けられているのである．同じく第二次世界大戦の敗戦国でありながら，日本には顔写真が添付されている身分証明書の所持を国民に義務付けるような制度が導入されていないのは，第二次世界大戦の終戦時の状況が異なっていたことに起因すると言えよう．すなわち，東アジアでは，ソ連軍の南下が朝鮮半島に留まっていたがゆえに，日本はアメリカの単独占領下に入ることとなったのに対して，

首都ベルリンをソ連軍に占領された状態で敗戦を迎えたドイツは，冷戦が本格化する中で分割占領を余儀なくされた（石田 2005, 67-73）．そして，東西に分断されたドイツでは，1951 年に西ドイツと東ドイツそれぞれにおいて，新たな本人確認書類法が成立した（Noack and Kubicek 2010, 93）．

1951 年の本人確認書類法に基づいて交付された身分証明書は，主に西ドイツ人か東ドイツ人かを区別するのに用いられた点で，ナチス政権が導入した身分証明書を単純に引き継ぐものではない．ナチス政権は，1938 年から徴兵対象者とユダヤ人を対象に身分証明書の所持を義務付け，戦争状態に突入した1939 年からは，その対象を 15 歳以上のすべての人口に広げた．この経緯からして，当時交付された身分証明書がユダヤ人迫害と戦争目的で利用されたことは明らかである（Torpey 2000, 131-143）．第二次世界大戦の終結後，各占領国によって非ナチ化が徹底的に実行されたドイツにおいて，ナチス政権が導入した身分証明書が継続的に利用されるはずがなかったことも容易に想定できる（石田 2005, 69-70）．

形は変わったとしても，身分証明書の所持を義務化することが，ナチスを連想させるような動きであることは間違いない．それでも西ドイツと東ドイツの両方において，直ちに身分証明書を導入する制度が成立したのは，冷戦を始めたアメリカとソ連が，競争的に援助政策を繰り広げたことと深い関係がある．例えば，アメリカの慈善団体が共同で設立した対欧送金組合（Cooperative for American Remittances to Europe）は，ベルリンで援助活動を行う際に，西ドイツの身分証明書を提示した人に限って食糧を配給した．そこで，ベルリンに住む東ドイツ人の一部は，この配給を受けるために西ドイツの身分証明書を不正に取得していたため，東ドイツの警察はそれらの不正取得者の取り締まりを実施することがあったと言われている（Weyerer 2004, 522-527）．

西ドイツは，1987 年からコンピュータで読み込みが可能な身分証明書を新たに交付したものの，カードの形を変更しただけで，制度の内容は従来のものを維持した．1990 年に東西ドイツが統一されてからは，西ドイツの身分証明書が東ドイツの人々にも交付されるようになった．その後も，個人識別カード制度は激しい廃止論に晒されることなく，今日まで維持されている．むしろ，2001 年の同時多発テロが生じた後は，個人識別カードに生体認証を加えるべ

きだという主張も浮上していた．この主張が制度変化を導くような事態は生じなかったものの，今日のドイツの市民は，大陸ヨーロッパ諸国の中では珍しく，パスポートを所持しない者に対して個人識別カードの所持を義務付けている．その一方で，前述の通り，ドイツでは国民番号制度が憲法の精神に反するという理由で挫折した経緯があるため，個人識別カードに記載されている番号が様々な行政機関で利用されるようなことは固く禁じられている（Noack and Kubicek 2010, 93-99）．

3. 国民番号制度と普遍主義型の福祉国家：スウェーデンの事例

スウェーデンの番号制度は，社会保障ではなく住民登録に結び付いている点で，アメリカとイギリスの番号制度とは大きな違いがある．スウェーデンの税務庁（Skatteverket）が，住民登録（Folkbokföring）の詳細を説明する目的で発行した資料によれば，スウェーデンの市民として，その権利を行使するためには，住民台帳に登録されている必要がある．行政が提供する様々なサービスも，住民登録を行って初めて享受できるようになる（Swedish Tax Agency 2007, 2-3）．このことは，住民登録の際に発行される「個人識別番号（Personnummer）」を有しない者は，いかなる行政サービスも受けられないことを意味する．欧州委員会の調査によれば，スウェーデンの個人識別番号は，税務当局が発行する身分証明書だけでなく，パスポートや運転免許証にも記載されている[7]．

このように，スウェーデン社会への唯一の入り口とも言える住民登録は，1571年に教会によって初めて実施され，1686年には教区（församling）における住民登録が全国的にルール化された．それから，1862年に制定された「コミューン規則（Kommunalförordningar）」は，統合された国家行政の一部を担う地方自治体としてコミューン（kommun）を定義し，教区が行っていた住民登録も，教会コミューンが遂行する国家行政に位置付けられるようになった（グスタフソン 2000, 5-10）．住民登録の際に，国税庁が発行する個人識別番号を割り振るようになったのは，1947年からである．生年月日と無作為に付与

---

[7] "Tax Identification Numbers, Country Sheet: Sweden." https://ec.europa.eu/taxation_customs/tin/pdf/en/TIN_-_country_sheet_SE_en.pdf（2018年12月3日アクセス）

第1節　福祉国家と番号制度　　175

される出生番号とを組み合わせて9桁で構成されていた個人識別番号は，1967年から1桁のチェックデジットを加えた10桁の番号となり，現在に至る．約1,800の教区に各1カ所設置されていた教区事務所が行っていた住民登録の手続を，税務当局の所管に入れたのは，1991年に「住民登録法（Folkbokförings-lagen）」が制定されてからである（行政管理研究センター編 1978, 76; National Tax Board 2000）．

　スウェーデンの中央政府が1947年に個人識別番号を導入し，地方政府の住民管理行政に統一的なルールを適用できたのは，スウェーデンがアメリカやイギリスとは異なる「集権・融合型」の地方自治を定着させていたこととある程度は関係があると思われる．日本の市町村に相当するコミューンには，1862年からコミューン規則が定める課税権が与えられ，議会も設置されるようになったものの[8]，20世紀の前半までは，自治体が行う一定の決定に対して，国の行政機関による承認を得るべきとする規定が存在していた（岡沢 2009, 281-301）．自治体の自立した活動は，あくまでも国全体の秩序と運営方針が許す範囲内で展開されていたのである．

　このように自治体を縛っていた国の規制は，普遍主義型の福祉国家の建設と共に緩み始めた．国民年金法が制定され，普遍主義的な社会保障政策が本格的に始動した1946年の国会において，コミューンを新たな任務に適合させるた

---

[8] コミューン規則が制定されてから2000年に教会と国家が切り離されるまで，コミューンは「ブルジョワ・コミューン」（世俗の基礎コミューン）と「教会コミューン」（教区）に大別され，それらの複数のコミューンを包含する，日本の県に相当するランスティング（landsting）が，国家行政の地理区分であるレーン（län）に沿って構成されていた．現在は，教会コミューンの実質的な機能が廃止され，コミューンとランスティングだけが自治単位として存在している（岡沢 2009, 285）．長い間，静態的なシステムを保持していたコミューンにおいて合併を伴う地域区分改革が行われ始めたのは，第二次世界大戦後であった．社会民主労働党が1932年に政権を獲得し，社会保障政策を展開するようになると，人口1,000人未満の小規模のコミューンの存在が問題として浮上したのである．それらの小規模コミューンに対して国が補助金を出すという案も出されたものの，社会福祉をランスティングまたは国に委ねることは適切ではないという考えから，1946年3月の国会にコミューン地域区分の見直しを提案する議案が提出された．そして，1952年からその実施が始まり，世俗のいかなるコミューンも2,000人の人口を下回らないように小規模コミューンの合併が行われた．こうした大規模の地域区分改革は，1962年から1974年にかけてもう一度実施された（グスタフソン 2000, 47-54）．

めの大規模コミューン改革が決定したのである．この決定により，1948年にはコミューンの権限および決定能力を拡大するコミューン規定の改正が行われた（グスタフソン 2000, 71-92）．1947年に国民識別番号が導入され，住民管理行政の統一的なルールが定まった時，社会保障制度の運用においては自治体の権限の拡大が始まったのである．

　ところが，スウェーデンが導入したような統一的な国民番号制度は，同じく「集権・融合型」の地方自治の特徴を帯びていたドイツやオーストリアなど他の大陸ヨーロッパ諸国には存在しないものである．普遍主義型の福祉国家を実現している北欧諸国とは異なり，福祉を提供する主体が教会や職業団体など様々な社会集団に分散している国々には，福祉国家の拡大の局面において統一的な国民番号制度を導入する機会が訪れなかった（Esping-Andersen 1990, 38-41）．日本の事例でも示されたように，福祉国家の漸進的な発展過程において社会保障制度が複雑に分立してしまうと，住民管理行政もそれに連動して緩やかに発展するため，統一的な番号制度は生み出されにくいのである．すなわち，国民番号制度を成立させたスウェーデンの事例は，中央地方関係の特徴よりも，普遍主義型の福祉国家建設によって社会保障制度の急進的な発展が生じた歴史的な経緯に基づいて説明されるべきである．第二次世界大戦直後のヨーロッパにおいて社会民主主義政党が政権を握ったのは，スウェーデンを含む北欧諸国だけに生じた特殊な状況であり，それらの国々には同類の統一番号制度が成立しているからである．

　それでは，なぜ北欧諸国では，労働者階級の利害を代弁する政党が，ドイツにおけるファシズム政権の台頭に見られたような強い抵抗に直面することなく，政権を握ることに成功したのだろうか．この問題に関しては，階級間連合にその原因を求めたグレゴリー・ルーバートの議論に依拠しながら説明する．アメリカやイギリスとは対照的に，自由民主主義政権を定着させていなかったヨーロッパの各国は，第一次世界大戦後にファシズムと社会民主主義という全く異なる道へと進んだ．経済発展の水準や階級構造の違いでは説明できないこの現象について，ルーバートは，各国の社会民主主義政党が形成した連合に注目して議論を展開する．その議論に従えば，ドイツ，イタリア，スペインでファシズム政権が成立したのは，社会民主主義政党が農業労働者の動員を試みた結果，

農業労働者の勢力拡大を恐れていた地主層を反対勢力に回してしまったからである．これに対して，社会民主主義政党以外の政党勢力が先に農業労働者を動員していた北欧諸国では，社会民主主義政党が中層農民との「赤と緑の同盟」を成立させ，政権を手に入れることに成功した（Luebbert 1991, 285-303）．このようにして成立した社会民主主義政権が国民番号制度の導入と普遍主義型の福祉国家の建設を同時に進めたため，スウェーデンの番号制度は今日までその一元的な仕組みを維持しているのである．

あらゆる行政サービスが一つの番号制度に結び付いているスウェーデンの場合，日本やアメリカ，イギリスとは対照的に，プライバシーをめぐる議論が番号制度の利用範囲を縮小させるようなことは起きなかった．もちろん，スウェーデンにおいても，情報技術の発展と共に行政組織における個人情報の電算処理が進み，それに対してプライバシー侵害を懸念する声が浮上した．情報化の過程で，個人識別番号は個人を識別するコードとして重要な役割を果たし，住民登録に限らず，徴兵や国民保険，運転免許，パスポートに関わる個人情報の電算処理にも個人識別番号が用いられるようになったからである（International Institute for Vital Registration and Statistics 1996, 1）．プライバシーに関する立法が進められたのも，これまで検討してきた他の国で同様に見られた現象である．ただし，スウェーデンにおいて，1973年に公布された「データ法」の影響は，政府の個人情報システムの運営を監督する「データ検査員」の設置や民間企業への情報提供に対する規制に止まり，政府内での個人識別番号の利用範囲を狭めるような規定は設けられていない（行政管理研究センター編 1978, 68-76）．既にあらゆる行政サービスで用いられている番号制度を変化させるのは，拡大を遂げた福祉国家が新たな番号制度を定着させるのと同じ程度に困難なのである．

第2節　帝国主義の陰に生まれた国民番号制度

1．台湾の統一番号

台湾の番号制度は，多くの点において日本よりも韓国の制度に類似している．戸籍に「統一番号（統一編號）」が振られており，かつ14歳以上のすべての国

民に，統一番号が記載された顔写真付きの「国民身分証（國民身分證）」が交付されている．このことは，台湾地域で初めて導入された日本占領下の戸籍制度が，第二次世界大戦後の時代において，日本よりも韓国に似たような変遷を辿ってきたことを意味する．

1945年2月に始まったヤルタ会談での決定により，中華民国は日本から台湾を奪還し，中華民国台湾省に編入したものの，台湾省の住民管理制度を念入りに整備する時間的な余裕を持っていなかった．日本軍との交戦状態から脱した蔣介石率いる国民党政府は，今度は毛沢東率いる中国共産党との内戦を戦わなければならない状況に置かれたためである．1945年10月に勃発したこの国共内戦は，対日戦争で疲弊した国民党政府の権力をさらに減退させた（下斗米 2004, 36-48）．こうした状況の中で，国民党政府は台湾省の治安対策を急がなければならなかった．まず，1946年に「戸籍法」を台湾省に適用した国民党政府は，日本が残していった戸籍簿に基づいて直ちに国勢調査を実施し，1947年からは18歳以上のすべての住民に国民身分証を交付した．当時の国民身分証には，指紋を押捺し顔写真を添付する欄が設けられていたものの，多くの人にとって写真撮影に必要な料金を払うのは経済的に困難であったため，殆どの場合は指紋だけが採取された（Kuo and Chen 2016, 230-237）．

こうして成立した台湾の住民管理制度は，その成立の過程で米ソ冷戦の影響を直接受けていたわけではないが，広い目で見れば冷戦との関わりを全く持たないとも言えない．ソ連中心の一元的な権力構造が確立されていた東ヨーロッパとは違って，東アジアでは，地政学的な利害が複雑に絡み合い，その結果として国共内戦の戦況が冷戦構造の変化に大きく影響していたからである．1946年から激化した国共内戦が，アジア冷戦の最前線の一つであったことは言うまでもない．この国共内戦の結果として，1949年に国民党政権が台湾へ撤退し，中華人民共和国が建国されたことで，戦勝四大国による世界秩序を実現しようとしたアメリカの構想も，中華民国との友好的な関係を維持しながら千島列島など地政学的な戦略拠点を確保しようとしたソ連の計画も，急転換を余儀なくされたのである．そこで，アメリカは蔣介石の「大陸反攻」を抑えながら，「共産中国」の封じ込めに努めることとなり，ソ連は中ソ同盟を機軸にアジア冷戦を戦うことを表明した（下斗米 2004, 13-25, 46-51; 若林 2008, 61）．

第 2 節　帝国主義の陰に生まれた国民番号制度

内戦の影響で新たな住民管理制度が急速に整備されたとはいえ，1949 年に国民党政府が台湾に撤退するまで，台湾省における住民管理の主な手段は日本統治の時代とさほど変わらないものであった．国民党政府の台湾統治は，日本による植民地統治と同様，地域内部に統治の基盤がない状態で始まったにもかかわらず，そこに全く新たな秩序を生み出そうとしたためである．「台湾省行政長官公署組織大綱」を発布し，台湾に大陸とは異なる省制を適用した国民党政府は，台湾光復以前より台湾に移り住んでいた本省人を全く登用せず，中央政府に任命された行政長官に，台湾省の行政，立法，司法すべてに対する指揮監督権を与えた（若林 2008, 41-43）．

このような中央政府の独裁的権限を実際に機能させるべく，国民党政府は，日本が残していった「保甲」制度に目を付けた．日本統治時代の台湾総督府は，宋代において地方の治安維持を目的に編成され，明，清の時代まで活用されてきた保甲制度を，1899 年に制定した「保甲条例及び保甲条例施行規則」に基づいて運用していた．韓国の事例でも見られたように，地域土着の有力者の協力を得ることは，植民地統治の効率を高める．管内で選出された「保正」と「甲長」が構成する保甲は，犯罪捜査や思想犯を始めとする要視察人の監視など警察の補助を行う他，徴税や道路の修築など地方行政の業務までを負担していた（遠藤 2010, 139-145）．日本が戦争に敗れ，台湾が中華民国台湾省に編入された後，国民党政府は日本統治期に築かれた社会秩序を徹底的に組み換えようとしたものの，この保甲制度だけは廃止するどころか，むしろ積極的に活用していた．地域に基盤を持たない点では総督府と大差がなかった国民党政府は，保甲制度を利用して要視察人を定期的に監視していたのである．1949 年以後，保甲は行政組織の末端に組み込まれた（Greitens 2016, 99-111）．

1949 年に台湾へ敗走し，「反共復国」のための「復興基地」として台湾を位置付けた国民党政府は，戸籍制度とそれに基づく国民身分証を引き続き治安維持の手段として用いた．総統に立法院の追認を必要としない緊急処分権を付与し，事実上の憲法改正を図る目的で 1948 年に制定した「反乱鎮定動員時期臨時条項（動員戡亂時期臨時條款）」が継続的に施行されていた台湾では，この戒厳令の下で内戦態勢の恒常化が進んでいたのである（若林 2008, 73-74）．1954 年に台北で開かれた国民大会で，反乱鎮定動員時期臨時条項が引き続き有効で

あることが決議され,蔣介石の独裁が本格的に始まってからは,国民身分証に関する規定がさらに厳しくなり,その発行対象の年齢が18歳以上から14歳以上に変更され,すべての人に顔写真付きのカードが再発行された[9].こうして国民党政府の強権的な支配体制が整備されていく中,戸籍制度に生じたもう一つの重要な変化は,番号の付与を伴うようになったことである.1954年の段階では,個人ではなく国民身分証ごとに連番が振られていたのが,1966年からは各個人に生涯不変の統一番号が割り振られるようになった.そして政府は,この番号を徴兵と徴税の目的で利用すると明示的に宣言した.現在のように,出生と同時に番号が付与されるようになったのは,1971年からである(Kuo and Chen 2016, 237-239).

このような過程を経て国民番号制度を確立した台湾では,情報技術の発展と共に,行政組織間の情報連携が一気に進められた.1985年には全国規模の個人情報データベースの構築を目指す計画が立てられ,1997年から,そのデータベースの運用が始まった.このような動きと同時に,プライバシー侵害に対する懸念も浮上したものの,国民番号制度を用いた情報連携の仕組みは現在まで維持されている.ただし,1997年から2004年の間に,指紋情報のデータベース化と国民身分証のデジタル化を進める目的で始まった戸籍法改正の動きは,様々な社会集団の抵抗に直面した.2005年には当時の与党である民主進歩党が,国民身分証を発行する際に指紋を採取することを定める戸籍法8条2項および3項を廃止しようとして,それを求める戸籍法改正案を作成した.この法案は提出には至らなかったものの,その後,指紋採取に対する憲法裁判所の違憲判決が出され,現在は国民身分証を交付する際に指紋を採取することが禁じられている(Kuo and Chen 2016, 247-262).

---

9) 興味深いことに,当時の戸籍制度は,単純な治安維持だけでなく,政府の正統性を強調する手段としても用いられていた.大陸各省選出者によって構成されていた「中央民意代表」は,戸籍法に基づき,それぞれの出身地である「籍貫」を台湾の住所に移さずに維持したのである.国民党政府は,中央民意代表の持つ地域的代表性こそが,「正統中国国家」としての台湾を支えていることを強調し,大陸を回復するまでその改選を行わないという姿勢を堅持した(若林 2008, 72-75).

第 2 節　帝国主義の陰に生まれた国民番号制度　　　　　　　　　　181

2．エストニアの個人識別コード

　冷戦下のイデオロギー闘争が，植民地主義と侵略戦争の継続であったことは，1991 年に独立を果たすまで常に他国の侵略と圧力に晒されてきたエストニアの歴史がはっきりと示している．イデオロギー的に敵対するソ連とドイツが，1939 年に独ソ不可侵条約を締結して間もなく，エストニアを含むバルト三国はソ連の勢力圏に入った．同年 10 月，エストニアに領海統制能力がないことを口実に，赤軍のエストニア進駐を開始したソ連は，1940 年の春にドイツ軍がパリを陥落させたことに危機感を覚え，同年 6 月に駐留赤軍の増員と「友好」政権の樹立までを要求してきた．同年 7 月には共産党のシナリオ通り総選挙が実施され，ソ連邦加盟提案が議会初日に満場一致で決まった．こうしてソ連に編入されたエストニアは，1941 年 9 月にドイツ軍の侵攻を受け，一時的にその占領下に置かれることとなったが，第二次世界大戦の終結後，直ちにソ連による再占領を余儀なくされた．ソ連占領軍に対する戦いを繰り広げていたレジスタンス兵は，1956 年のハンガリー革命を鎮圧したソ連軍に対するアメリカの傍観を目の当たりにして，わずかな希望すら打ち捨ててしまった．人々はソヴィエト体制に順応し始め，ソ連の公安組織による監視と教育がエストニアのソヴィエト化を促した（カセカンプ 2014, 205-240）．

　現在のエストニアの番号制度は独立後に導入されたものであるにしても，こうした悲劇の歴史を踏まえずにその成り立ちを説明することはできない．「個人識別コード（isikukood）」と呼ばれる統一的な国民番号制度を有するだけでなく，15 歳以上の全人口に，そのコードが記載されている身分証明書の所持を義務付けている点で，エストニアの制度は，外生的な政治力学の下で成立した韓国や台湾の国民番号制度と同様の性格を持つ．独立した翌年の 1992 年に，「住民登録法（Rahvastikuregistri seadus）」を法的根拠とする個人識別コードが導入されたことによって，パスポートや運転免許証，学生証などにはそのコードが漏れなく記載されるようになった．そして，1999 年に制定された「身分証明書法（Isikut tõendavate dokumentide seadus）」に現在の「電子身分証明書（eID）」の導入が定められ，2002 年からその発行が始まった（アリキヴィ・前田 2016, 65; Pedak 2013, 7-8）．

こうした経緯からして，エストニアの事例を，パスポートや運転免許証の普及が進んだ後に国民IDカードの普及を実現した例外的な事例として捉えることは適切ではない．電子身分証明書の導入が決まった当時，パスポートや運転免許証の普及がどの程度まで進んでいたかは定かでないが，ソヴィエト体制下では国内パスポートが日常化されていたからである（Torpey 2000, 130-131）．ホテルに宿泊する時や公共交通機関を利用する時など様々な場面で国内パスポートが使われ，本人確認を厳格に行う制度が社会に浸透していたからこそ，独立後のエストニアにおいても国民IDカードの導入は大きな抵抗を引き起こさなかったのであろう（Shelley 1996, 131-135）．2010年に行われた欧州連合（EU）理事会の調査によれば，エストニアのみならず，ソ連の勢力圏の下に置かれていたポーランド，ブルガリア，チェコ，ハンガリー，ルーマニア，スロヴァキアなどの国々にも，身分証明書の所持を義務付ける制度が現に存在している[10]．

さらに，独立後のエストニアでは，誰に市民権を与えるべきかを定めるため，国民の再定義が行われた．1992年に採択された「国籍法（Kodakondsuse seadus）」に基づき，第二次世界大戦前からエストニア共和国に居住していた民族的ロシア人の市民とその子孫には，自動的に市民権が付与されたものの，ロシア語系住民が大半を占める戦後の移住者とその子孫に対しては，国籍の再取得が求められたのである．また，1993年に制定された「外国人法（Välismaalaste seadus）」は，市民権を持たない住民に外国人登録を義務付けた（志摩 2004, 234-236）．このようにして進行した国民の再定義は，ドイツや韓国において国家の分断と冷戦の深化を原因として行われた国民の再定義とは異なる性格を持つものの，国民IDカードの普及と密接な関係を持つ点では，それらの事例と共通する部分もある．例えば，エストニアでは，2005年から地方選挙におけるインターネット投票に電子身分証明書を用いることとなった（アリキヴィ・前田 2016, 80）．国民の再定義を行った結果として，電子身分証明書に国籍を記載しているエストニアでは，その身分証明書が国民であることの証となっているのである．

---

10) "State of Play concerning the Electronic Identity Cards in the EU Member States." http://www.statewatch.org/news/2010/jun/eu-council-ID-cards-9949-10.pdf（2018年12月3日アクセス）

第2節　帝国主義の陰に生まれた国民番号制度　　　183

民主化と市場経済への移行が同時に進められていた独立後のエストニアでは，その急激な変化に対応すべく，情報技術が積極的に活用された（Kotka, Vargas and Korjus 2015, 2-3）．個人識別コードが，エストニア政府の情報化政策を助けたのは言うまでもない．エストニアの行政機関と民間企業，そして市民は，インターネットに接続されている「データ交換層（X-Road）」を介してデータ交換を行い，その際の個人認証には電子身分証明書を使用している．インターネット投票や電子申告，電子医療管理サービスなどデジタル化を果たした公的・民間サービスは，電子身分証明書やデータ交換層といった情報流通の基盤が整っていたからこそ実現できたものである．これらの行政サービスは個人識別コードを必ず用いるため，そのコードが記載されている電子身分証明書は，運転免許証や健康保険証代わりに使われるだけではなく，銀行の取引や公共交通機関の利用などにも広く適用されている（アリキヴィ・前田 2016, 65-98）．

3．電子政府の目的

　国民番号制度の成立と国民 ID カードの普及を同時に実現した国として本書が検討の対象としてきた韓国，台湾，エストニアは，電子政府を飛躍的に発展させてきたという共通点を持つ．だが，これらの国々が電子政府の発展に力を入れてきたのは，先発工業国とは異なる理由からであった．第3章で説明したように，先発工業国では，一度拡大した福祉国家の縮小を試みる局面において，いわゆる新公共管理（NPM）の道具として電子政府を捉えてきた．それに対して，韓国と台湾，エストニアは，そもそも先発工業国並みの福祉国家の拡大を経験していない．図 5-1 は，OECD のデータを用いて，横軸に 2013 年の各国の国内総生産（GDP）に占める社会保障支出を，縦軸に 2014 年の各国の高齢者の貧困率を表したものである．冷戦下の各国の経済体制が大きく異なっていたことに鑑み，旧西側諸国は丸印，旧東側諸国は三角印で示している．この図によれば，韓国の GDP に占める社会保障支出は 9.3% と OECD 諸国の中で最も低く，エストニアの場合も 15.8% と旧東側諸国の中では最も低い水準にある．さらに，社会保障支出が低いのと同時に，韓国における高齢者の貧困率が 49.6% と高い比率を示しており，エストニアも 12.1% に達していることは，どちらの国も，高齢者の貧困問題に対して，明らかに消極的な対応を取ってき

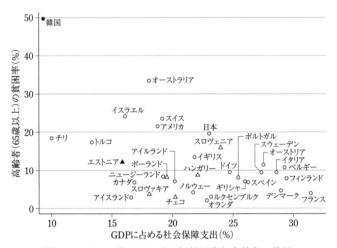

図 5-1 OECD 諸国における福祉国家と高齢者の貧困
出典：GDP に占める社会保障支出は OECD. Stat, Social Expenditure (SOCX). 高齢者の貧困率は OECD. Stat, Income and Poverty of Older People.

たことを示している．

　従って，韓国とエストニアに見られる社会保障支出の低さは，政府支出の効率性を表すものではなく，福祉国家の発達が不十分であることを意味するものである．こうした傾向は，OECD に加盟していない台湾にも同様に見られる．台湾の場合，高齢化率が約 30% に達しているにもかかわらず，社会保障支出は 1990 年代から一貫して GDP の約 5% に留まっている（Hong 2014, 652; 上村 2015, 58）．韓国，台湾，エストニアの福祉国家が十分に拡大しなかったことの背景には，様々な国際的な圧力に晒される中，経済成長を最優先に考えなければならない事情があった．そして，急速な経済成長と同時に進められた電子政府の構築は，社会福祉よりは，むしろ経済成長を助けるものとして推奨されてきた．

　韓国では，経済成長を優先し，再分配を軽視してきた権威主義体制の時代が 1987 年にその幕を閉じたものの，民主化後も福祉国家の拡大を妨げる新たな要因が現れた．1989 年に米ソ冷戦が終焉した後，アメリカの対外政策が，金融資本の意向に応じた資本の自由化と新興市場の開拓を最重要課題として扱うようになったことは広く知られている．ビル・クリントン政権は，韓国やメキ

シコ,ハンガリーなど,新興市場となり得る国を標的にして,資本の自由化を促すための制度改革を強く要求した.そこで,これらの国々に圧力をかける手段として用いられたのが,OECDへの加盟条件である.韓国では,1970年代からOECD加盟をめぐる議論が続いていたものの,1980年代後半までは検討の段階に留まった.1990年代になって加盟に向かう動きが本格化したのは,民主化後の政権にとって,OECD加盟を通じた先進国の仲間入りは,大衆的な支持を引き出せるような業績にほかならなかったからである.さらに,韓国の財閥は,OECDの加盟条件である資本の自由化が果たされることで,低金利の投資資金を海外から集められると考えたため,政府のOECD加盟計画を積極的に支持していた(池 2011, 133-141).このように,韓国の新自由主義的な経済政策は,冷戦の終焉,グローバル化,民主化など様々な要因が絡み合った結果として始まったものである.

　急進的な規制緩和と資本の自由化を約束した韓国政府は,1996年にOECD加盟を果たした.それから2年後に政権交代が生じ,前政権より福祉を重視する「進歩」政権が10年間続いたものの,その間にもOECD平均並みの福祉国家が実現することはなかった.韓国で資本の自由化が進んだ結果,金融機関に対する政府の支配力が弱まったことで,逆に財閥の影響力が拡大したため,自由化後に莫大な負債を蓄積させた財閥は,1997年のアジア通貨危機において国際通貨基金(IMF)の緊急融資を要請せざるを得ない事態を引き起こしたのである(池 2011, 141-158).1998年に成立した金大中政権は,社会民主主義的な路線を選択するであろうと期待されていたにもかかわらず,前政権が招いた経済危機を克服するべく,外資を積極的に導入し,雇用の流動性を高めるような政策を展開した.もちろん,金政権下で自営業者にまで年金の適用範囲が拡大されたことや,国民基礎生活保障法が制定されたことは,社会保障制度の注目すべき発展であったが,それと同時に進行していた雇用の流動化は,労働組合の組織率を著しく低下させたため,福祉拡充の程度は確実に制限されることとなった(木宮 2012, 130; 上村 2015, 30-31).経済の自由化と市場競争の導入を進める一方で,社会保障政策で競争弱者を救おうとした金政権の政策は,コーポラティズム的な社会協議体として設置された「労使政委員会」の破綻により露呈された進歩派と保守派のイデオロギー対立によって,いずれも中途半端に終わ

ってしまったのである（大西 2014, 44-46, 86-88）．

　電子政府の構築が韓国政府の主要政策の一つとなったのは，丁度この時期である．経済危機に対応できなかった従来の産業の代わりに，国全体の生産性を向上させる可能性を持っていた情報技術産業への期待が高まり，行政組織の情報化も積極的に推進されるようになったのである（韓国電算院 2003, 55-59）．2001年1月には，既存の電子政府推進体制の限界を乗り越えるべく，民間の専門家と関係閣僚を含む「電子政府特別委員会」が大統領の諮問機関として設置された．既存の体制では，関係部局の協力を引き出せないという判断があったためである．発足して間もない電子政府特別委員会が当面の課題として認識していたのは，公共部門におけるデータベースの共同利用，オンラインでのサービス提供などといった行政機関間の情報連携に関する課題であった（丁 2015, 118）．1980年代後半から1990年代後半にかけて構築された，住民情報，土地情報，経済統計などのデータベースを活用して，2000年代からは市民に向けたワンストップサービスを実現するための情報化が進められたのである（韓国電算院 2003, 67-70）．社会保険の情報連携システムやインターネットを通じた総合国税サービス，電子署名システムなどが構築され始めたのもこの時期である（金・趙 2008, 116-117）．

　台湾においても，電子政府は経済成長を助ける手段として用いられてきた．台湾の場合，1997年のアジア通貨危機の時は深刻な影響を受けなかったものの，2001年に生じた国際的な不況を免れることはできなかった．1947年以来のマイナス成長を記録するなど不安定な経済状況に陥った台湾では，財政赤字に対する懸念が高まった．そうした中，2000年の政権交代直後から国民年金案を野心的に掲げていた民主進歩党の陳水扁政権は，当初の案を取り下げ，政府支出を軽減できる新たな政策案を模索することとなった（Haggard and Kaufman 2008, 227-228）．上村泰裕の言葉を借りれば，後発福祉国家としての特徴を持つ台湾の福祉政治は，「財政規律を重視する非難回避の政治」として展開されたのである（上村 2015, 113-120）．このように福祉の拡充が抑制されている状況下で，台湾の電子政府は，行財政の効率化と情報技術産業の発展をもたらすものとして積極的に推進された．その代表的な動きとしては，2000年代に実行された「デジタル台湾（數位臺灣）」計画がある．情報技術を国家開発戦略

の中核要素として位置付けたこの計画が目指していたのは，政府主導で産学官の連携を促し，電子政府と情報通信インフラ，電子ビジネスなどの発展を図ることであった（Chen and Hsieh 2009, 155）．

　事情は異なるとしても，エストニアの場合も，福祉の拡充が制約されている中，経済発展の手段として政府主導の情報化が進められた点において，韓国や台湾と同様の道を歩んできたと言える．50年間にわたるソ連の支配から脱却したエストニアにとって，ロシアとの経済関係を断ち切り，EUへの加盟を通じてヨーロッパ化を進めることは，実利的な面でも象徴的な面でも重要な課題であった．2004年にEUに加盟したエストニアは，2010年にはOECDへの加盟も果たし，2011年からはユーロ導入に踏み切った．こうした過程の中で民営化と資本の自由化が急激に進められたのは言うまでもない．新自由主義的な経済政策と同時に，大陸ヨーロッパ型の社会保障政策も展開されたものの，非エストニア人，単身家計，高齢者家計の貧困が悪化している現状は，福祉政策と相反する経済政策が福祉の拡充に制約を加えてきたことの証である（溝端 2012, 192-197）．こうした背景の下で，世界初のインターネット投票の導入に踏み切るなど，積極的に進められたエストニア政府の情報化戦略は，エストニア経済の競争力を高めると同時に，ヨーロッパ化に向けた社会変動を導く手段として認識されていた（Runnel, Pruulmann-Vengerfeldt and Reinsalu 2009, 33）．

　ここまでの検討で明らかとなったように，韓国と台湾，エストニアにおいて，国民番号制度を活用しながら目覚ましく発展した電子政府は，成熟した後の福祉国家を支えるために取られた措置ではなかった．むしろ，これらの国々において高齢化に伴う社会問題が例外なく出現していることに鑑みれば，新公共管理と電子政府の組み合わせを福祉国家の危機に対する処方箋として捉えてきた先発工業国の考え方は見直しが必要なのではなかろうか．

小　括

　本章では，各国の多様な番号制度を導いた様々なメカニズムを明らかにした．まず，福祉国家の拡大する局面において各国が置かれていた状況の違いは，番号制度のあり方に大きく影響していたことを確認した．「分権・分離型」の中

央地方関係の特徴を持つアメリカとイギリスでは，対象を限定して緩やかに発展する社会保障制度に合わせて，地方政府とは独立に，中央政府によって運用される番号制度が作られた．日本の福祉国家にも影響を与えたドイツの福祉国家には，複雑に分立した社会保障制度の仕組みが築かれたため，日本と同じく様々な主体によって管理される分散型の番号制度が成立した．これらの国々は，情報技術の発展に促され，分立していた番号制度の統一化を試みたものの，プライバシー保護の論理を用いる様々な抵抗に直面し，予定通り統一化を実行できなかった．

本書が検討の対象とした先発工業国の中で，国民番号制度を導入できたのは，「集権・融合型」の中央地方関係の特徴を持ち，かつ第二次世界大戦後における普遍主義的な社会保障政策の展開によって行政機能の急進的な拡大を迫られたスウェーデンのみである．スウェーデンに限っては，行政サービスが拡大する前の段階で，統一的な国民番号制度の導入に踏み切ったのである．ここに見られる制度選択の順序の違いは，国民IDカードの普及を説明する上でも重要な手がかりを与える．国家が分断された状態で冷戦の影響を強く受けていたドイツが早い段階で本人確認の厳格化を進め，身分証明書の所持を義務付けたのに対して，アメリカとイギリスにおいては，2000年代にテロ対策が講じられた際，既にパスポートや運転免許証などの本人確認書類が普及していたため，国民IDカードの普及は容易に進まなかった．

その一方で，韓国と同様，植民地支配と地政学的な圧力に晒される中で住民管理制度を築いた台湾とエストニアでは，行政サービスが拡大する以前に本人確認の厳格化が進み，その道具として導入された国民IDカードと国民番号制度が後に拡大した様々な行政サービスと結び付いた．これらの国々の国民番号制度は，情報技術を利用した行政組織間の情報連携を一気に進め，電子政府の飛躍的な発展をもたらしたものの，そこで展開された政策は，資本の自由化を求める国際的な圧力が働く中，福祉国家の発展ではなく，経済発展を助けるものとして位置付けられた．しかし，新自由主義的な理念に従って行政の効率化を追求してきたこれらの国々においても，高齢化などによる社会問題が例外なく出現していることは，新公共管理と電子政府を組み合わせて福祉国家の危機を乗り切ろうとしてきた先発工業国に有意義な教訓を提供していると言えよう．

結　論

　本書では，国民番号制度の導入を目指した各国の試みが必ずしも成功しなかった理由について，国際比較の中で説明を行ってきた．20世紀の後半において，福祉国家の発展に伴う行政機能の拡大が生じた時，各国は様々な条件の下に置かれていた．それ以前から長期にわたって行政機能を緩やかに拡大してきた国々においては，分野ごとに分立した番号制度が導入され，逆に行政機能の急進的な拡大を迫られた国々では統一的な国民番号制度が成立した．その後，1960年代から普及し始めた情報技術は，行政組織間の情報連携を実現する手段として番号制度の統一化を促し，また，2000年代に浮上したテロの脅威は，厳格な本人確認制度を確立する手段として国民IDカードの重要性を認識させた．それにもかかわらず，今日の世界において番号制度の多様性が持続しているのは，既に様々な行政サービスと結び付いた番号制度に対して，急激な変化を加えることは非常に困難であることを示している．国民番号制度の孕むプライバシー侵害の問題は，多くの国で議論の対象となったものの，それらの議論の影響は既存の制度を大きく変化させるほど強力ではなかった．このことは，分立した番号制度の仕組みが長らく持続してきた日本に関しても同様に言えることである．

　一見すると，このような本書の議論は，複雑な行政手続や非効率な医療制度など番号制度の絡む問題の解決を諦めさせるような話に聞こえるかもしれない．だが，本書が懐疑的に捉えているのは，あくまでも急進的な制度変化を目指す動きである．だからこそ，まずは番号制度を始めとする住民管理制度の中に潜む問題を見極め，漸進的な変化を促す必要があると考える．その意味で，日本の戸籍制度の孕む「無戸籍」の問題に注目した遠藤正敬の近年の研究は，極めて重要な視点を提示していると言えよう．「日本人」であることを証明する「精神的・道徳的な規範」として位置付けられてきた戸籍を，何らかの理由によって取得できず，国家の提供する生活の保障や救済の外に置かれた人々は，

現在の制度が生み出した最大の被害者であるに違いない（遠藤 2017, 14-21）．こうした問題に光を当て，その解決を繰り返すことで，制度は少しずつ望ましい方向に変化していくであろう．

　もちろん，マイナンバー制度を導入した日本政府の立場からすれば，その制度を有効に活用することは当面の重要な課題であるに違いない．そこで，日本政府は，マイナンバーの利用範囲の拡大を試みる一方で，マイナンバーカードの普及を促進するための施策を展開してきたものの，現段階では苦戦が目立つ．例えば，マイナンバーから生成された符号に基づいて特定個人情報のやり取りを行う「マイナンバー制度の情報連携」を，日本年金機構と地方自治体の間で実現し，年金の受給開始の申請手続などを簡素化する計画は，2018 年 3 月に発覚した年金データ入力の再委託事件を受けて，無期限延期されることとなった．約 500 万人の氏名を入力する業務が中国の業者に無断で再委託されたことに加え，約 30 万人の情報が誤って入力されたこと，また，所得税控除の申請を期限内に行った約 8 万人のデータが放置されて未申告者扱いとなったことから，個人情報の保護策が十分ではないという判断が行われたためである[1]．

　マイナンバーカードに関しては，交付を開始した 2016 年度内に 3000 万枚の交付を目指すという目標が掲げられたものの，同年 12 月の段階での交付枚数はその半分にも満たなかった．こうした事情を受けて，政府は，マイナンバーカードを持つ利点を増やすべく，各種証明書の自動交付を可能にするシステムを早急に導入するなどの取り組みを地方自治体に働きかけてきた[2]．そうした取り組みの一環として，三重県津市は 65 歳以上の市民にマイナンバーカードと連動した IC カード乗車券を交付し，その際に毎年最大 2000 円分のバス乗車ポイントを付与している．この事業の効果によって，65 歳以上のカード交付率は，市全体の交付率 9.77% を大きく上回る 18.34% まで増加した[3]．全国の特別区・市の中で最も高い 26.2% の交付率を達成した宮崎県都城市では，マイナンバーカードに添付する顔写真撮影の手間を省くために，市職員がタブレット端末で顔写真を撮り，パソコンを操作して申請を手伝う「都城方式」で

---

[1] 『朝日新聞』2018 年 3 月 20 日，『日本経済新聞』2018 年 3 月 21 日．
[2] 『読売新聞』2016 年 12 月 25 日．
[3] 『朝日新聞』2018 年 5 月 11 日．

結　論

他の自治体からの注目を集めている[4]．また，総務省は，国政・地方選挙で不在者投票をする場合にマイナンバーカードなどで本人確認ができれば投票用紙をインターネットで請求できるようにする省令を定め[5]，さらに海外に住む有権者に対しては，マイナンバーカードを使って本人確認を行い，インターネット投票で国政選挙に参加できるようにする可能性を検討している[6]．しかし，2018 年 7 月の時点で，全国におけるマイナンバーカード交付率は全国人口の 11.5% に留まっており，地方自治体において市区町村人口の 20% 以上の交付率を達成したのは，その殆どが人口 1 万人未満の小規模の自治体である[7]．

　本書を締めくくるに当たり，以下では，マイナンバー制度の活用を促進するべく政府が展開してきた取り組みに関して，一定の検討を加えたい．そこで，まず市民の立場から見て，番号制度が満たすべき条件は何であるかを考察し，次に成立の経緯から見てマイナンバー制度がその条件を満たすものであったかどうかを確認する．

1. 国家権力の両義性

　番号制度を検討の対象とする本書が，プライバシーに関する問題を議論の中心に置かなかったのは，監視社会の危険性よりも，国家権力の両義性を強調するためである．国民番号制度を受け入れた国々の市民に対して，そうした人々が利便性のためにプライバシーを犠牲にしたという見方をするのは妥当ではないと筆者は考える．重要なのは，近代国家が，そうした制度を人々に受容させる権力をいかに獲得したかを理解することである．そのためには，秩序の安定を目指して発揮される国家権力と，福祉国家の便益を享受する市民の支持を受けて増大してきた国家権力の両方に注目する必要がある．

　従来の監視社会論においては，監視がもたらす危険性と利便性のトレードオフが重要な論点となってきた．個人を識別する技術の発展が，行政手続や治安

---

[4] 『読売新聞』2017 年 8 月 1 日．
[5] 『朝日新聞』2017 年 12 月 22 日．
[6] 『朝日新聞』2018 年 4 月 21 日．
[7] 総務省ウェブサイト．http://www.soumu.go.jp/main_content/000538604.pdf（2018 年 12 月 3 日アクセス）

維持の効率を高める一方で，社会全体の不平等と不公正を蔓延らせると主張したデイヴィッド・ライアンは，その最も悲劇的な事例として，ベルギーの植民地であったルワンダで発生した1994年のジェノサイドの過程で，民族集団に基づく市民の分類に用いるために身分証明書が発行されたことを指摘している (Lyon 2009, 1-8, 19-38). こうした事例を取り上げるライアンの議論は，効率性の増大と不平等・不公正の拡大との対比を通じて，監視社会の両義性を示し，社会の可視化に対する警鐘を鳴らすことを目的としている.

しかし，効率性と平等・公正のトレードオフに注目するだけでは，市民が利便性を求めて自ら監視を受け入れているという誤解が引き起こされる恐れがある．この点については，ルワンダの事例とは対照的な事例を取り上げているティモシー・スナイダーの議論が参考になる．スナイダーによれば，ホロコーストに直面したユダヤ人にとって，国家の存在は生命を保障するものでもあった．ポーランドのパスポートを持つユダヤ人は，ポーランドを国家として承認していた国ではホロコーストから逃れることができたのに対して，そうでなかった国では犠牲になってしまったのである．また，ごく少数の例外を除けば，アメリカやイギリスのパスポートを持つユダヤ人はホロコーストの危険から逃れることができた (Snyder 2015, 207-225).

ここから言えることは，人々の生命に直結する国家権力を，一方的に擁護または批判するのは難しいということである．定住型農耕の定着が移住と植民を必要とする余剰人口を生み出したことによって，国家の統制は辺境地にまで拡大した．その後の時代を生きる人々は，国家から逃れる道をほぼ完全に失っている (Scott 2009, 1-13). また，前近代農業社会から近代工業社会への転換に伴って，政治行動を行う際の連帯のあり方や人々の抵抗に対する国家の戦略も著しく変化した．前近代農業社会では，共同の権利を有する農民共同体が租税負担などに抵抗し，その農民反乱への対応として租税の軽減や農地改革などが講じられたのに対して，近代以後に展開した福祉国家の建設は，社会権を広く認めることを通じて階級闘争を抑制すると同時に，住民の管理を容易にする制度を発展させることで国家の能力をさらに強化する働きを持つのである (Moore 1966, 453-483; Esping-Andersen 1985, 36-37). このことを念頭において，資本主義が生み出した様々な弊害の解決を国家に期待したカール・ポランニーの見方を

裏返せば，福祉の供給と共に権力を強化してきた国家の姿が見えてくる（Polanyi 1944; Torpey 2000, 8）．

このように権力を強化してきた国家は，常に成功を収めてきたわけではない．ジェームス・C. スコットによれば，植民地開発，計画都市の建設，農業の集団化などといった形で「読み取り可能な」社会を構築する国家の試みは，土着の秩序とは関係のない新しい秩序を生み出し，時に大きな悲劇をもたらしてきた（Scott 1998, 57-63）．ティモシー・ミッチェルの議論によれば，帝国が行ってきた植民地化は，帝国主義者の思い込みに合わせて植民地の社会を作り変える企てにほかならない（Mitchell 1991, 1-33）．経済史家の小野塚知二が言うように，近代以後の中央集権化された国家権力によって設計された数々の合理的なユートピアの構想は，殆どの場合に失敗に終わり，それら失敗は次代への新たな構想に対する諦観を生み出してきた．実現すべき社会像を示すことなく，ひたすら競争的市場という価値を追求する新自由主義的政策の流行は，それ以前の目的合理的な構想に対する反動として理解できよう．だが，明確な展望を示さない安易な政策が，人々の直面している状況の改善を導くことはない（小野塚 2018, 492-538）．

このことを念頭において，以下では，マイナンバー制度の成立過程を簡単に検討し，この制度が日本における福祉国家の行方に与える影響について考察を加えることにしたい．

2. マイナンバーと日本の福祉国家

内閣官房のウェブサイトに掲載されているマイナンバーの広報資料には，マイナンバー制度の三つの目的が記載されている．第一は，面倒な行政手続を簡素化し，国民の利便性を向上すること，第二は，行政手続の正確性を高め，行政を効率化すること，そして第三は，給付金などの不正受給を防止して，公平・公正な社会を実現することである[8]．ここでは，福祉国家のあり方に関わる第三の目的が浮上したきっかけに注目する．

マイナンバーの正式名称である「社会保障・税番号」は，その名の通り，社

---

8) 内閣官房ウェブサイト（マイナンバー社会保障・税番号制度）．http://www.cas.go.jp/jp/seisaku/bangoseido/pdf/mn_guide.pdf（2018年12月3日アクセス）

会保障番号と納税者番号を結合したものである．これらの二つの言葉を組み合わせたのは，2007年に「消えた年金記録問題」を厳しく追及し，その解決策として税と社会保障の分野で活用できる新しい番号制度の導入を掲げ，2009年に政権交代を果たした民主党政権であった．2010年11月から「社会保障・税一体改革」が本格的に始動すると，2012年2月には社会保障・税一体改革大綱が閣議決定され，社会保障の給付や負担の公正性と明確性を確保するために，社会保障・税番号制度の早期導入を図る必要があることが提言された[9]．そして2013年5月，政権復帰を果たした自由民主党の第二次安倍晋三内閣の下で，その番号制度の導入を定める「行政手続における特定の個人を識別するための番号の利用等に関する法律」が成立を見た．この経緯からすれば，マイナンバーの登場は，消えた年金記録問題への対応にほかならない．

しかし，そうした結論を引き出す前に，見逃してはならないことがある．それは，社会保障・税番号と，納税者番号や社会保障番号の間に，どのような違いがあるのかということである．実は，民主党政権が打ち出した社会保障・税番号制度は，消えた年金記録問題への対応を迫られた第一次安倍晋三内閣が提案した「社会保障番号制度」と差別化できるような特徴をほぼ持たないものであった．元々，社会保障番号制度の検討には，既に年金，医療，介護の情報を一つの番号で一元的に管理し，その番号を個人の申告所得の管理にまで用いて課税逃れを防ぐという構想が含まれていたのである[10]．従って，社会保障番号と社会保障・税番号は，どちらも1980年代に浮上した納税者番号の構想を拡大したものに過ぎない．第2章でも触れたグリーンカード制度の廃止の後，それまで政府税制調査会が検討していた納税者番号制度を議題に取り上げにくくなったため[11]，市民に好感を与えられる社会保障をより強調する形で納税者番号の構想を再度浮上させたのが，社会保障番号であり，社会保障・税番号なのである．このことに鑑みれば，民主党政権が公約に掲げた社会保障・税番号制

---

9) 内閣官房ウェブサイト（社会保障・税一体改革大綱）．http://www.cas.go.jp/jp/seisaku/syakaihosyou/kakugikettei/240217kettei.pdf（2018年12月3日アクセス）
10) 『朝日新聞』2007年6月16日．
11) 1986年10月9日付『朝日新聞』の記事によれば，納税者番号制度の検討に際して，政府税制調査会は，「グリーンカード制度が廃止された経緯などから判断して，今すぐ取り上げる状況にはない」という意見を示していた．

度の導入が，自民党政権の下で順調に進められ，マイナンバー制度に結実したのも不思議ではない．

　それでは，社会保障番号制度はいかなる経緯を経て登場したのであろうか．興味深いことに，共通番号制度の導入を通じた社会保障と税の一体的な改革を初めて試みたのは，新自由主義的な改革を旗印とする小泉純一郎内閣であった．小泉内閣の下で経済政策の策定を担った経済財政諮問会議は，社会保障改革の柱の一つとして，2001年6月に「社会保障個人会計」の検討を提言したのである．その主な目的は，個人番号を利用して医療や年金，労働保険を一つの勘定にまとめることで徴税コストを減らし，社会保障の連携を実現して重複給付を防ぐことであった[12]．この政策案は，郵政民営化や労働規制緩和などに比べて優先度が低かったがゆえに，小泉政権期の内には実現しなかったものの，消えた年金記録問題をきっかけとして，遂に「政策の窓」が開き，制度化を果たすこととなった（Kingdon 2010, 166-170）．すなわち，マイナンバー制度の導入につながる社会保障番号制度の構想は，福祉国家の縮小を目指す政権によって生み出されたものなのである．

　以上のように，マイナンバー制度の成立は，日本の福祉国家の質を向上させるために政治エリートたちが悩み抜いた結果であるとは言えない．むしろ，その動機は，福祉国家の縮小，あるいは現状維持であった．そのための手段として設計された番号制度が，市民にそれほど歓迎されないのは，ある意味では当然のことのように思われる．本書の執筆を終えた段階では，マイナンバー制度に対する規範的な評価を下すことは難しい．だが，一つはっきりしたことがあるとすれば，それは，福祉国家の質的な向上をもたらさない形で番号制度の改革を進めても，その試みは，常に市民の抵抗に直面するだろうということである．

---

12) 『朝日新聞』2001年9月6日．

参考文献

未公刊資料（日本）

大田区企画部電子計算課．1991．「平成3年度版事業概要」．
行政管理庁行政監理委員会．1975．「「行政機関等における電子計算機利用に伴うプライバシー保護に関する制度の在り方についての中間報告」説明資料」（総理府臨時行政調査会第2部会第2分科会資料）．
行政管理庁行政管理局．1981．「グリーンカード制度関係」（総理府臨時行政調査会第2部会第2分科会資料）．
行政管理庁行政管理局行政能率調査班．1964．「行政における電子計算機導入実態調査報告書」（総理府臨時行政調査会第2部会第2分科会資料）．
行政管理庁行政管理局プライバシー保護研究会．1982．「個人データの処理に伴うプライバシー保護対策」（総理府臨時行政調査会第2部会第2分科会資料）．
東京都渋谷区企画室．1981．「渋谷区の電子計算」．
東京都千代田区．1994．「平成6年度事務事業概要（企画部・総務部・住宅都市整備部・収入役室・選挙管理委員会事務局・監査委員事務局）」．
東京都文京区企画部情報処理課．2000．「文京区の電子計算組織のあらまし」．

未公刊資料（韓国）

経済・科学審議会議．1967．「電子計算機導入効率化方案」．
内務部編．1972．『住民登録法沿革集』．
自由黨中央黨部政策委員會．1959．『政策参考資料』．

日本語文献

愛知県指定自動車教習所協会．1990．『30年のあゆみ』中日出版社．
赤木須留喜．1991．『「官制」の形成——日本官僚制の構造』日本評論社．
縣公一郎．2002．「行政の情報化と行政情報」福田耕治・真渕勝・縣公一郎編『行政の新展開』法律文化社．
浅野豊美．2008．『帝国日本の植民地法制』名古屋大学出版会．
足立正樹．1999．「社会保障制度の歴史的発展」古瀬徹・塩野谷祐一編『先進諸国の社会保障4　ドイツ』東京大学出版会．
足立区職員労働組合・東京自治問題研究所編．1985．『コンピュータ高度利用と住民・

自治体労働者・自治体行政——足立区電算高度利用問題調査研究報告書』足立区職員労働組合．

アリキヴィ，ラウル・前田陽二．2016．『未来型国家エストニアの挑戦——電子政府がひらく世界』インプレスR＆D．

李静淑（イ チヨンスク）．2013．『日本の国民年金制度——改革の歴史と展望』大学教育出版．

李惠炅（イ ヘギヨン）．2006．「現代韓国社会福祉制度の展開——経済成長，民主化，そしてグローバル化を背景にして」武川正吾・李惠炅編『福祉レジームの日韓比較——社会保障・ジェンダー・労働市場』東京大学出版会．

池上直己．2017．『日本の医療と介護——歴史と構造，そして改革の方向性』日本経済新聞出版社．

池上直己・J. C. キャンベル．1996．『日本の医療——統制とバランス感覚』中央公論社．

池田謙一．2000．『コミュニケーション』東京大学出版会．

石川真澄・山口二郎．2010．『戦後政治史（第3版）』岩波書店．

石田勇治．2005．『20世紀ドイツ史』白水社．

石橋啓一郎．2005．「IT調達の現状と問題点の鳥瞰」『行政＆ADP』41 (8): 14-20.

礒崎初仁・金井利之・伊藤正次．2014．『ホーンブック地方自治（第3版）』北樹出版．

伊藤修一郎．2002．『自治体政策過程の動態——政策イノベーションと波及』慶應義塾大学出版会．

伊藤勇治．1996．「新・戸籍情報システム概説——戸籍コンピュータ化の計画立案のために」戸籍情報システム研究会編『新しい戸籍情報システムの実務——戸籍コンピュータ化の計画立案からセットアップと運用まで』自治日報社．

稲垣浩．2015．『戦後地方自治と組織編成——「不確実」な制度と地方の「自己制約」』吉田書店．

猪口孝・岩井奉信．1987．『「族議員」の研究——自民党政権を牛耳る主役たち』日本経済新聞社．

今里滋．1995．「情報の保護と公開」西尾勝・村松岐夫編『講座行政学6　市民と行政』有斐閣．

今村都南雄．2006．『官庁セクショナリズム』東京大学出版会．

医療保険制度研究会編．1980．『目で見る医療保険白書——医療保障の現状と課題』ぎょうせい．

岩村正彦．1996．「基礎年金番号の意義と課題」『ジュリスト』1092: 22-29.

ウェーバー，マックス．1974．『法社会学』（世良晃志郎訳）創文社．

ウェーバー，マックス．2012．『権力と支配』（濱嶋朗訳）講談社．

ヴェーバー，マックス．1972．『社会学の根本概念』（清水幾太郎訳）岩波書店．

内山融．1998．『現代日本の国家と市場——石油危機以降の市場の脱〈公的領域〉化』東京大学出版会．

梅津實．2016．「戦後政治の開幕」梅川正美・阪野智一・力久昌幸編『イギリス現代政治史（第2版）』ミネルヴァ書房．
エスピン＝アンデルセン，イエスタ．2001．『福祉資本主義の三つの世界——比較福祉国家の理論と動態』（岡沢憲芙・宮本太郎監訳）ミネルヴァ書房．
榎並利博．2010．『共通番号（国民ID）のすべて』東洋経済新報社．
蝦名賢造．1992．『稲葉秀三——激動の日本経済とともに60年』西田書店．
遠藤正敬．2010．『近代日本の植民地統治における国籍と戸籍——満州・朝鮮・台湾』明石書店．
遠藤正敬．2017．『戸籍と無戸籍——「日本人」の輪郭』人文書院．
大蔵省主税局編．1988．『所得税百年史』大蔵省主税局．
大嶽秀夫．2003．『日本型ポピュリズム——政治への期待と幻滅』中央公論新社．
大西裕．1994．「国家建設と住民把握——日本と韓国における住民把握制度形成過程の研究」『大阪市立大学法学雑誌』40 (1): 64-105, 40 (2): 137-169．
大西裕．2014．『先進国・韓国の憂鬱——少子高齢化，経済格差，グローバル化』中央公論新社．
大西裕・建林正彦．1998．「省庁再編の日韓比較研究」『レヴァイアサン』23: 126-150．
岡義武．1962．『近代日本政治史I』創文社．
岡沢憲芙．2009．『スウェーデンの政治——実験国家の合意形成型政治』東京大学出版会．
小笠原みどり・白石孝．2012．『共通番号制（マイナンバー）なんていらない！——監視社会への対抗と個人情報保護のために』航思社．
岡田一郎．2016．『革新自治体』中央公論新社．
小熊英二．1998．『〈日本人〉の境界——沖縄・アイヌ・台湾・朝鮮　植民地支配から復帰運動まで』新曜社．
小野塚知二．2018．『経済史——いまを知り，未来を生きるために』有斐閣．
柏原治．1996．「戸籍事務のコンピュータ化の概要と今後の展望について」『地方自治コンピュータ』26 (6): 4-10．
カセカンプ，アンドレス．2014．『バルト三国の歴史——エストニア・ラトヴィア・リトアニア　石器時代から現代まで』（小森宏美・重松尚訳）明石書店．
加藤淳子．1997．『税制改革と官僚制』東京大学出版会．
加藤陽子．1996．『徴兵制と近代日本 1868-1945』吉川弘文館．
上村泰裕．2015．『福祉のアジア』名古屋大学出版会．
姜再鎬．2001．『植民地朝鮮の地方制度』東京大学出版会．
北山俊哉．2011．『福祉国家の制度発展と地方政府——国民健康保険の政治学』有斐閣．
木寺元．2012．『地方分権改革の政治学——制度・アイディア・官僚制』有斐閣．
木宮正史．2011．「朴正熙政権と韓国現代史」和田春樹ほか編『東アジア近現代通史8

ベトナム戦争の時代 1960-1975 年』岩波書店.
木宮正史. 2012.『国際政治のなかの韓国現代史』山川出版社.
木村幹. 2003.『韓国における「権威主義的」体制の成立――李承晩政権の崩壊まで』ミネルヴァ書房.
木村幹. 2007.「戸籍から住民登録へ――解放前朝鮮半島における住民把握形態の変化」『政治経済史学』485: 1-16.
行政管理研究センター編. 1978.『世界のプライバシー法――コンピューターとプライバシーをめぐる諸外国の動向』ぎょうせい.
行政管理庁史編集委員会編. 1984.『行政管理庁史』行政管理庁.
グスタフソン, アグネ. 2000.『スウェーデンの地方自治』(穴見明訳) 早稲田大学出版部.
久保田喜夫. 1963.「FACOM-241D 電子計算組織」『FUJITSU』14 (6): 65-73.
国民総背番号制に反対しプライバシーを守る中央会議編. 1973.『国際討論プライバシーの危機――しのびよる国民総背番号制』学陽書房.
小早川光郎. 1996.「住民基本台帳ネットワークシステムの構想」『地方自治』582: 2-11.
小林良彰・岡田陽介・鷲田任邦・金兌希. 2014.『代議制民主主義の比較研究――日米韓 3 ヶ国における民主主義の実証分析』慶應義塾大学出版会.
小山路男・佐口卓. 1975.『社会保障論』有斐閣.
近藤達也. 2015.「リアルタイムの情報収集が医療を安全にする」市民が主役の地域情報化推進協議会番号制度研究会編『新社会基盤マイナンバーの全貌――制度対応の勘所からビジネス・医療での活用まで』日経 BP 社.
斎藤眞・古矢旬. 2012.『アメリカ政治外交史 (第 2 版)』東京大学出版会.
佐口卓. 1977.『日本社会保険制度史』勁草書房.
佐々木毅. 2012.『政治学講義 (第 2 版)』東京大学出版会.
佐藤誠三郎・松崎哲久. 1986.『自民党政権』中央公論社.
佐藤俊樹. 1996.『ノイマンの夢・近代の欲望』講談社.
塩出浩之. 2015.『越境者の政治史』名古屋大学出版会.
志鎌一之. 1955.『自動車交通政策の変遷』運輸故資更生協会.
自治省編. 1972.『地方公共団体における電子計算組織の利用状況』地方自治情報センター.
自治省. 1996.「資料「住民記録システムのネットワークの構築等に関する研究会」報告書(上)」『自治研究』72 (7): 152-162.
自治省電子計算室. 1969.『地方公共団体における電子計算組織導入の実態』帝国地方行政学会.
自治大臣官房情報管理官室編. 1980.『地方自治コンピュータ総覧』丸井工文社.
自治大臣官房情報管理官室編. 1985.『地方自治コンピュータ総覧』丸井工文社.

自治大臣官房情報管理官室編. 1990.『地方自治コンピュータ総覧』丸井工文社.
自治大臣官房情報管理官室編. 1995.『地方自治コンピュータ総覧』丸井工文社.
自治日報社企画編集部. 1996.「市町村の戸籍情報システムへの取り組み状況――全市区町村戸籍情報システム取り組み状況実態調査結果」戸籍情報システム研究会編『新しい戸籍情報システムの実務――戸籍コンピュータ化の計画立案からセットアップと運用まで』自治日報社.
自治労運動史編集委員会編. 1979.『自治労運動史（第 2 巻）』総評資料頒布会.
志摩園子. 2004.『物語バルト三国の歴史』中央公論新社.
清水勉・桐山桂一. 2012.『「マイナンバー法」を問う』岩波書店.
下斗米伸夫. 2004.『アジア冷戦史』中央公論新社.
鐘家新. 1998.『日本型福祉国家の形成と「十五年戦争」』ミネルヴァ書房.
情報処理学会歴史特別委員会編. 1998.『日本のコンピュータ発達史』オーム社.
情報政策研究会. 2000.『地方自治コンピュータ総覧』丸井工文社.
城山英明. 1998.「情報活動」森田朗編『行政学の基礎』岩波書店.
城山英明. 2003.「WTO 政府調達協定の地方政府に対するインパクト――日米比較の視点から」山口二郎・遠藤乾・山崎幹根編『グローバル化時代の地方ガバナンス』岩波書店.
新川敏光. 1993.『日本型福祉の政治経済学』三一書房.
新川敏光. 1999.『戦後日本政治と社会民主主義――社会党・総評ブロックの興亡』法律文化社.
新庄浩二. 1984.「コンピュータ産業」小宮隆太郎・奥野正寛・鈴村興太郎編『日本の産業政策』東京大学出版会.
杉並区政策経営部情報システム課編. 2005.『杉並区電子計算組織のあらまし』杉並区政策経営部情報システム課.
砂原庸介. 2011.「地方への道――国会議員と地方首長の選挙政治」『年報政治学』62 (2): 98-121.
盛山和夫. 2007.『年金問題の正しい考え方――福祉国家は持続可能か』中央公論新社.
全国国民健康保険団体中央会編. 1958.『国民健康保険二十年史』.（菅沼隆監修. 2008.『日本社会保障基本文献集 25 国民健康保険二十年史』日本図書センター）
曽我謙悟・待鳥聡史. 2007.『日本の地方政治――二元代表制政府の政策選択』名古屋大学出版会.
曽根泰教・崔章集^{チェジャンジプ}編. 2004.『変動期の日韓政治比較』慶應義塾大学出版会.
空井護. 1993.「自民党一党支配体制形成過程としての石橋・岸政権（1954-1960 年）」『国家学会雑誌』106 (1・2): 107-160.
台東区企画財政部情報システム課編. 2004.『台東区の情報処理』台東区企画財政部情報システム課.

高野麻子．2016．『指紋と近代――移動する身体の管理と統治の技法』みすず書房．
高橋洋．2009．『イノベーションと政治学――情報通信革命〈日本の遅れ〉の政治過程』勁草書房．
田口富久治．1981．『行政学要論』有斐閣．
武川正吾・李惠炅編．2006．『福祉レジームの日韓比較――社会保障・ジェンダー・労働市場』東京大学出版会．
竹前栄治．1995．「GHQ論――その組織と改革者たち」中村政則・天川晃・尹健次・五十嵐武士編『占領と改革』岩波書店．
崔弘基．1996．「韓国戸籍制度の発達」利谷信義・鎌田浩・平松紘編『戸籍と身分登録』早稲田大学出版部．
地方自治情報センター住民基本台帳ネットワークシステム準備室．2000．「解説住民基本台帳ネットワークシステムの基本設計3」『住民行政の窓』217: 5-20．
通商産業省機械情報産業局．1981．『豊かなる情報化社会への道標（普及版）――産業構造審議会情報産業部会答申』コンピュータ・エージ社．
津川敬・鈴木茂治．1976．『くたばれコンピュートピア！――労働現場のシステム化と国民総背番号制』柘植書房．
辻清明．1966．『行政学概論（上巻）』東京大学出版会．
辻清明．1969．『新版日本官僚制の研究』東京大学出版会．
東京都板橋区企画部情報処理課編．1989．『板橋区の電子計算組織のあらまし』東京都板橋区企画部．
東京都板橋区企画部情報処理課編．1992．『板橋区の電子計算組織のあらまし』東京都板橋区企画部．
東京都総務局総務部電子計算課編．1967．『東京都の電子計算組織』東京都総務局総務部電子計算課．
東京都中野区．1970．『昭和44年度中野区における電子計算組織のあゆみ』東京都中野区総務部電子記録課．
特別区電子計算主管課長会．1997．『電子計算組織実態調査結果表』東京都特別区電子計算主管課長会．
利谷信義．1959．「明治十六年の徴兵令改正――免役規定廃止への過程」福島正夫編『戸籍制度と「家」制度』東京大学出版会．
利谷信義．1975．「戦後の家族政策と家族法――形成過程と特質」福島正夫編『家族――政策と法1　総論』東京大学出版会．
中野実・廉載鎬．1998．「政策決定構造の日韓比較――分析枠組と事例分析」『レヴァイアサン』23: 78-109．
中山太郎．1970．『1億総背番号』日本生産性本部．
西尾勝．1990．『行政学の基礎概念』東京大学出版会．

西尾勝．2000．『行政の活動』有斐閣．
西尾勝．2001．『行政学（新版）』有斐閣．
西尾勝．2007．『地方分権改革』東京大学出版会．
西山隆行．2018．『アメリカ政治入門』東京大学出版会．
日本情報開発協会編．1974．『コンピュータ白書1974――資源の最適利用のために』コンピュータ・エージ社．
日本電子計算機．1968．『5年のあゆみ』日本電子計算機．
日本電子計算機．1973．『JECC十年史』日本電子計算機．
年金科学研究会編．1999．『国民年金の事業改革――空洞化の解消に向けて』ぎょうせい．
萩原久美子．2008．『「育児休暇」協約の成立――高度成長期と家族的責任』勁草書房．
原田久．2016．『行政学』法律文化社．
韓培浩（ハンベホ）．2004．『韓国政治のダイナミズム』（木宮正史・磯崎典世訳）法政大学出版局．
土方成美．1940．『財政史』東洋経済新報社．
兵藤釗．1997．『労働の戦後史（上）』東京大学出版会．
廣岡治哉編．1987．『近代日本交通史』法政大学出版局．
樋渡由美．1990．『戦後政治と日米関係』東京大学出版会．
ピンチョン，トマス．2009．「解説」ジョージ・オーウェル『一九八四年』（高橋和久訳）早川書房．
福井治弘・李甲允（イガブユン）．1998．「日韓国会議員選挙の比較分析」『レヴァイアサン』23: 50-77.
福岡市総務局市民課．1966．「戸籍の附票記載要領」『戸籍』211: 19-23.
福島正夫．1967．『日本資本主義と「家」制度』東京大学出版会．
藤森俊郎．1964．「運転免許行政の課題」『警察学論集』17 (11): 1-22.
藤原帰一．1991．「田舎の冷戦――統合米軍顧問団とフィリピン国軍再編成1948-1950」『千葉大学法学論集』6 (2): 67-80.
藤原帰一．1992．「アジア冷戦の国際政治構造――中心・前哨・周辺」東京大学社会科学研究所編『現代日本社会7　国際化』東京大学出版会．
堀部政男．1980．『現代のプライバシー』岩波書店．
前田健太郎．2014．『市民を雇わない国家――日本が公務員の少ない国へと至った道』東京大学出版会．
牧原出．2009．『行政改革と調整のシステム』東京大学出版会．
増山幹高．2003．「政治家・政党」平野浩・河野勝編『アクセス日本政治論』日本経済評論社．
松沢裕作．2013．『町村合併から生まれた日本近代――明治の経験』講談社．
松下芳男．1981．『徴兵令制定史』五月書房．
真渕勝．1994．『大蔵省統制の政治経済学』中央公論社．

溝端佐登史．2012．「経済概況——体制転換優等生の成果と苦悩」小森宏美編『エストニアを知るための59章』明石書店．

宮本太郎．2008．『福祉政治——日本の生活保障とデモクラシー』有斐閣．

民事行政審議会．1994．「戸籍事務のコンピュータ化に関する答申」『ジュリスト』1040: 146-149.

牟田学．2012．「徹底解説！ マイナンバーとは」市民が主役の地域情報化推進協議会番号制度研究会編『マイナンバーがやってくる——共通番号制度の実務インパクトと対応策』日経BP社．

文京洙(ムンギョンス)．2008．『済州島四・三事件——「島のくに」の死と再生の物語』平凡社．

毛利健三．1999．「社会保障の歴史（1945-95年）——古典的福祉国家から多元的福祉国家へ」武川正吾・塩野谷祐一編『先進諸国の社会保障1　イギリス』東京大学出版会．

森謙二．2014．「近代の戸籍の展開」『茨城キリスト教大学紀要2　社会・自然科学』48: 231-243.

モーリス＝鈴木，テッサ．2000．『辺境から眺める——アイヌが経験する近代』（大川正彦訳）みすず書房．

森田朗．1988．『許認可行政と官僚制』岩波書店．

森田朗．2017．『現代の行政』第一法規．

八木敏行．1986．『情報公開』有斐閣．

安岡孝一．2013．「住民基本台帳ネットワーク統一文字とその問題点」『情報管理』55 (11): 826-832.

山口二郎．1987．『大蔵官僚支配の終焉』岩波書店．

山崎重孝．1996．「「住民記録システムのネットワークの構築等に関する研究会報告書」の概要について」『ジュリスト』1092: 5-12.

山下恒男．2012．『近代のまなざし——写真・指紋法・知能テストの発明』現代書館．

山田宏．2006．『前人木を植え，後人涼を楽しむ——杉並改革手帳』ぎょうせい．

山中永之佑．1974．『日本近代国家の形成と官僚制』弘文堂．

山主政幸．1959．「明治戸籍法の一機能——脱籍取締りについて」福島正夫編『戸籍制度と「家」制度』東京大学出版会．

臨時行政調査会．1964．「行政改革に関する意見——総論」行政管理研究センター編『行政改革のビジョン1　臨時行政調査会意見』行政管理研究センター．

臨調・行革審OB会編．1987．『臨調行革審——行政改革2000日の記録』行政管理研究センター．

歴史学研究会編．1990．『日本同時代史2　占領政策の転換と講和』青木書店．

若林正丈．2008．『台湾の政治——中華民国台湾化の戦後史』東京大学出版会．

韓国語文献

國會豫算政策處. 2017. 「대한민국 재정 2017 (大韓民国財政 2017)」.

金東椿 (김동춘). 2006. 『전쟁과 사회 : 우리에게 한국전쟁은 무엇이었나? (戦争と社会——我々にとって韓国戦争とは何であったのか?)』 돌베게 (ドルベゲ).

金錫冑・趙誠澤 (김석주・조성택). 2008. 「우리나라 전자정부추진의 회고와 전망 : 전자정부 발전단계론의 관점에서 (我が国電子政府推進の回顧と展望——電子政府発展段階論の観点から)」 『韓国行政史学誌』 23: 105-129.

金榮美 (김영미). 2007. 「해방 이후 주민등록제도의 변천과 그 성격 : 한국 주민등록증의 역사적 연원 (解放以後住民登録制度の変遷とその性格——韓国住民登録証の歴史的起源)」 『韓国史研究』 136: 287-323.

金榮美 (김영미). 2009. 『동원과 저항 : 해방 전후 서울의 주민사회사 (動員と抵抗——解放前後のソウルの住民社会史)』 푸른역사 (プルン歴史).

金英喜 (김영희). 2003. 『일제시대 농촌통제정책 연구 (日帝時代農村統制政策研究)』 景仁文化社.

金雲泰 (김운태). 1992. 『美軍政의 韓國統治 (米軍政の韓国統治)』 博英社.

金裕盛 (김유성). 1992. 『韓國社會保障法論』 法文社.

内務部地方行政局住民課 (내무부지방행정국주민과). 1997. 「『주민카드제도정비안』 검토보고 (『住民カード制度整備案』検討報告)」.

朴明圭・徐浩哲 (박명규・서호철). 2003. 『식민권력과 통계 : 조선총독부의 통계체계와 센서스 (植民権力と統計——朝鮮総督府の統計体系とセンサス)』 서울대학교출판부 (ソウル大学校出版部).

朴燮 (박섭). 1997. 『한국근대의 농업변동 (韓国近代の農業変動)』 一潮閣.

朴泰均 (박태균). 2005. 『한국전쟁 (韓国戦争)』 도서출판 책과함께 (図書出版チェクカハムケ).

保健福祉部 (보건복지부). 2013. 『2013 보건복지백서 (2013 保健福祉白書)』.

保險社会部 (보험사회부). 1988. 「국민연금업무편람 (国民年金業務便覧)」.

梁鉉娥 (양현아). 2012. 「가족법을 통해 본 한국 가족의 식민지성과 '전통' 문제 (家族法からみた韓国家族の植民地性と「伝統」問題)」 鄭根埴・李姻天 (정근식・이병천) 編 『식민지 형성, 국가 형성, 한국 민주주의 1 (植民地形成, 国家形成, 韓国民主主義 1)』 책세상 (チェクセサン).

尹海東 (윤해동). 2006. 「식민시기 촌락 지배와 '중간지배층' (植民時期村落支配と「中間支配層」)」 『大東文化研究』 54: 75-120.

李曘蘭 (이경란). 2004. 「총동원체제하 농촌통제와 농민생활 : 마을 사회관계망을 중심으로 (総動員体制下の農村統制と農民生活——村落の社会関係網を中心に)」 『東方學志』 124: 785-838.

李寅載・柳珍錫・權文一・金眞九（이인재・류진석・권문일・김진구）．2010.『사회보장론（社会保障論）』나남（ナナム）．

李喆雨・李昊澤（이철우・이호택）．2009.「'韓人'의 분류, 경계 확정 및 소속 판정의 정치와 행정（「韓人」の分類、境界画定および所属判定の政治と行政）」서울대통일평화연구소・한국사회사학회・한국학중앙연구원현대한국연구소（ソウル大統一平和研究所・韓国社会史学会・韓国学中央研究院現代韓国研究所）『민족공동체의 현실과 전망：분단, 디아스포라, 정체성의 사회사（民族共同体の現実と展望——分断、ディアスポラ、アイデンティティの社会史）』서울대통일평화연구소（ソウル大統一平和研究所）．

李海濬（이해준）．1996.『조선시기 촌락사회사（朝鮮時期村落社会史）』민족문화사（民族文化社）．

李昊宰（이호제）．2000.『韓國外交政策의 理想과 現實：李承晚外交와 美國政策의 反省（韓国外交政策の理想と現実——李承晩外交と米国政策に対する反省）』法文社．

丁忠植（정충식）．2015.『2015 전자정부론 제4판（2015 電子政府論第4版）』서울경제경영출판사（ソウル経済経営出版社）．

池柱馨（지주형）．2011.『한국 신자유주의의 기원과 형성（韓国の新自由主義の起源と形成）』책세상（チェクセサン）．

崔弘基（최홍기）．1997.『韓國戸籍制度史 研究』서울대학교출판부（ソウル大学校出版部）．

韓国電算院（한국전산원）．2003.『2003 국가정보화백서（2003 国家情報化白書）』韓国電算院．

韓國財政40年史編纂委員會編．1991.『韓國財政40年史4 財政統計（1）』韓国開発研究院．

黃秉周（황병주）．2011.「1970 년대 의료보험 정책의 변화와 복지담론（1970年代医療保険政策の変化と福祉談論）」『醫史學』20（2）：425-462．

英語文献

Abbate, Janet. 1999. *Inventing the Internet.* MIT Press.（大森義行・吉田晴代訳．2002.『インターネットをつくる——柔らかな技術の社会史』北海道大学図書刊行会）

Achen, Christopher H., and Larry M. Bartels. 2016. *Democracy for Realists: Why Elections Do Not Produce Responsive Government.* Princeton University Press.

Anchordoguy, Marie. 1989. *Computers Inc.: Japan's Challenge to IBM.* Harvard University Press.

Anderson, Benedict. 1991. *Imagined Communities: Reflections on the Origin and Spread of Nationalism.* Verso Books.（白石隆・白石さや訳．2007.『定本想像の共同体——ナショナリズムの起源と流行』書籍工房早山）

Anderson, Benedict. 1993. "Radicalism after Communism in Thailand and Indonesia." *New Left Review* 202: 3-14.

Arrington, Celeste L. 2016. *Accidental Activists: Victim Movements and Government Accountability in Japan and South Korea*. Cornell University Press.

Bennett, Colin J. 1992. *Regulating Privacy: Data Protection and Public Policy in Europe and the United States*. Cornell University Press.

Berinsky, Adam J. 2007. "Assuming the Costs of War: Events, Elites, and American Public Support for Military Conflict." *Journal of Politics* 69 (4): 975-997.

Carpenter, Daniel P. 2001. *The Forging of Bureaucratic Autonomy: Reputations, Networks, and Policy Innovation in Executive Agencies, 1862-1928*. Princeton University Press.

Chandler, Jr., Alfred D. 1977. *The Visible Hand: The Managerial Revolution in American Business*. Harvard University Press.（鳥羽欽一郎・小林袈裟治訳．1979．『経営者の時代――アメリカ産業における近代企業の成立』東洋経済新報社）

Chang, Ha-Joon. 2003. *Kicking Away the Ladder: Development Strategy in Historical Perspective*. Anthem Press.（横川信治・張馨元・横川太郎訳．2009．『はしごを外せ――蹴落とされる発展途上国』日本評論社）

Chen, Yu-Che, and Jun-Yi Hsieh. 2009. "Advancing E-Governance: Comparing Taiwan and the United States." *Public Administration Review* 69 (s1): 151-158.

Coursey, David, and Donald F. Norris. 2008. "Models of E-Government: Are They Correct? An Empirical Assessment." *Public Administration Review* 68 (3): 523-536.

Cumings, Bruce. 1981. *The Origins of the Korean War: Liberation and the Emergence of Separate Regimes, 1945-1947, Vol. 1*. Princeton University Press.（鄭敬謨・林哲・加地永都子訳．2012．『朝鮮戦争の起源1　1945年―1947年――解放と南北分断体制の出現』明石書店）

Dunleavy, Patrick, Helen Margetts, Simon Bastaw, and Jane Tinkler. 2006. *Digital Era Governance: IT Corporations, the State, and E-Government*. Oxford University Press.

Easton, David. 1953. *The Political System*. Knopf.（山川雄巳訳．1976．『政治体系――政治学の状態への探求』ぺりかん社）

Edwards, Paul N. 1997. *The Closed World: Computers and the Politics of Discourse in Cold War America*. The MIT Press.（深谷庄一監訳．2003．『クローズド・ワールド――コンピュータとアメリカの軍事戦略』日本評論社）

Esping-Andersen, Gøsta. 1985. *Politics against Markets: The Social Democratic Road to Power*. Princeton University Press.

Esping-Andersen, Gøsta. 1990. *Three Worlds of Welfare Capitalism*. Princeton University Press.（岡沢憲芙・宮本太郎監訳．2001．『福祉資本主義の三つの世界――

比較福祉国家の理論と動態』ミネルヴァ書房）

Estévez-Abe, Margarita. 2008. *Welfare and Capitalism in Postwar Japan: Party, Bureaucracy, and Business*. Cambridge University Press.

Evans, Peter. 1995. *Embedded Autonomy: States and Industrial Transformation*. Princeton University Press.

Flamm, Kenneth. 1988. *Creating the Computer: Government, Industry, and High Technology*. Brookings Institution Press.

Fountain, Jane E. 2001. *Building the Virtual State: Information Technology and Institutional Change*. Brookings Institution Press.

Frohman, Larry. 2015. "Population Registration, Social Planning, and the Discourse on Privacy Protection in West Germany." *The Journal of Modern History* 87: 316-356.

Gates, Kelly. 2008. "The United States Real ID Act and the Securitization of Identity." In Colin J. Bennett and David Lyon eds. *Playing the Identity Card: Surveillance, Security and Identification in Global Perspective*. Routledge.

Gerring, John. 2007. *Case Study Research: Principles and Practices*. Cambridge University Press.

Gerschenkron, Alexander. 1962. *Economic Backwardness in Historical Perspective: A Book of Essays*. Harvard University Press.（絵所秀紀・雨宮昭彦・峯陽一・鈴木義一訳．2005.『後発工業国の経済史――キャッチアップ型工業化論』ミネルヴァ書房）

Giddens, Anthony. 1985. *The Nation-State and Violence*. University of California Press.（松尾精文・小幡正敏訳．1999.『国民国家と暴力』而立書房）

Greitens, Sheena Chestnut. 2016. *Dictators and Their Secret Police: Coercive Institutions and State Violence*. Cambridge University Press.

Hacker, Jacob S. 2005. "Policy Drift: The Hidden Politics of US Welfare State Retrenchment." In Wolfgang Streeck and Kathleen Thelen eds. *Beyond Continuity: Institutional Change in Advanced Political Economics*. Oxford University Press.

Haggard, Stephan, and Robert R. Kaufman. 2008. *Development, Democracy and Welfare States: Latin America, East Asia, and Eastern Europe*. Princeton University Press.

Hax, Arnoldo C., and Dean L. Wilde. 1999. "The Delta Model: Adaptive Management for a Changing World." *Sloan Management Review* 40 (2): 11-28.

Higgs, Edward. 2004. *The Information State in England*. Palgrave Macmillan.

Hiller, Janine S., and France Belanger. 2001. *Privacy Strategies for Electronic Government*. IBM Center for the Business of Government.

Hobsbawm, Eric. 1992. "Introduction: Inventing Traditions." In Eric Hobsbawm and Terence Ranger eds. *The Invention of Tradition*. Cambridge University Press.（前川啓治・梶原景昭他訳．1992.『創られた伝統』紀伊國屋書店）

Hong, Ijin. 2014. "Trends and Determinants of Social Expenditure in Korea, Japan and Taiwan." *Social Policy & Administration* 48 (6): 647-665.

Hughes, Owen E. 2012. *Public Management and Administration: An Introduction*. Palgrave Macmillan.

International Institute for Vital Registration and Statistics. 1996. "The Impact of Computerization on Population Registration in Sweden." *Technical Papers*, No. 65.

Johnson, Chalmers. 1982. *MITI and the Japanese Miracle: The Growth of Industrial Policy, 1925-1975*. Stanford University Press.（佐々田博教訳．2018．『通産省と日本の奇跡――産業政策の発展1925-1975』勁草書房）

Kingdon, John W. 2010. *Agendas, Alternatives, and Public Policies*. Pearson.（笠京子訳．2017．『アジェンダ・選択肢・公共政策――政策はどのように決まるのか』勁草書房）

Kohli, Atul. 2004. *State-Directed Development: Political Power and Industrialization in the Global Periphery*. Cambridge University Press.

Kotka, Taavi, C. I. Vargas, and Kaspar Korjus. 2015. "Estonian E-Residency: Redefining the Nation-State in the Digital Era." *University of Oxford, Working Paper Series* 3: 1-16.

Kuo, Yung-hua, and Po-liang Chen. 2016. "Identity Laws and Privacy Protection in a Modern State: The Legal History concerning Personal Information in Taiwan (1895-2015)." *Washington International Law Journal* 25 (2): 223-266.

Layne, Karen, and Jungwoo Lee. 2001. "Developing Fully Functional E-Government: A Four Stage Model." *Government Information Quarterly* 18: 122-136.

Lippmann, Walter. 1949. *Public Opinion*. Free Press.（掛川トミ子訳．1987．『世論』岩波書店）

Lipset, Seymour Martin. 1959. "Some Social Requisites of Democracy: Economic Development and Political Legitimacy." *American Political Science Review* 53 (1): 69-105.

Luebbert, Gregory M. 1991. *Liberalism, Fascism, or Social Democracy: Social Classes and the Political Origins of Regimes in Interwar Europe*. Oxford University Press.

Lyon, David. 2009. *Identifying Citizens: ID Cards as Surveillance*. Polity.

Mahoney, James, and Kathleen Thelen. 2010. "A Theory of Gradual Institutional Change." In James Mahoney and Kathleen Thelen eds. *Explaining Institutional Change: Ambiguity, Agency, and Power*. Cambridge University Press.

Mann, Michael. 1986. *The Sources of Social Power, Volume 1: A History of Power from the Beginning to AD 1760*. Cambridge University Press.（森本醇・君塚直隆訳．2002．『ソーシャルパワー――社会的な〈力〉の世界歴史1　先史からヨーロッパ文明の形成へ』NTT出版）

Mann, Michael. 1993. *The Sources of Social Power, Volume 2: The Rise of Classes and*

Nation States, 1760-1914. Cambridge University Press.（森本醇・君塚直隆訳．2005.『ソーシャルパワー――社会的な〈力〉の世界歴史 2　階級と国民国家の「長い 19 世紀」』NTT 出版）

Miller, Arthur R. 1971. *The Assault on Privacy: Computers, Data Banks, and Dossiers.* The University of Michigan Press.（片方善治・饗庭忠男監訳．1974.『情報とプライバシー』ダイヤモンド社）

Mitchell, Timothy. 1991. *Colonising Egypt.* University of California Press.（大塚和夫・赤堀雅幸訳．2014.『エジプトを植民地化する――博覧会世界と規律訓練的権力』法政大学出版局）

Moore, Jr., Barrington. 1966. *Social Origins of Dictatorship and Democracy: Lord and Peasant in the Making of the Modern World.* Beacon Press.（宮崎隆次・森山茂徳・高橋直樹訳．1986-1987.『独裁と民主政治の社会的起源』岩波書店）

Morris-Suzuki, Tessa. 1988. *Beyond Computopia: Information, Automation and Democracy in Japan.* Kegan Paul International.

National Tax Board. 2000. "Population Registration in Sweden."

Noack, Torsten, and Herbert Kubicek. 2010. "The Introduction of Online Authentication as Part of the New Electronic National Identity Card in Germany." *Identity in the Information Society* 3 (1): 87-110.

Ogasawara, Midori. 2008. "A Tale of the Colonial Age, or the Banner of New Tyranny? National Identification Card Systems in Japan." In Colin J. Bennett and David Lyon eds. *Playing the Identity Card: Surveillance, Security and Identification in Global Perspective.* Routledge.

Okimoto, Daniel I. 1989. *Between MITI and the Market: Japanese Industrial Policy for High Technology.* Stanford University Press.（渡辺敏訳．1991.『通産省とハイテク産業――日本の競争力を生むメカニズム』サイマル出版会）

Oren, Ido. 2003. *Our Enemies and Us: America's Rivalries and the Making of Political Science.* Cornell University Press.（中谷義和訳．2010.『アメリカ政治学と国際関係――論敵たちとの対応の軌跡』御茶の水書房）

Orloff, Ann Shola. 1988. "The Political Origins of America's Belated Welfare State." In Margaret Weir, Ann Shola Orloff, and Theda Skocpol eds. *The Politics of Social Policy in the United States.* Princeton University Press.

Orwell, George. 1949. "Letter to Francis A. Henson." In Sonia Orwell and Ian Angus eds. 1970. *The Collected Essays, Journalism and Letters of George Orwell, Volume 4: In Front of Your Nose 1945-1950.* Penguin Books.

Pedak, Mari. 2013. "eID Estonian Experience." Zoetermeer, Netherlands: Nederlandse Vereniging voor Burgerzaken.（https://nvvb.nl/media/cms_page_media/758/13%20

Mari%20Pedak%20eID%20Estonian%20experience.pdf).

Pierson, Paul. 2004. *Politics in Time: History, Institutions, and Social Analysis.* Princeton University Press.（粕谷祐子監訳．2010.『ポリティクス・イン・タイム——歴史・制度・社会分析』勁草書房）

Polanyi, Karl. 1944. *The Great Transformation: The Political and Economic Origins of Our Time.* Beacon Press.（野口建彦・栖原学訳．2009.『[新訳] 大転換——市場社会の形成と崩壊』東洋経済新報社）

Pollitt, Christopher. 1990. *Managerialism and the Public Services: The Anglo-American Experience.* Basil Blackwell.

Rhodes, R. A. W. 1996. "The New Governance: Governing without Government." *Political Studies* 44: 652-667.

Ronaghan, Stephen A. 2001. *Benchmarking E-Government: A Global Perspective.* United Nations Division for Public Economics and Public Administration and American Society for Public Administration.

Runnel, Pille, Pille Pruulmann-Vengerfeldt, and Kristina Reinsalu. 2009. "The Estonian Tiger Leap from Post-Communism to the Information Society: From Policy to Practice." *Journal of Baltic Studies* 40 (1): 29-51.

Scott, James C. 1998. *Seeing Like a State: How Certain Schemes to Improve the Human Condition Have Failed.* Yale University Press.

Scott, James C. 2009. *The Art of Not Being Governed: An Anarchist History of Upland Southeast Asia.* Yale University Press.（佐藤仁監訳．2013.『ゾミア——脱国家の世界史』みすず書房）

Shelley, Louise I. 1996. *Policing Soviet Society: The Evolution of State Control.* Routledge.

Skocpol, Theda. 1979. *States and Social Revolutions: A Comparative Analysis of France, Russia, and China.* Cambridge University Press.

Skocpol, Theda. 1980. "Political Response to Capitalist Crisis: Neo-Marxist Theories of the State and the Case of the New Deal." *Politics & Society* 10 (2): 155-201.

Skocpol, Theda. 1985. "Bringing the State Back In: Strategies of Analysis in Current Research." In Peter B. Evans, Dietrich Rueschemeyer, and Theda Skocpol eds. *Bringing the State Back In.* Cambridge University Press.

Skocpol, Theda. 1992. *Protecting Soldiers and Mothers: The Political Origins of Social Policy in the United States.* The Belknap Press of Harvard University Press.

Smith, Robert E. 2004. "The Social Security Number in America: 1935-2000." In Carl Watner and Wendy McElroy eds. *National Identification Systems: Essays in Opposition.* MacFarland.

Snyder, Timothy. 2015. *Black Earth: The Holocaust as History and Warning.* Tim

Duggan Books.（池田年穂訳．2016．『ブラックアース──ホロコーストの歴史と警告』慶應義塾大学出版会）

Song, Jiyeoun. 2014. *Inequality in the Workplace: Labor Market Reform in Japan and Korea.* Cornell University Press.

Stigler, George J. 1971. "The Theory of Economic Regulation." *The Bell Journal of Economics and Management Science* 2: 3-21.

Swedish Tax Agency. 2007. "Population Registration in Sweden."

Swenson, Peter A. 2002. *Capitalists against Markets: The Making of Labor Markets and Welfare States in the United States and Sweden.* Oxford University Press.

Tanzi, Vito, and Ludger Schuknecht. 2000. *Public Spending in the 20th Century: A Global Perspective.* Cambridge University Press.

Thelen, Kathleen. 1999. "Historical Institutionalism in Comparative Politics." *Annual Review of Political Science* 2 (1): 369-404.

Thelen, Kathleen, and James Mahoney. 2015. "Comparative-Historical Analysis in Contemporary Political Science." In James Mahoney and Kathleen Thelen eds. *Advances in Comparative-Historical Analysis.* Cambridge University Press.

Tilly, Charles. 1992. *Coercion, Capital, and European States, AD 990-1992.* Blackwell Publishing.

Titmuss, Richard M. 1976. *Essays on 'The Welfare State'.* George Allen & Unwin.（谷昌恒訳．1979．『福祉国家の理想と現実』東京大学出版会）

Torpey, John. 2000. *The Invention of the Passport: Surveillance, Citizenship and the State.* Cambridge University Press.（藤川隆男監訳．2008．『パスポートの発明──監視・シティズンシップ・国家』法政大学出版局）

Webber, Carolyn, and Aaron Wildavsky. 1986. *A History of Taxation and Expenditure in the Western World.* Simon and Schuster.

Wescott, Clay. 2001. "E-Government in the Asia-Pacific Region." *Asian Journal of Political Science* 9 (2): 1-24.

West, Darrell M. 2004. "E-Government and the Transformation of Service Delivery and Citizen Attitudes." *Public Administration Review* 64 (1): 15-27.

Weyerer, Godehard. 2004. "CARE Packages: Gifts from Overseas to a Defeated and Debilitated Nation." In Detlef Junker eds. *The United States and Germany in the Era of the Cold War, 1945-1990: A Handbook*, Vol. 1. Cambridge University Press.

Wills, David. 2008. "The United Kingdom Identity Card Scheme: Shifting Motivations, Static Technologies." In Colin J. Bennett and David Lyon eds. *Playing the Identity Card: Surveillance, Security and Identification in Global Perspective.* Routledge.

Winner, Langdon. 1986. *The Whale and the Reactor: A Search for Limits in an Age of*

High Technology. University of Chicago Press.（吉岡斉・若松征男訳．2000．『鯨と原子炉』紀伊國屋書店）

あとがき

　筆者が初めて日本の地を踏んだのは 2005 年の春であった．片言の日本語しか話せない交換留学生だった筆者は，今ではその姿を消してしまった新宿の家電量販店さくらやで，湧いてくるもどかしさを何とか抑えながら携帯電話の新規契約を行っていた．契約申込書のどこにも，国民番号らしきものを書く欄が見当たらない．そういえば，日本人は自分が自分であることを証明する番号を持っていないのか．そこで一つの疑問が浮かんでくる．名前と住所と生年月日を使えば個人情報を管理できるのに，なぜ韓国人はあらゆる手続で住民登録番号を書かされているのか．

　2013 年の春，筆者は，1 歳を迎えて間もない息子を抱いて文京区役所で転入の手続を行っていた．2 階の窓口に置いてある転入届に名前と住所と生年月日を書き，国民健康保険の届出書に名前と住所と生年月日を書き，5 階に上って児童手当認定請求書に名前と住所と生年月日を書いた．まだ手続が完了していないのに，息子が泣き出す．泣いている息子に赤ちゃんせんべいハイハインを渡して，区役所から徒歩で 5 分ほど離れたところにある富坂警察署に行き，運転免許証の記載事項変更届に名前と住所と生年月日を書いた．これで終わりかと思いきや，住民票がなければ手続を進められないという職員の言葉に，今度は筆者が泣きたくなる．仕方なく区役所に戻り，住民票の写しの請求書に名前と住所と生年月日を書いた．日本の役所の対応が理不尽に思えてくるのは，恐らく筆者が韓国の役所を経験しているからであろう．韓国の役所では，転入届に名前と住民登録番号を書けば運転免許証にも新しい住所のラベルを貼ってくれる．

　本書は，韓国と日本の役所のどちらとも 10 年以上付き合ってきた筆者が経験した摩擦から生まれたものである．東京大学博士（法学）学位取得論文「番

号を創る権力——近代国家における番号制度の多様性とその政治的起源」に，出版に際して加筆修正を行った．

　本書の執筆過程では，様々な方に迷惑をかけてしまった．東京23区の区役所，その中でも特に，倉庫の資料を発掘していただいた千代田区総務課の職員，引越しのために梱包した段ボール箱を開けてまで資料探しにご協力いただいた渋谷区区政資料コーナーの職員，コンピュータを最初に導入した時の現場の話を長時間にわたり聞かせていただいた足立区区政資料室の職員の皆様には感謝の言葉もない．被保険者証記号番号の頭が「01」となった時期を特定するべく，国民健康保険条例施行規則の改正履歴の確認を求める筆者のために倉庫で1時間を過ごした千代田区総務課の職員から，「これ，重要ですか？」と問いかけられた時，「重要です」と答えた筆者は，そう答えた責任を取るためにも本書を完成させなければならなかった．

　実のところ，筆者は原稿を途中から書くのが大の苦手であり，いくら資料が集まっても，全体の筋が決まらなければ執筆を始めることができなかった．本書も，序論から順番に書かれたものである．そんな筆者が，頭の中でぼんやりとまとまらない構想を言語化し，執筆を続けられたのは，周囲の方々と交わした議論に少なからず助けられたからである．前田健太郎氏は，行政学のゼミで先輩後輩として出会い，教員と学生として数々のゼミに取り組み，研究者仲間として教育を考えるようになった今に至るまで，筆者が最も本気で挑める論争相手である．本書に含まれている個々の議論を展開する際，筆者は，彼を説得するべくカバーする領域を広げ，政治学と行政学に限らず，社会学，人類学，技術史などの分野に足を突っ込み，無理やり成長した．その過程は知的刺激に満ちたものであった．2016年にマサチューセッツ大学アマースト校のNational Center for Digital Government（NCDG）に研究員として滞在した時には，本書の第3章のもとになったワーキングペーパーの執筆に際して，Jane E. Fountain先生，Wei Liu氏，Daniel Consigli氏，Caixia Tan氏からご助言をいただいた．当時育児休暇に入っておられたTimothy Pachirat先生には無理を言って，ニューヨークまで会いにいった．彼の著書 *Every Twelve Seconds* の大ファンである筆者は，ブルックリンのプロスペクト公園で，それぞれの子どもを乗せたベビーカーを押しながら交わした言葉を，何一つ忘れていない．国民番

号制度に対する見方は，その時に大きく変わった．

　番号制度に関する疑問から始まった本書が，戸籍制度にまで視野を広げられたのは，金井利之先生のご助言があったからである．いきなり送りつけられた筆者の原稿を隅々まで読んでいただき，鋭いコメントをくださった先生に感謝申し上げたい．韓国の章を執筆する前の段階では，木宮正史先生にご相談に伺うことができ，また博士論文の執筆後は先生のゼミに参加して近現代の韓国に関する自分なりの理解を確かめることができた．国際政治経済理論の奥深さを教えていただいた樋渡展洋先生，行政の現場のことをいつもざっくばらんに話してくださる奥村裕一先生にも感謝の気持ちを伝えたい．樋渡先生には博士論文審査の主査も務めていただき，その時いただいたコメントは出版に向けて論文全体の構成を見直す上で常に参考にした．樋渡先生のほか，審査を引き受けていただいた平野聡先生，松原健太郎先生にも御礼申し上げる．審査が行われた約1時間の間，それまでにない濃密な議論が行われ，緊張の中でも幸せな時間が過ごせた．審査の直前に練習の相手をしていただいたフラヴィア・バルダリ氏と鄭黄燕氏のほか，同じく202号室で日常的に学問的な刺激を与え合った柳愛林氏，石田由莉香氏，岡田淳氏，比較政治の勉強会に付き合っていただいた勝又裕斗氏と鳥飼将雅氏，台湾に関する節を読んだ上で法律専門家の視点からコメントをいただいた邵瓊儀氏，そして，ここにお名前を挙げることができなかった法学部研究室の皆様に深く感謝したい．

　いずれにせよ，一度社会に出ていた筆者が，それまで縁のなかった東京大学大学院法学政治学研究科に研究生として入学し，妊娠と出産の後も諦めずに博士論文を書き上げられたことには，指導教員である城山英明先生のさりげない導きがあった．このあとがきにおいて，ご本人の名前が一番最初に出てこないことを先生は決して怒らないだろうし，筆者は先生のそういうところが好きである．恐らく，この文章も読まれることはないであろう．酒席で誰かがこの話に触れれば，「そんなの書いてあったっけ？」と軽く笑い飛ばされる姿が目に浮かぶ．筆者の失敗を含めて，あらゆることをすぐに忘れてくださるお陰で，筆者も自分の能力の限界を忘れて様々な挑戦をすることができた．妊娠中の筆者が博士課程に進む自信がないと告白した時，博士論文の出版に向けて動き出した時，それ以外の様々な決定的な瞬間に最も決定的な役割を担っていただい

たのも，城山先生である．

　博士論文が形になってきてからは，学会や研究会などで多くの貴重なコメントをいただくことができた．2016 年 12 月の東京大学行政学研究会では，森田朗先生，田辺国昭先生，原田久先生，田口一博先生，喜多見富太郎先生のほか，多くの方々から有益なコメントをいただいた．2016 年 5 月と 2017 年 5 月の日本行政学会研究大会においてポスター報告を聞いていただき，それまで考えたこともなかった様々な視点を提示していただいた先生方にも感謝申し上げたい．2017 年 9 月の日本政治学会研究大会の分科会で討論者を務めていただいた木寺元先生，佐藤健太郎先生からは博士論文の改善に活かすべき示唆に富んだコメントをいただいた．2017 年 12 月の行政共同研究会に報告者として招いていただいた関智弘氏，森川想氏のほか，この会にご参加いただいた皆様にも感謝する．

　財政的支援も本書の刊行に至る道のりで欠かせないものであった．2011 年から 2013 年にかけて東京大学フェローシップ研究奨励費をいただき，2014 年から 2015 年にかけては文部科学省プログラム「社会構想マネジメントを先導するグローバルリーダー養成プログラム」による支援を受けた．2016 年と 2017 年には日本学術振興会特別研究員（DC2, PD）に採用していただき，科学研究費補助金（特別研究員奨励費）による研究成果が本書の一部となった．また，本書の刊行にあたっては，平成 30 年度東京大学学術成果刊行助成を受けた．関係各位，特に，匿名の査読者の先生方に深く感謝する．自らの原稿が活字になってしまうことに怯えていた筆者は，査読者コメントに大いに勇気付けられた．

　本書の刊行に際して，最も嬉しかった瞬間を思い出すと，それはやはり東京大学出版会の奥田修一氏が編集担当を引き受けてくださった時である．それによって，筆者の原稿はその内容を完全に理解する読者を得ることができた．奥田氏は，何段階にもわたって原稿を熟読され，筆者の説明不足や論理的矛盾を的確に指摘してくださった．それらのコメントを反映する度に文章が改善されていき，終盤の作業を心から楽しむことができた．感謝の気持ちで一杯である．

　本書の執筆を始める時から，筆者は本書を亡き祖父の羅慶一に捧げるつもりだった．祖父を天国に送ったあの日，病室で二人きりにしてもらった筆者は，

あとがき

一生をかけて民主化のために戦ったおじいちゃんのように，私はなれないと言った．自分なりのやり方で生きていくと言った．戦うことの意味よりも恐怖を先に知った筆者は，精一杯生きた成果としてこの本を彼に捧げることしかできないが，きっと，いつもそうだったように「よくやった」と言ってくれるであろう．人生を共に歩んでくれている夫の山田優と息子の山田唯人にも感謝の気持ちを伝えたい．筆者がしゃべる日本語の半分以上は優から学んだものであり，筆者と最も多様でかつ本質的な議論を交わしている相手は唯人である．最後に，過酷な状況の中でも筆者を必死に育ててくれた，母の陸明姫と父の羅文碩に「ありがとう」を贈る．

2019年1月

羅　芝賢

索　引

ア　行

愛国者法（アメリカ）　169
愛国班（韓国）　135, 138
IDカード法（イギリス）　170, 171
秋田大助　117
浅野豊美　129, 130
アジア通貨危機　185, 186
安倍晋三　194
安倍晋太郎　85
天川晃　164
甘利明　6
有田八郎　60
安在鴻　141
アンダーソン（Anderson, Benedict）　10
李起鵬　149
李啓純　140, 152
李承晩　142-145, 147-149
李澔　151
池田勇人　67-69, 71, 106, 107
石川六郎　65, 66
石橋湛山　68
石原幹市郎　53, 54
稲垣浩　113
稲葉秀三　65
イラク戦争　80
医療保険法（韓国）　154, 156
ウィナー（Winner, Langdon）　95
ヴェトナム戦争　66, 67
ウェーバー（Weber, Max）　9, 14
梅棹忠夫　72
運転免許証等の発行基準に関する連邦法（アメリカ）　170
運転免許証番号　21, 35, 49, 51, 52, 54
運転免許証番号（韓国）　158
運輸省　51, 52
エイケン（Achen, Christopher H.）　80
エヴァンス（Evans, Peter）　104, 105
エスピン＝アンデルセン（Esping-Andersen, Gøsta）　35, 36, 163
エドワーズ（Edwards, Paul N.）　67
遠藤正敬　189
オーウェル（Orwell, George）　59, 127
OM　69, 70
大蔵省　58, 72, 81, 82, 84, 85, 93, 106, 107
大嶽秀夫　89
大西裕　130, 131
大平正芳　47, 85
大山巖　27
オキモト（Okimoto, Daniel I.）　104
小熊英二　130
小沢一郎　89
小野塚知二　193

カ　行

外国人登録法　141
外国人法（エストニア）　182
各省庁統一個人コード連絡研究会議　6, 76
ガーシェンクロン（Gerschenkron, Alexader）　15
片山虎之助　92
金丸信　85, 89
上村泰裕　186
貨物運送禁止令　50
川村正次郎　71
消えた年金記録問題　194, 195
岸信介　68, 106
基礎年金番号　21, 35, 45-49
北山俊哉　38
ギデンズ（Giddens, Anthony）　10, 11
金大中　159, 185
金東椿　147
金泳三　159
木村幹　130, 144
キューバ・ミサイル危機　110
行政改革本部　71
行政管理庁　1, 2, 60, 69, 70, 72, 172

索引

行政事務機械化研究会　69
行政能率調査班　69
寄留法　25
寄留法(韓国)　140
寄留令(韓国)　128,130,140
区長(韓国)　133-135
グリーンカード　→少額貯蓄等利用者カード
グリーンカード対策議員連盟　81,83-85
クリントン(Clinton, Bill)　100,184
計画事業予算制度(PPBS)　66,72
経済企画庁　72
警察庁　54
ゲーリング(Gerring, John)　20
建準　→朝鮮建国準備委員会
健兵健民政策　23,39,40
小泉純一郎　195
工場法　39
厚生省　38-40,42,43,47
公明党　89,90
国籍法　26,129
国籍法(エストニア)　182
国土安全保障省(アメリカ)　169
国防総省(アメリカ)　72,105,110,166
国民皆保険　41
国民健康保険団体連合　42
国民健康保険法　39,40
国民健康保険法(韓国)　155
国民総背番号制　1,2,4,58,65,71,76,78,79,84,95,119
国民総背番号に反対しプライバシーを守る中央会議　76,78
国民統一個人コード(ドイツ)　172
国民年金法(韓国)　155,157
国民年金法(スウェーデン)　175
国民福祉年金法(韓国)　155
国民保健サービス(イギリス)　163
国民保健サービス番号(イギリス)　165,168
国民保険番号(イギリス)　165-169
国民保険法(イギリス)　163
国民身分証(台湾)　178,180
個人識別カード(ドイツ)　172-174
個人識別コード(エストニア)　181,183
個人識別番号(スウェーデン)　18,174-177

戸籍情報システム　33,34
戸籍の附票　31,32,34,132,137,152
戸籍法　24,26,27,30,33,62,63,128-130
戸籍法(韓国)　137,152
戸籍法(台湾)　178,180
戸籍令(韓国)　128-130
児玉健次　48
国家総動員法　31
国共内戦　178
コンピュートピア　65,73

サ 行

財政硬直化打開運動　72
在朝鮮米陸軍司令部軍政庁(米軍政)　138,139,141-145,153
齋藤邦吉　42
在留カード　64,141
佐川急便事件　89
佐々木毅　85
サッチャー(Thatcher, Margaret)　98,168
三・一独立運動　130
三新法　28
JECC　→日本電子計算機
塩出浩之　26
自治省　70,75,86,119
自治労　→全日本自治団体労働組合
自動車交通事業法　50,51
自動車取締令　50-52
司法省　30
市民証(韓国)　142,146-151
社会主義者鎮圧法(ドイツ)　171
社会保険診療報酬支払基金　42
社会保険制度調査会　40
社会保険庁　46,48
社会保障・税一体改革　6,194
社会保障番号(アメリカ)　165-170
社会保障法(アメリカ)　163
10月人民抗争(韓国)　145
十五年戦争　23,39
住民基本台帳カード(住基カード)　4,64,86
住民基本台帳システム　32,101,102
住民基本台帳ネットワークシステム(住基ネット)　81,86-89,91-93,97,101,102,119,123

索　引　　223

住民基本台帳法　32, 33, 62, 63, 86, 116, 152
住民記録システムのネットワークの構築等に関する研究会　86
自由民主党(自民党)　36, 41, 47, 68, 76, 77, 81-85, 89, 90, 93, 194, 195
住民登録番号(韓国)　2, 3, 130, 131, 136, 137, 143, 147, 151-153, 156-160
住民登録法　31, 131, 137, 141, 152
住民登録法(エストニア)　181
住民登録法(韓国)　137, 140, 150-152, 159
住民登録法(スウェーデン)　175
住民票コード　2, 21, 37, 86
蔣介石　178, 180
鐘家新　39
少額貯蓄等利用者カード(グリーンカード)　2, 81-85, 87, 93, 194
情報公開　61, 114
情報産業振興議員連盟　76
職員健康保険法　39, 40
所得倍増計画　68
ジョンソン(Johnson, Chalmers)　104
ジョンソン(Johnson, Lyndon B.)　72
新川敏光　41
人共　→朝鮮人民共和国
新公共管理(NPM)　98, 99, 183, 187, 188
壬午軍乱　23, 29
新自由主義　99, 185, 187, 188, 193, 195
新生党　89
信託統治反対運動(反託運動)　144
新党さきがけ　89
診療報酬明細書(レセプト)　41-43
杉並の会　79
スコッチポル(Skocpol, Theda)　8-10
スコット(Scott, James C.)　11, 13, 193
鈴木善幸　47, 85
スナイダー(Snyder, Timothy)　192
砂原庸介　91
西南戦争　25
世界貿易機関(WTO)　109
石油危機　43, 110, 154
セクショナリズム　36, 98
世帯台帳　31
船員保険法　39, 40, 46

全国電気通信従業員組合(全電通)　74-76
全通信労働組合(全通)　74, 75
全日本自治団体労働組合(自治労)　75-78
全日本電気機器労働組合連合会(電機労連)　76
全日本労働組合会議(全労会議)　74
総代(韓国)　134, 135, 138
総定員法　69, 70
総督府(韓国)　129, 132-134
総務省　63, 191
総評　→日本労働組合総評議会
曽我謙悟　78
族議員　85
空井護　68

タ　行

第一次世界大戦　18, 23, 50, 105, 164, 176
第一次臨時行政調査会(第一臨調)　68, 69, 71
対欧送金組合　173
泰道三八　85
第二次世界大戦　18, 39, 40, 55, 80, 105, 107, 127, 142, 143, 145, 153, 161, 162, 170, 172, 173, 175, 176, 178, 181, 183, 188
第二次臨時行政調査会(第二臨調)　47
高橋洋　109
竹下登　85
田中角栄　47, 85
田辺国男　81
ダンレヴィ(Dunleavy, Patrick)　99, 100, 103
済州島四・三事件(韓国)　145
地租改正　24, 28
地方自治情報センター　75, 116-118
地方自治法　45, 90, 92
地方自治法(韓国)　139
地方分権一括法　90
地方分権推進法　90
チャン(Chang, Ha-Joon)　107
張勉　149
チャンドラー(Chandler, Jr., Alfred D.)　95
朝鮮建国準備委員会(建準)　138, 139, 143
朝鮮人民共和国(人共)　143, 144
朝鮮戦争　66, 105, 130, 131, 142, 146-148, 151
徴兵令　27
全斗煥　155

索引

陳水扁　186
通商産業省(通産省)　65, 72, 105-107, 109, 110, 112, 124, 125
逓信省　40
ティリー(Tilly, Charles)　10
データ法(スウェーデン)　177
データ保護法(イギリス)　168
鉄道省　50
電機労連　→全日本電気機器労働組合連合会
電子計算組織　54, 61, 113-115, 117, 118
電子工業振興臨時措置法(電振法)　107
電子政府　97-99, 101, 103, 158, 183, 184, 186-188
電子身分証明書(エストニア)　181-183
統一個人コード　2, 6, 65, 71, 72, 93, 95, 119, 172
統一番号(台湾)　177, 178, 180
東京都国民健康保険団体連合会　45
東京都福祉保険局　45
同時多発テロ　162, 169, 173
洞籍(韓国)　139, 140
道民証(韓国)　142, 145-151
登録票(韓国)　139-142
道路交通取締法　52, 53
土人名簿　26
ドッジ(Dodge, Joseph)　67, 68
ドッジ・ライン　67, 68
トーピー(Torpey, John)　11-13
トルーマン(Truman, Harry S.)　66

ナ　行

内地雑居論争　25, 26
内務省　23, 39, 40, 50
長洲一二　114
中曽根康弘　65, 66
中山太郎　76
ナショナル・パフォーマンス・レビュー(NPR)　100
南北戦争　107, 161, 164
ニクソン(Nixon, Richard M.)　167, 168
西尾勝　15, 164
日露戦争　39, 128
日清戦争　23, 39
日中戦争　128, 135

日本年金機構　21, 46, 190
日本医師会　42, 43, 47
日本共産党　48
日本教職員組合(日教組)　75
日本新党　89, 90
日本社会党(社会党)　76, 83, 90
日本電子計算機(JECC)　105, 108, 110, 111, 124
日本労働組合総評議会(総評)　74-76
ニューディール　8, 163
納税者番号　81, 82, 194
乗合自動車営業取締規則　49

ハ　行

廃藩置県　24, 27
朴正熙　136, 137, 143, 150, 152, 154, 155
橋本龍太郎　90
バーテルス(Bartels, Larry M.)　80
反託運動　→信託統治反対運動
被保険者証記号番号　35, 38, 43-46
費用便益分析　66
平松守彦　72
ファウンティン(Fountain, Jane E.)　100
深沢松美　77
福祉元年　41, 42, 47
福田赳夫　47, 85
ブッシュ(Bush, George W.)　169, 170
プライバシー法(アメリカ)　168
古矢旬　169
ブレア(Blair, Tony)　99, 170
米軍政　→在朝鮮米陸軍司令部軍政庁
米穀通帳(韓国)　140
ベヴァリッジ報告書　163
ベリンスキー(Berinsky, Adam J.)　80
ベル(Bell, Daniel)　72
ベンダーロックイン　120, 123, 125, 126
許政　149
防衛庁　72
法務省　33
法務庁　31
保険者番号　35, 37, 38, 41, 44, 45, 47
保甲(台湾)　179
戊辰戦争　23
細川護熙　89, 90

ホブズボーム(Hobsbawm, Eric) 57
ポランニー(Polanyi, Karl) 13, 14, 193
堀部政男 60
本人確認書類法(イギリス) 171
本人確認書類法(ドイツ) 173

　マ　行
マイナンバー　1-6, 18, 21, 37, 49, 58, 59, 86, 158, 190, 191, 193-195
前田健太郎　68, 69
マクナマラ(McNamara, Robert S.) 66, 71
待鳥聡史　78
松方デフレ　25
松沢裕作　28
松田学　58, 59
マルクス(Marx, Karl) 13
マルクス主義　8
マン(Mann, Michael) 9, 10
満州事変　23, 39
三木武夫　47
三島由紀夫　60
ミッチェル(Mitchell, Timothy) 193
美濃部亮吉　77
身分証明書法(エストニア) 181
ミラー(Miller, Arthur R.) 60, 76
民事行政審議会　33, 34
民社党　90
民主党　194
民籍法(韓国) 128
メージャー(Major, John) 170
毛沢東　178

モーリス＝スズキ(Morris-Suzuki, Tessa) 73
文部省　23

　ヤ　行
山田宏　88, 89, 91, 92
山田芳治　83
郵政省　82, 85
呂運亨　144
吉田茂　67, 68
四・一九革命(韓国) 149
四〇日抗争　47

　ラ　行
ライアン(Lyon, David) 12, 192
リー(Lee, Jungwoo) 97
リクルート事件　89
リチャードソン(Richardson, Elliot L.) 167
リップマン(Lippmann, Walter) 80
臨時行政改革推進審議会(第三次行革審) 90
リンドップ(Lindop, Norman) 168
ルーバート(Luebbert, Gregory M.) 176
レイン(Layne, Karen) 97
レガシーシステム　103
レセプト　→診療報酬明細書
連合国軍最高司令官総司令部(GHQ) 51, 153
労使政委員会(韓国) 185
ロシア革命　40
ローズヴェルト(Roosevelt, Franklin D.) 166

　ワ　行
渡辺美智雄　85

著者略歴
1984 年　韓国大邱に生まれる．
2008 年　高麗大学文学部東洋史学科卒業．
2017 年　東京大学大学院法学政治学研究科博士課程修了．
　　　　東京大学公共政策大学院特任助教，同特任講師を経て，
現　在　國學院大學法学部専任講師

番号を創る権力
日本における番号制度の成立と展開

2019 年 3 月 15 日　初　版
2021 年 11 月 15 日　第 2 刷

［検印廃止］

著　者　羅　芝賢（ナ　ジヒヨン）

発行所　一般財団法人　東京大学出版会

代表者　吉見　俊哉

153-0041　東京都目黒区駒場 4-5-29
http://www.utp.or.jp/
電話 03-6407-1069　Fax 03-6407-1991
振替 00160-6-59964

印刷所　株式会社三陽社
製本所　誠製本株式会社

Ⓒ 2019 Jihyun Na
ISBN 978-4-13-036271-9　Printed in Japan

JCOPY〈出版者著作権管理機構　委託出版物〉
本書の無断複写は著作権法上での例外を除き禁じられています．複写される場合は，そのつど事前に，出版者著作権管理機構（電話 03-5244-5088，FAX 03-5244-5089, e-mail: info@jcopy.or.jp）の許諾を得てください．

辻　清明著	公務員制の研究	A5・5800円
今村　都南雄著	官庁セクショナリズム 行政学叢書1	46・2600円
牧原　出著	行政改革と調整のシステム 行政学叢書8	46・2800円
加藤　淳子著	税制改革と官僚制	A5・6000円
前田　健太郎著	市民を雇わない国家	A5・5800円
曽我　謙悟著	現代日本の官僚制	A5・3800円
若林　悠著	日本気象行政史の研究	A5・7600円
下夷　美幸著	日本の家族と戸籍	46・3600円

ここに表示された価格は本体価格です．ご購入の際には消費税が加算されますのでご了承ください．